国际语言学前沿丛书
Trends in Contemporary Linguistics

胡建华 主编

A Study on the Syntax-Semantics Interface of Numerals

数词的句法语义界面研究

贺川生 著

上海教育出版社
SHANGHAI EDUCATIONAL
PUBLISHING HOUSE

作 者 简 介

　　贺川生，香港理工大学博士、香港城市大学博士后，现为湖南大学外国语学院教授、博士生导师。

　　研究领域为句法学、语义学、语言哲学、历史语言学。近年来有多种研究成果发表于《当代语言学》《外语教学与研究》《语言教学与研究》《现代外语》《中央民族大学学报》和 *Babel*、*JRAS*、*Language and Linguistics*、*Lingua*、*Rask*、*Syntax*、*Synthese*、*ZDMG* 等国内外期刊。

本书是国家社科基金项目优秀结项成果

（项目编号 16BYY181）

走"兼通世界学术"之路

——"国际语言学前沿丛书"总序

胡建华

现代语言学,自改革开放以来,在我国已有了很大的发展。今日中国的现代语言学研究,大多借助国际上流行的某一语言学理论、方法或通用术语系统而展开。但是,这并不意味着我国的语言学研究已经可以构成或代表国际语言学主流。我们现有的一些所谓与国际"接轨"的研究,为国际主流语言学理论做"注解"的多,而真正能从根本上挑战国际主流学术观点的少;能提出既可以涵盖汉语语言事实,又能解释其他语言现象,并为国际语言学界所关注,进而跟随其后做进一步研究的理论框架的,则更少,或者竟至于无。在这种情况下,国内语言学界就会时不时地出现一种声音:国际语言学现有的理论和方法都不适合用来研究汉语,我们应该发展有本土特色的语言学;由于汉语与印欧语等世界其他语言有很大的不同,所以在印欧语等其他语言基础上建立起来的语言学理论自然无法用来描写、分析汉语。实际上,这种声音以及与之相类似的观点,不仅在语言学界经常浮现,而且在其他的研究领域历来也都有一定的市场。比如,针对中国的社会研究,以前也曾有过这样一些声音,对此,郭沫若曾经发表过以下意见:

> 只要是一个人体,他的发展,无论是红黄黑白,大抵相同。
> 由人所组成的社会也正是一样。
> 中国人有一句口头禅,说是"我们的国情不同"。这种民族的偏见差不多各个民族都有。

然而中国人不是神,也不是猴子,中国人所组成的社会不应该有什么不同。

我们的要求就是要用人的观点来观察中国的社会,但这必要的条件是需要我们跳出一切成见的圈子。[①]

郭沫若的这番话同样适用于中国语言学。语言学的研究对象是人类语言,汉语是人类语言的一种,人类语言的本质特性在汉语中也一样会有所体现。因此,只要跳出一切成见的圈子,也一样可以使用探索人类语言本质特性的理论、思想和方法来观察、描写、分析中国的语言。

改革开放四十多年来,国内语言学界经常纠结于借鉴国外语言学理论与创建本土特色理论的矛盾之中,而争论到最后往往变成理论"标签"之争,而非理论本身的实质性问题之争,更与具体问题解决与否,以及解决方案是否合理、是否符合科学精神,没有太大关系。科学理论的建设,最重要的是要讲可证伪性(falsifiability)和理论的一致性(consistency)。这两个特性决定了任何一种科学理论对真相的探索和认知永远都在路上。科学探索的目标当然是揭示自然事物或现象的真相,但科学理论的这两个特性决定了科学理论只能不断逼近真相,但却无法穷尽对真相的全部认知。因此,科学对真相的探索从来都是尝试性的,对很多问题的认知也仅是初步的或阶段性的,更具体、更深入的探索只能留待科学理论的进一步发展和进步。科学从不也绝不妄称自己掌握了事物的全部真相,只有巫术才会狂妄地宣称自己可以把握真相的整体或全部。不以可证伪性和理论的一致性来衡量学术研究,而偏执于中西理论站位之争,实际上就是不知道何为学术研究。这一点,王国维在一百多年前就讲过:"学之义不明于天下久矣。今之言学者,有新

---

① 郭沫若,《自序》,载郭沫若著《中国古代社会研究》,商务印书馆,2011 年,第 3 页。

旧之争,有中西之争,有有用之学与无用之学之争。余正告天下曰:学无新旧也,无中西也,无有用无用也。凡立此名者,均不学之徒,即学焉而未尝知学者也。"①

王国维认为,那些以为西学会妨碍中学或中学会妨碍西学的顾虑,都是"不根之说"。他认为"中国今日实无学之患,而非中学、西学偏重之患"。对于有用之学与无用之学之争,王国维的观点是:"凡学皆无用也,皆有用也。"他指出,"物理、化学高深普遍之部"似乎看不到有什么用,但"天下之事物,非由全不足以知曲,非致曲不足以知全。虽一物之解释,一事之决断,非深知宇宙、人生之真相者不能为也"。因此,"事物无大小、无远近,苟思之得其真,纪之得其实,极其会归,皆有裨于人类之生存福祉。已不竟其绪,他人当能竟之;今不获其用,后世当能用之。此非苟且玩愒之徒所与知也。学问之所以为古今中西所崇敬者,实由于此"。②

学术之争仅在是非真伪,不在其他。这一点,王国维早在1905年就已指出,他说:"学术之所争,只有是非、真伪之别耳。于是非、真伪之别外,而以国家、人种、宗教之见杂之,则以学术为一手段,而非以为一目的也。未有不视学术为一目的而能发达者。学术之发达,存于其独立而已。"③

对于新学旧学之争、中学西学之争、有用之学与无用之学之争,王国维在一百多年前,在当时国家各方面都非常落后的历史条件下,就具有如此清醒而到位的认识,令人钦佩!对于以上诸问题,实际上,及至今日仍有不少学者都远达不到王国维当年的认识水平。王国维在《国学丛刊序》一文结尾时说,他上面讲的这些道

---

① 王国维,《国学丛刊序》,原刊于《国学丛刊》,1911年2月;转引自谢维扬、房鑫亮主编《王国维全集》(第14卷),浙江教育出版社、广东教育出版社,2009年,第129页。

② 王国维,《国学丛刊序》,原刊于《国学丛刊》,1911年2月;转引自谢维扬、房鑫亮主编《王国维全集》(第14卷),浙江教育出版社、广东教育出版社,2009年,第131—132页。

③ 王国维,《论近年之学术界》,原刊于《教育世界》,1905年第93号;转引自谢维扬、房鑫亮主编《王国维全集》(第1卷),浙江教育出版社、广东教育出版社,2009年,第125页。

理,"其理至浅,其事至明。此在他国所不必言,而世之君子犹或疑之,不意至今日而犹使余为此哓哓也"①。一百多年过去了,王国维大概怎么也想不到,他所讲的这些至浅之理、至明之事,在现在这个人工智能正迅速发展的高科技时代,我们仍然需要继续"为此哓哓"。可见,消除固有的成见是一件多么不容易的事情。

在世人眼里,王国维是国学大师,也是"旧营垒"的学究,但实际上,他更是一位跨越古今中外、学术思想前进并具有科学精神的世界学者。郭沫若曾明白地指出,王国维的著作"外观虽然穿的是一件旧式的花衣补褂,然而所包含的却多是近代的科学内容"②。而梁启超则更是认为,王国维"在学问上的贡献,那是不为中国所有而是全世界的"③。

在中国近代学术史上,王国维所取得的学术成就、所做出的学术贡献少有人可比,正如郭沫若所盛赞的那样,"他遗留给我们的是他知识的产品",就"好像一座崔巍的楼阁,在几千年来的旧学的城垒上,灿然放出了一段异样的光辉"④。

王国维之所以能取得这样巨大的成就,与他以海纳百川的胸怀主动"兼通世界学术"是分不开的。王国维年轻时曾说,"异日发明光大我国之学术者,必在兼通世界学术之人,而不在一孔之陋儒"⑤。王国维的这段话指向一条发明光大我国学术的道路,而这条道路也正是王国维所坚持的治学之道。王国维的这段话曾极大

---

① 王国维,《国学丛刊序》,原刊于《国学丛刊》,1911 年 2 月;转引自谢维扬、房鑫亮主编《王国维全集》(第 14 卷),浙江教育出版社、广东教育出版社,2009 年,第 132—133 页。

② 郭沫若,《自序》,载郭沫若著《中国古代社会研究》,商务印书馆,2011 年,第 4 页。

③ 梁启超,《王静安先生墓前悼词》,原刊于《国学月报》1927 年第 2 卷第 8、9、10 号合刊;转引自谢维扬、房鑫亮主编《王国维全集》(第 20 卷),浙江教育出版社、广东教育出版社,2009 年,第 200 页。

④ 郭沫若,《自序》,载郭沫若著《中国古代社会研究》,商务印书馆,2011 年,第 4 页。

⑤ 王国维,《奏定经学科大学文学科大学章程书后》,原刊于《教育世界》,1906 年第 118—119 号;转引自谢维扬、房鑫亮主编《王国维全集》(第 14 卷),浙江教育出版社、广东教育出版社,2009 年,第 36 页。

地影响了毕业于清华的夏鼐。他把这段话用毛笔抄录在他的自存本《考古学论文集》的扉页背面,作为自勉的座右铭[1]。夏鼐之所以能够成为荣膺中外七个院士称号的一代学术大师,与他能够"兼通世界学术"不无关系。夏鼐是学术视野十分开阔的考古学家和历史学家,他"善于把多方面学问紧密地结合起来","具备优越的外国语文的条件,在与国外著名学者保持广泛联系的同时,经常涉猎大量新出版的外国书刊,因而通晓国际学术界的各种研究成果和学术动态,善于从世界范围和多学科角度考虑中国考古学问题,既能追求现代的国际水平,又能发掘中国固有的学术传统"[2]。

王国维那个时代的学者,对世界学术的了解和把握,对国外先进理论的追求,远超出现在一般学人的想象。王国维不仅熟读康德、叔本华、尼采,广泛涉猎西方逻辑学、心理学、教育学、伦理学、美学、文艺学等领域,还翻译过心理学、教育学、伦理学、动物学、世界图书馆史、法学、欧洲大学史等学术著作或教科书。更让许多人想不到的是,他甚至还认真研读过与他的学术专攻似乎没有什么直接关系的《资本论》。据王国维的学生姜亮夫回忆,他在清华国学研究院求学期间,曾于某日晚七时半去他的老师王国维家,请老师为他修改他给云南会馆出的一刊物填的一首词[3]。王国维为姜亮夫改词改了近两个小时,在他改词时,姜亮夫"侧坐藤制书架侧榻上","顺手翻看两本书,其中一本是德文版《资本论》,只见书里面用好几色打了记号"。姜亮夫回忆道:"静安先生看了看我说:'此书是十多年前读德国人作品时读的。'这事在我脑中印象很深,

① 姜波在《夏鼐先生的学术思想》(《华夏考古》2003 年第 1 期)一文中的注(第112 页)中提到:"1998 年,王世民先生在整理夏鼐文稿时,在夏鼐《考古学论文集》扉页背面上,发现了夏鼐用毛笔书写的一段话,全文如下:'王国维少年时曾说过:异日发明光大我国之学者,必在兼通世界学术之人,而不在一孔之陋儒,固可决也。'"

② 王仲殊、王世民,《夏鼐先生的治学之路——纪念夏鼐先生诞生 90 周年》,刊于《考古》2000 年第 3 期,第 83 页。

③ 姜亮夫于 1926 年 10 月入清华国学研究院求学,王国维 1927 年 6 月 2 日于颐和园昆明湖自沉,因此姜亮夫很有可能是在 1927 年 6 月前的某天去的王国维家。

我当时感到先生不仅学问广博,而且思想也是非常前进。"①

王元化的《思辨录》中有一篇题目为《王国维读〈资本论〉》的文章,对王国维读《资本论》这件事发表了以下看法:

读傅杰为《集林》组来的姜亮夫文稿,发现姜 20 年代在清华读国学研究院时,有时在课后去王国维家,向王问学。他曾在王的书案上,见有德文本的《资本论》。陈寅恪在国外留学时也于 20 年代初读过《资本论》。这些被目为学究的老先生,其实读书面极广,并非如有些人所想象的那样。40 年代我在北平汪公岩老先生家,就看到书架上有不少水沫书店刊印的马列主义文艺理论中译本,那时,他已近 80 岁了。光绪年间,汪先生以第一名考入广雅书院,是朱鼎甫的高足。晚清他从广雅书院毕业出来后,教授过自然科学,还做过溥仪的化学老师。那时的学人阅读面极广,反而是后来的学人,各有所专,阅读也就偏于一隅,知今者多不知古,知中者多不知外。于是由"通才"一变而为鲁迅所谓的"专家者多悖"了。②

据陆晓光考证,王国维读《资本论》的时间应该是在 1901 年至 1907 年他集中精力"读德国人作品"的那五六年间,与姜亮夫去清华园王国维家中请教的 1926 年或 1927 年相距并非是"十多年",而是二十多年③。因此,王国维读《资本论》的时间不仅比 1928 年郭大力、王亚南翻译《资本论》早了至少二十年,也比李大钊在日本留学期间读日语翻译本《资本论》早了约十年④,甚至比陈寅恪在

① 姜亮夫,《忆清华国学研究院》,载王元化主编《学术集林》(卷一),上海远东出版社,1994 年,第 242 页。另,"静安"是王国维的字。

② 王元化,《王国维读〈资本论〉》(1994 年),载王元化著《思辨录》,华东师范大学出版社,2017 年,242 页。

③ 陆晓光认为姜亮夫的叙述当有语误(陆晓光,《王国维读〈资本论〉年份辨》,原刊于 2011 年 6 月 13 日《文汇报·文汇学人》专版;转引自陆晓光著《王元化人文研思录》,华东师范大学出版社,2015 年,第 415 页)。

④ 陆晓光,《王国维读〈资本论〉年份辨》,原刊于 2011 年 6 月 13 日《文汇报·文汇学人》专版;转引自陆晓光著《王元化人文研思录》,华东师范大学出版社,2015 年,第 415 页。

1911 年读《资本论》还要早几年①。据此来看,王国维很可能是目前所知中国第一个读《资本论》的人。

王国维在马克思主义尚未在中国广泛传播之前就已经认真研读过德文版《资本论》这件事,值得我们反思。王国维、陈寅恪这些"被目为学究的老先生",之所以"读书面极广",归根结底是因为他们是具有终极关怀精神的学者。他们做学问不是为稻粱谋,而是为"深知宇宙人生之真相"。今日之中国,现代学术的发展和进步十分迅速,相关研究也取得了巨大的成果,这自然与学术研究的高度专门化不无关系。但另一方面,也正如王元化所言,过度专门化的后果就是,学者的阅读"偏于一隅,知今者多不知古,知中者多不知外",从而使学术视野受到了一定程度的限制,因此也很难产生具有独立精神的自由之思想,无法形成中国学术的"思想市场"②。

要建立中国学术的"思想市场",就需要有更多的学术研究者秉承终极关怀之精神,从而对"宇宙人生之真相"深入地感兴趣;而从事具体的学术研究,则需要从根本上破除狭隘的门户之见,不囿于学科限制,不被各种偏见所束缚,以开放的姿态批判性地吸收人类思想中一切有价值的东西。郭沫若曾指出,即便是国学,也一样需要放到更为广阔的范围内,以开放的学术视野进行研究,因为只有"跳出了'国学'的范围,然后才能认清所谓国学的真相"③。他还指出,如果有一些研究,"外国学者已经替我们把路径开辟了,我们接手过来,正好是事半功倍"④。显然,这些道理同样适用于中

---

① 陈寅恪在《对科学院的答复》(陈寅恪口述,汪籛记录,1953 年 12 月 1 日;载《陈寅恪集·讲义及杂稿》,生活·读书·新知三联书店,2009 年第 2 版,第 464 页)中提到,他"在宣统三年时就在瑞士读过《资本论》原文"。因此,陈寅恪读《资本论》的时间是1911 年。

② "思想市场"(the market for ideas)是 1991 年诺贝尔经济学奖获得者罗纳德·哈里·科斯(Ronald H. Coase)使用的一个术语,参看罗纳德·哈里·科斯的论文"The market for goods and the market for ideas",刊于 *American Economic Review*(Vol. 64, No. 2, 1974, pp. 384 - 391),以及罗纳德·哈里·科斯、王宁著,徐尧、李哲民译《变革中国:市场经济的中国之路》,中信出版社,2013 年。

③ 郭沫若,《自序》,载郭沫若著《中国古代社会研究》,商务印书馆,2011 年,第 5 页。

④ 郭沫若,《自序》,载郭沫若著《中国古代社会研究》,商务印书馆,2011 年,第 6 页。

国语言学研究。研究汉语,也需要跳出汉语的范围,在世界语言的范围内,从人类语言的角度对相关问题做深入的思考。对于汉语研究中的具体问题,如果海外学者已经开辟了路径,我们同样没有理由置之不理,以闭门造车的态度和方式从头做起。

改革开放四十多年来,中国语言学不断走向世界,虽然取得了很大的成绩,但也不可避免地存在一些问题。这些问题的总体表现,就是"在学术命题、学术思想、学术观点、学术标准、学术话语上的能力和水平同我国综合国力和国际地位还不太相称"①。中国语言学要解决这些问题,就必须立足于中国语言学研究之实际,继续以开放的心态去审视、借鉴国际语言学前沿理论,坚持走"兼通世界学术"之路。若是以封闭的心态搞研究,关起门来"自娱自乐",则根本没有出路。

上海教育出版社策划出版"国际语言学前沿丛书",就是希望以"开窗放入大江来"的姿态,继续鼓励"兼通世界学术"之研究,通过出版国际语言学前沿论题探索、前沿研究综述以及前沿学术翻译等论著,为国内学者搭建一个探讨国际语言学前沿论题和理论的学术平台,以发展中国语言学的"思想市场",从而不断推动我国语言学科学研究的深入和发展。

王国维曾在《哲学辨惑》一文中写道:"异日昌大吾国固有之哲学者,必在深通西洋哲学之人无疑也。"②我们认为王国维的话同样适用于中国语言学。中国语言学的发明光大,一定离不开对国际语言学的深入了解;而异日发明光大我国之语言学者,一定是既能发扬我国学术传统,又能"兼通世界学术"并善于从人类语言的本质特性和多学科的角度深入探究中国语言学问题之人。

2021 年 6 月 21 日于北京通州

---

① 习近平,《在哲学社会科学工作座谈会上的讲话》,人民出版社,2016 年,第 15 页。
② 王国维,《哲学辨惑》,原刊于《教育世界》55 号,1903 年 7 月;转引自谢维扬、房鑫亮主编《王国维全集》(第 14 卷),浙江教育出版社、广东教育出版社,2009 年,第 9 页。

目　　录

图 示 目 录

表 格 目 录

第一章

概　论

数词系统是自然语言的一个子系统，一直以来是语言本体研究的课题。本书研究我国各民族语言数词系统所涉及的句法语义理论问题，主要包括复杂数词的结构分析、数词的语义指称和组合语义，以及数词特殊形态音系现象对句法语义研究的启示等。数词系统是数学思维系统在语言系统中的直接体现，反映了人类计数概念的发展以及语言与心智之间的关系，因而也是其他跨学科研究的热点。由于对数词进行语言学研究必然要与"数""计数"等概念发生紧密的联系，本章我们将介绍与"数"和"计数"有关的背景知识以及数词系统发展的语言概况，澄清几个基本概念，并且对这几个基本概念的行文方式做出规定。

数词（numeral）是语言符号，例如汉语的"一、二、三、四"、英语的"one、two、three、four"等，可指称数学中数（numbers）的抽象概念。在数学中，数的抽象概念是用阿拉伯数字（Arabic digits）如"1、2、3、4"这种符号来表示的。因为作为语言符号的数词和作为数学符号的阿拉伯数字，在口头交际中发音一般是一致的，中国人看到"1"这个数学符号，会读成"一"；英国人则会读成"one"，所以有时候这两个符号系统会不加区别地互用。如在汉语中，"一个人"有时候会写成"1个人"。本书对这两个系统进行如下区分：凡是涉及数词的形式时，一律用语言符号系统，例如"一""one"；而数词的意义则用阿拉伯数字来表示。本书所涉民族语言中的数词，采用国际音标、拉丁字母或各自通用的转写系统。比如在例（1）所示的门巴语例句中，第一行中的数词 theʔ 和 tɕiŋ nai 是音标转写，第二行是逐词翻译的对应汉语数词"一"和"十二"，第三行中用的是阿拉伯数字"1"和"12",代表数词的意义。另外,民族语言的词、短语和句子的释义一般用单引号来标注。例如:the² '一'。

(1) niŋ the² le le tɕiŋ nai ne².
    年 一 助词 月 十 二 有
    '1年有12个月。'(陆绍尊1984:243)

1.1 数的概念的形成和发展

数数(shǔshù)是最古老的科学实践,时至今日数学家已为它们建立了高度抽象的涉及整个实数系的理论体系。人类早期认识的数是自然数(1、2、3、4……),它们是在人类的生产和生活实践中逐渐产生的。远古时代,人类在捕鱼、狩猎和采集果实的劳动中产生了数数的需要。起初,人们用手指、绳结、刻痕、石子或木棒等实物来计数。如:用伸出三个手指表示捕获了三只羊;用五个小石子表示捕捞了五条鱼;外出捕猎,出去一天,就在绳子上打一个结,用绳结数来表示外出的天数。像这样把一只一只的羊和一个一个的手指联系起来,就叫作一一对应,这是一种很大的进步,人们想出了用方便数数的东西来替换不容易数数的东西的办法(如图1.1所示)。

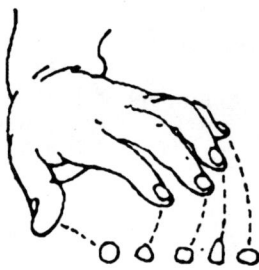

图 1.1 数数的一一对应

随着生产和交换的不断增多,人类把数从具体事物中渐渐抽象出来。先有数目"1",以后逐次加"1",得到"2、3、4……"等,这样逐渐产生和形成了自然数。"3",是从三只羊、三个人中抽象出来的;"6",是从所有包含六个东西的集合中抽象出来的。这种认知过程对于今天的儿童来说仍是如此,数总是先和实际对象连在一起的,如"数手指"。

数(shù),可以用来数(shǔ)各种集合中对象的个数,但它和对象所特有的性质无关。数,并不是事物的一部分,也不是事物的某个特征,这一点和形容词代表的特征不同。数,是很抽象的概念,这种抽象概念的形成几乎和人类历史一样长。罗素(1982:8)说过:"发现一对鸡、两昼夜都是数2的实例,一定需要很多年代,其中所包含的抽象程度确实不易达到。"门宁格(Menninger 1969:7)解释说,从具体事物中剥离出数这种抽象概念,对于早期人类来说是很困难的。原始人必须发展出这种抽象能力,他们不仅要让数的序列从这些最初始的依赖中解放出来,还要创建最早期的那些数。有的民族也许没有发展出这种抽象能力,甚至到今天仍没有发展出完整的数的概念。例如澳大利亚还有一些原始部落,数数只能数到"1、2"或"1、2、3",超过这些数目就用类似汉语"许多"这样的词语来表达(Pica et al. 2004)。有的部落语言现在仍然没有表示"5"的数词,只有类似汉语"五只羊""五个人"这一类的短语结构。可见,这些语言至今还没有完成对"5"这个概念的抽象过程。有的语言目前没有发现有真正意义上的数词,例如皮拉罕语(Pirahā)只有 hói、hoí 和 aibaagi,意义分别相当于英语的 few、some 和 many(Everett 2005;Frank et al. 2008)。又如锡兰岛上的维达人(Wedda)也没有数词,当他们数椰子时,就用树枝来一一对应;要问他们有多少椰子,他们就指着树枝并说出类似汉语"这么多"这种表达式。可能是因为在这些民族的语言交际中,精确的数量概念并不需要,也不需要数到很大的数目。

数的抽象概念的形成是人类认知发展过程中的大事。根据人类学研究成果,原始人类在数的概念发展方面,往往是先形成"1、2、3……"这种数目概念,然后形成"10、20、30、100……"这种整数概念,最后才获得数字序列之间其他数的认识。换句话说,人类原始数概念的发展并不是按照数字自然序列有序进行的(1、2、3、4、5、6、7、8、9、10、11、12……),而是跳跃式的。正如列维-布留尔(Lévy-Bruhl 1910:219)在其著作 *Les Fonctions Mentales dans les Sociétés Inférieures*(《原始社会中的思维机能》)中所指出的,原始人和现代人的计数思维是不一样的,按照现代人的逻辑思维,计数是从 1 开始,然后对先前的每个数连续加 1 的办法来形成。这恰恰是未拥有抽象概念的原始人的原逻辑思维做不到的。

数数只能用自然数。随着文明的进步,人们逐渐发现,只有自然数是不够的。日常生活中,不仅要计算单个的对象,还要度量各种量,例如长度、重量和时间等,由此产生了分数和小数。本书的内容涉及自然数、分数和小数的语言表达式。当然,整个实数系还有其他的数,如无理数,无理数一般是用纯粹的数学符号表达。例如 π(作为语言符号,读如"派"),这个符号尽管没有形态、音系、句法上的研究意义,但却有着语义上的研究意义。本书在讨论数词的本体论语义问题时,将涉及 π 的语义问题研究。

1.2 数词的形成和发展

人类社会出现数的概念后,相应地发展出符号系统以记录数目,包括数词系统(如:汉语的"一、二、三……"、英语的"one、two、three……")和数字系统(如:"1、2、3……")。前者是属于语言系统的一个子系统,正是本书研究的对象。

从全球范围内来看,大部分语言发展出了复杂的数词系统,理论上能够说出任何数目的数词;有的语言本身的固有数词系统很简单,但也会从外来文明中借用整套的数词系统;当然也有一些语言的数词至今仍停留在初始简单状态。不同的语言其数词系统呈现出不同的特点和构成规律,比如,采用不同的算术运算规则和不同的进制系统。一般来说,复杂的数词系统也不是一开始就有的,是从简单到复杂一步一步逐渐形成的。

数词系统的发展不仅属于语言演变现象,也反映了人类在认识自然方面抽象能力的提高。数的概念的形成和发展是人类创造数词系统的基础,但反过来并不必然成立,具有数词系统并不意味着具有发达的数的抽象能力。即便能说出一个大数,掌握了数词,也未必能证明其关于数的思想方面很发达。

1.2.1　初始状态的数词

当一一对应使用实物来作比较时,人类还没有对数形成抽象认识,一旦人类用语言符号(即数词)来代表一个数时,抽象才开始。用语言符号来命名数目,是人类认知能力发展史上的一件大事,这说明人类具有了明确的数目概念,并且认为数目是独立存在的。在这之前,先民的数目概念往往是融合于具体事物的名称之中。

今天在全世界的语言中还可以看到这种数词命名早期的痕迹,例如用不同的词指称不同数量的事物。据林奇(Lynch 1998:245—246)的研究,今天的斐济语(Fijian)已经采用了十进制数词,但是仍然用 bola 指 10 条鱼,uduudu 指 10 只独木舟,vulo 指 10 只鲸鱼牙,bewa 指 10 串香蕉,koro 指 100 只椰子,selavo 指 1 000只椰子。类似现象在其他波利尼西亚语(Polynesian)中也存在,例如在罗图马语(Rotuman)中,10 条鱼是 səiga,10 只猪是 savaa,100 条鱼是 kato。上述这些特定的词语,都是不能分析的整体概念。早期人类认为数与被数事物之间有紧密的联系,数词这时还没有独立出现,是整合在名词中的,并且只有像"10、20、40、100"这种整数才有这类名词,像"23 只椰子",就没有一个特定的词可表达。

这种现象在其他一些十进制语言中,也有少量"遗留"。例如:俄语表达"40"的数词是 sorok,它来源于古挪威语的 serk(r)。这个词通过毛皮贸易被俄语借用。古时候动物毛皮按捆买卖,每捆四十个毛皮能够做一个毛皮大衣,sorok 最初是指有四十张动物毛皮的一捆。古代突厥语中,十位数的数词如:otuz'三十'、qirq'四十'、alig'五十',一开始也不大可能是作为表具体的数而存在,很可能是原始突厥语中表示具有一定数量的名词,例如可表示大小不等的畜群的量(王远新1992)。又如:十进制语言畲语,它表达"20"和"30"时,分别有专门的词汇 ŋi 和 saŋ(毛宗武、蒙朝吉1986);傣语表达"20"时,也是一个专门词汇 sau(喻翠容、罗美珍1980)。以上语言表达"20"的数词,最初可能也是描绘二十个成一组的事物,后来慢慢演变为表达"20"这个数目概念的词。

即使当表集合的名词演变成表具体数目的数词,早期人类的观念中,数跟客观对象仍然是紧密地联系在一起的。这体现在最初的数词并没有现在所具有的抽象的数的意义,一开始它们只能用作形容词来描绘被数的客观物体,不能单独表达数的概念。门宁格(Menninger 1969:30)描绘了加拿大不列颠哥伦比亚省一个印第安部落表达相同的数目时,不同的事物对应不同的数词,也说明了数跟客观对象之间的紧密关系(如表1.1所示):

表 1.1 数词与事物的搭配关系

事　　物	数　　词		
	"1"	"2"	"3"
有生命的事物	menok	maalok	yatuk
圆的事物	menkam	masem	yutsqsem
长的事物	ments'a	mats'ak	yututs'ak
日子	op'enequls	matlp'enequls	yutqp'enequls

又如,在我国境内的村语中有用不同的词素来表达类似于汉语通用量词的"个":lət、tsem、ham、kɔ,它们与数词有着密切关系。lət 与 tsi'一'连用,tsem 与 tθa'二'连用,ham 可与 fu'三'、hau'四'、ɕɔ'五'、tim'六'连用,kɔ 与 tθet'七'以上的数词连用。

(2) kə dok tsi lət mɔ dok tθa tsem na dok
　　我　有　一　个　你　有　二　个　他　有

fu   ham.

三   个

'我有 1 个,你有 2 个,他有 3 个。'

(引自:欧阳觉亚 1998:115)

一些固定搭配也能说明数目和被数事物之间的紧密联系,且数目只是一个附庸于客观事物的概念。说 a yoke of oxen'同轭(上的)牛',我们可知指的是一对公牛,绝不会说 a yoke of gloves'同轭手套',yoke'轭'一般不会用来搭配"手套"。

随着数词对更多客观对象的汇集进行计数,人类逐渐可以将数当作抽象的事物来考虑,而不再与实物相联系。这时数词就可以独立运用了。最开始独立运用的一般是代表数目"1"的数词。数词"一"有指称数的功能,能描绘任何事物。例如:"一个人、一朵花、一只鸡",等等。随后是"二、三、四……"也获得了独立身份,可以用来指称数目。其后产生的较大的数词往往是一开始就能够指称数的,因此很多语言中的"一、二、三、四"具有形容词的特点,而较大的数词则更像名词。例如英语中的 hundred、thousand 等,本身能够加复数标记,形成诸如"hundreds of students"这种结构就是一个证明,而英语并没有"fours of students"这种结构。

最初先民使用的数词很少,"10"就已经是很大的数了。很可能在相当长一段时间内,"10"曾是一个代表极限意义的数。很多语言利用"10"来构成其他数词,例如芬兰语的 kah-deksan 对应"2 - 10 = 8",yh-dcksan 对应"1 - 10 = 9",词语内部的两个词素间是减法的关系(后一个词素减前一个词素)。这也正是人类原始数概念跳跃式发展的语言证据,即先有"10"的概念后有"8"的概念。这种减法式命名在古代语言中很常见,英语中,a quarter to three 表示"三点差一刻",也属于这种计数法的遗留。又如表 1.2 所示的古代印欧语言减法式数词同样说明了这点。

表 1.2 一些古代语言减法式数词示例

语言	数　词	语言	数　词
拉丁语	duo-de-viginti 二-介词-二十 '18'	古英语	anes-wona-twentig 一-介词-二十 '19'
古希腊语	dyoin-déontes-hexékonta 二-介词-六十 '58'	梵语	una-vimsati 一-二十 '19'
古印地语	ek-una-vimsati 二-介词-二十 '18'		

（引自：Menninger 1969：75）

　　各种语言最初对数词的命名，其词源既有共同点也有差别。在藏缅语族各语言中，表达"1"和"10"的词往往具有不同的词源，而之间的数词往往有共同的词源。原因是"1"和"10"往往是计数的起始单位，所以很多语言有两个以上的"1"和"10"，一个用作独立的数词，一个用于构成更大的数词。例如：米基尔语（Mikir）的 kep'十'和 kre-kethom'十-三'。有的语言中数目"1、2、3"的原始形式来源于"我、你、他"。例如：景颇语 ləŋai'一'来源于 ŋai'我'（Matisoff 1995：113）。至少代表"9"的数词在印欧语系语言中是十分相似的，它们与 new'新'有同源关系，如表1.3所示。原因或许是先民认为"9"表示的是一个新的计数起点。

表 1.3 印欧语系语言"九"和"新"的同源关系

语言	梵语	拉丁语	哥特语	吐火罗语	英语
"九"	nava	novem	niun	nu	nine
"新"	navas	novus	niujis	nu	new

（引自：Menninger 1969：23）

此外很多原始部落语言的数词来源于身体器官名称,这是因为人类最初靠实物来指称数目,身体器官是最方便最好利用的实物。在不少语言中,表示"5"的数词来源于表示"手"的名词,表示"10"的数词来自表示"双手"的名词,以及表示"20"的数词来自表示"手和脚"或者"一个人"的名词。例如南岛语言的 lima '五'就是"一只手"的意思。

1.2.2　具有进制思想的数词系统

当数词很少时,人们对数词不必纠结过多,只需恰当命名即可,其命名理据也是多样化的(源于身体部位的较多)。如果所需掌握的数目概念越来越多,一个一个地给数命名就太不经济了。于是人们把一定量的数归纳成一束(grouping)来命名,例如"划正字"就是以"5"为一个单位来命名。数词系统一般是以"2、5、10、12、20"等为一束,这就是进制的思想。

最初出现的是每两个归成一束,这是二进制的萌芽。古代印度河流域发掘的以"1、2、4、8、16、32、64"为重量比例的砝码,清楚地说明了古人曾经使用过二进制。二进制的发源地是澳大利亚大陆和非洲。例如:澳大利亚西太平洋的一个部落语言有 urapun '一'、okosa '二'、okosa urapun '二　一'、okosa okosa '二　二'、okosa okosa urapun '二　二　一'这样的数词;非洲布须曼人(Bushman)把"1"说成 a,"2"说成 oa,"4"就是 oa oa,"5"就是 oa oa a(Conant 1896:76)。这些例子都包含着"逢二归一"的非凡想法。

在数学的发展史上,手指起到了重要的作用,比如利用一只手产生五进制。五进制数词系统在全球的分布比较广,台湾地区南岛语系巴则海语(Pazeh)也采用五进制,该语言表达"6、7、8、9"时都是以 xasəp '五'为中心语素构成。如例(3)所示:

（3）a. xasəp   ida   →   xasəbuza
         五   一   六

       b. xasəp   dusa   →   xasəbidusa
         五   二   七

       c. xasəp   turu   →   xasəbituru
         五   三   八

       d. xasəp   supat   →   xasəbisupat
         五   四   九

（引自：曾思奇 2007a：2211）

使用于云南的普标语,其基数词 tɕia'一'、ɕe'二'、tau'三'、pe'四'、ma'五'都是单音节的,而 mənam'六'、mətu'七'、məʐɯ'八'、məɕia'九'前面都有一个前缀 mə,可能就是从 ma'五'演变来的。据此可看出普标语的数词有五进制的痕迹(梁敏等 2007：45)。

如果一只手表示"5",两只手表示"10",双手双脚就可以表示"20",这样就产生了十进制和二十进制。十进制是很常见的,这是我们非常熟悉的一种进制,广泛使用于世界各地。但即使都是采用十进制,不同语言的十进制数词系统也存在差异。

十进制是利用 10 以及它的幂来作为位数词,如"10、100、1000、10000、100000、1000000",等等。但并不是所有的幂都会用上,汉语中只利用了"十、百、千、万、亿",英语则用了"teen、hundred、thousand、million"。少数语言还有其他幂。布兴语有'一百万'的位数词 lan;傣语有'十万'的位数词 sɛn;景颇语有'十万'和'千万'的位数词 sen 和 ri;藏语更加完整,几乎全部用上了,例如：tɕu'十'、ca'百'、toŋ'千'、tʂhi'万'、pum'十万'、tɕhewa'百万'、saja'千万'、thuŋtɕhur'亿'。有的语言位数词很少,只利用了"十"和"百",如泰雅语、阿美语、邵语、赛德克语、博嘎尔语、却域语,但这并不意味着这些语言不能说出大数目。泰雅语的最大位数词是 kəhəhul'百',表达"1000"的数词是 məpuw kəhəhul'十百',表达"10000"的数词是 məpuw məpuw kəhəhul'十 十 百'。

在数词形态顺序上,有的语言采用大数词在小数词之前,有的则采用小数词在大数词之前。前者如法语的 dix-huit'十-八',拉丁语的 decem et octo'十 和 八',后者如阿拉伯语的 ahadun wa arba'una'一 连词 四十'。有的语言在演变中会改变这种顺序。如古希腊语"18"的数词是 oktō-kai-deka'八-和-十';现代希腊语"18"的数词是 deka-oktō'十-八'。这或可以说明小数目在大数目之前,是更古老的数词命名法。

在十进制数词内部组合上,许多语言会利用自己的特点加以组合。有的用连接成分,通常是表"加上、减去"义的连词、介词或者动词。还有一种情况是连接成分在个位数之后,并不在十位数和个位数之间。如下表 1.4 所示的印度、尼泊尔境内的藏缅语族语言数词:

表 1.4 一些藏缅语族语言数词的后置连接成分

	"10"	连接成分	"3"	"13"
梁迈语(Liangmai)	kariu	-kiu	shum	kariushum**kiu**
毛语(Mao)	churo	-o	kosu	churokosu**o**
梅特语(Meithei)	ara	-thoi	ahum	tarahum**thoi**
普侬荣语(Puiron)	som	-to	thum	somthum**to**
礽玛语(Rengma)	tsaru	-chu	keshan	tsarukeshan**chu**

(引自:Matisoff 1995:141—142)

对于乘法式复杂数词来说,多数语言没有显性的表示"乘"的意义的词汇。乘法式复杂数词中基数词与位数词的顺序也有变化。例如藏语:'十、百、千、力'构成整数时,根据位数词的大小,基数词可以在前也可以在后。藏语中,位数词是'百'的时候,基数词在前。例如 ni ca'二百'和 ŋap ca'五 百';位数词为'千、万'的时候则在后,例如 toŋ tʂhasum'千 三'和 tʂhi tʂhaŋa'万 五'(金鹏1983:59)。

二十进制分布范围同样广泛。爱尔兰语"20"是 fiche,"30"是 deich-ar-fiche'十-连词-二十',"40"是 da-fiche'二-二十',"60"

是 tri-fiche'三-二十',"80"是 ceithre-fiche'四-二十'。法语"80"是 quatre-vingts'四-二十',"90"是 quatre-vingt-dix'四-二十-十',法语方言中还有"100"是 cinq-vingts'五-二十'的说法,而不是 cent'百'。文学作品中,雨果的《九三年》,书名是 *Quatre-vingt-treize*'四-二十-十三'($4 \times 20 + 13 = 93$),凡尔纳的《八十天环游地球》书名是 *Le Tour du Monde en Quatre-Vingts Jours*。英语里也保留着 score'二十'这样的数词,"人生七十"可表述为 three score and ten。更为经典的如林肯的《葛底斯堡演说》("The Gettysburg Address")就是以"Four score and seven years ago ..."('八十七年前……')开头的。

历史上利用二十进制的语言有很多,如玛雅语。玛雅语的位数词是以 kal'20'为基础的,更大的位数词是基于"20"的幂,例如 bak'400'、pik'8000'、calab'160000'(Yasugi 1990)。中国境内藏缅语族的门巴语和仓洛语也具有完整的二十进制数词系统。门巴语中"20"是 khali 和 chɛˀ,"40"以上是用 chɛˀ 作为计算单位。如下所示:

(4) a. khali   tɕi
　　　二十　 十
　　　'$20 + 10 = 30$'

b. khali   tɕi   theˀ
　二十　 十　 一
　'$20 + 10 + 1 = 31$'

c. chɛˀ   nai
　二十　 二
　'$20 \times 2 = 40$'

d. chɛˀ   nai   theˀ
　二十　 二　 一
　'$20 \times 2 + 1 = 41$'

e. chɛˀ   leŋe
　二十　 五
　'$20 \times 5 = 100$'

f. chɛˀ   leŋe   tɕik   sum
　二十　 五　 十　 三
　'$20 \times 5 + 10 + 3 = 113$'

g. chɛˀ   tɕi   leŋe
　二十　 十　 五
　'$20 \times (10 + 5) = 300$'

h. chɛˀ   khali   leŋe
　二十　 二十　 五
　'$20 \times (20 + 5) = 500$'

(引自:陆绍尊 1984:38—42)

仓洛语中表达"20"的数词是 khai'二十', 主要用作量词。"30"是 khai thor daŋ se'二十 一 连词 十'。"40"是 khai n̩ikɿsiŋ'二十 二','70"是 khai sam daŋ se'二十 三 连词 十','80"是 khai phi'二十 四'。如下所示：

(5) a. khai   thor   taŋ   n̩iktsiŋ
　　　二十　一　连词　二
　　　'20×1+2＝22'

　　 b. khai   thor   taŋ   se
　　　二十　一　连词　十
　　　'20×1+10＝30'

　　 c. khai   n̩iktsiŋ   taŋ   khuŋ
　　　二十　二　连词　六
　　　'20×2+6＝46'

　　 d. khai   phi   taŋ   soŋ ku
　　　二十　四　连词　十 九
　　　'20×4+10+9＝99'

（引自：张济川 1986：43）

上文提到中国境内的傣语和佤语有表达"20"的专门词汇ŋi和sau,这或是二十进制的苗头,但这些语言并没有发展出二十进制来。

在十进制和二十进制之间还有十二进制。这是一种非常科学的进制,因为12的约数很多。10的约数有四个：1、2、5、10,而12的约数有：1、2、3、4、6、12。尤其是10不能用3除尽,而12却能用3除尽。欧洲很多语言现在仍然保留有十二进制的痕迹。比如十二个是一打(dozen),十二打为一罗(gross)等。在度量衡上也是以12进制居多。十二英寸是一英尺,十二便士是一先令等。不过真正意义上的十二进制,出现在非洲尼日利亚高原的语言中(Matsushita 1998)和藏缅语族的车旁语(Chepang)中。例(6)是车旁语语料。

（6）a. ya:t　ha:le　ʔa:t-gota　　b. ya:t　ha:le　das-gota
　　　一　　十二　　八　　　　　　　一　　十二　　十

'1×12＋8＝20'　　　　　　　　'1×12＋10＝22'

c. nis　ha:le　　　　　　　　d. nis　ha:le　ponga-jo²
　　二　　十二　　　　　　　　　　二　　十二　　五

'2×12＝24'　　　　　　　　　'2×12＋5＝29'

e. nis　ha:le　sa:t-gota　　　f. sum　ha:le　play-jo²
　　二　　十二　　七　　　　　　　三　　十二　　四

'2×12＋7＝31'　　　　　　　'3×12＋4＝40'

g. play　ha:le　nis-jo²　　　h. ponga　ha:le
　　四　　十二　　二　　　　　　　五　　十二

'4×12＋2＝50'　　　　　　　'5×12＝60'

（引自：Matisoff 1995：169）

　　自然语言数词系统中除了以上常见的几种进制（"2、5、10、12、20"）外，还有"3、4、6、7、8、9、15、25"等进制，但其分布不是很广。这里不再简述，有兴趣的读者可以参考科南特（Conant 1896）的著作 *The Number Concept* 和门宁格（Menninger 1969）的著作 *Number Words and Number Symbols*。值得一提的是六十进制，源于古代巴比伦文明，只用于数学上的记数，没有发现用于语言中的数词系统，但在时间和角度的测量上今天仍然保留着，例如 60 秒是 1 分钟，60 分钟是 1 小时。

1.3　本书的研究内容和目的

　　数词系统在人类语言中的地位很特殊。一方面，它和语言的其他系统不一样，数词系统自身较不容易产生演变，但它又较容易受到语言外因素（extra-linguistic conventions）的影响。它不像语言的其他系统，儿童往往需要经过系统的学习才能掌握数词系统。由于这个原因，有人认为数词系统是人造语言的一部分，不属于核心语法,至少对于"10"以上的数词是如此(Wiese 2003)。纵观国内外学术界,对数词系统的深入研究主要见于人类学、数学史、数学哲学和心理学等学科。语言学界主要关注的是数词的词源及其文化意义,因此长期以来数词并不是理论语言学研究的一个重要议题,尽管数词在 19 世纪欧洲历史比较语言学拟构原始语言和建立语言谱系关系时,曾经发挥过重要的作用。

另一方面,正如前面所述,世界上各种语言的数词系统复杂多样,其结构和语义诠释遵守语言的普遍规律,如结构的递归性、意义的组合性(Hurford 1975),且各种形态音系在数词上都能得到充分体现。全世界不同语言的数词系统差别也很大,涉及不同的进制、形态、语义组合,例如表 1.5 所示,数目"18"在不同语言中有不同的语言形式,十进制、五进制、六进制、九进制、十五进制以及加减乘除等在其中均有体现。因此作为语法系统的一个子系统,数词系统具有它本身的语言本体研究价值。

表 1.5 数目"18"的不同语言表达式

语 言	数 词	构 成
德语	acht-zehn	八-十
法语	dix-huit	十-八
古典希腊语	oktō-kai-deka	八-连词-十
现代希腊语	deka-okto	十-八
拉丁语	duo-de-viginti	二-介词-二十
	decem-et-octo	十-连词-八
布列塔尼语(Brezhoneg)	tri-ouch	三-六
威尔士语	deu-naw	二-九
墨西哥语	caxtulli-om-ey	十五-三
芬兰语	kah-deksan-toista	二-十-第二
爱奴语(Ainu)	tu-pesan-ishama-wan	二-爬-加-十

(引自:Menninger 1969:71)

数词的句法语义界面研究

　　我国有一百多种语言,它们分属于汉藏语系、阿尔泰语系、南岛语系、南亚语系以及印欧语系。总的来说,这些语言的数词系统发达,理论上能够说出任何数目的数词,大部分语言还有复杂的分数、小数类数词。这些语言基本上都是十进制,有两种语言(门巴语和仓洛语)是二十进制,有的语言可以看出具有五进制和二十进制的痕迹。除了侗台语族语言、苗瑶语族语言和部分南亚语系语言大规模借用汉语数词系统外,其他语言的数词系统受汉语影响甚少,基本上保持了原来的面貌。这些语言数词系统具有很多独特的形态音系句法语义表现。本书的目的是对这些特征作出系统性的深入研究,探索其背后的句法语义界面中的语言规律,探讨数词系统对普通语言学理论研究的价值,揭示自然语言数词系统在结构和语义方面的普遍性特征和类型学意义,并且以期为一些重大的哲学问题(例如本体论中的指称问题)提供启示。

第二章
复杂数词短语的句法结构

句法是语义的基础,句法语义界面研究必须先确定句法结构。自然语言数词包括简单数词和复杂数词。简单数词是单个词素,因此不存在内部句法结构问题。复杂数词包括乘法式、加法式和混合式,有的语言的数词还涉及除法和减法,甚至一些更加奇特的计数法。尽管数词的句法错综复杂,但也受规则支配,对复杂数词内部结构分析属于句法研究。

本章先介绍国外对复杂数词短语句法结构的不同分析,重点介绍非成分分析法,然后提出来自汉语的证据,以支持传统分析方法(贺川生 2015)。第三章我们将进一步提出来自我国南方民族语言的形态音系证据,以进一步支持本章的观点。

2.1 复杂数词短语的传统句法结构分析

传统句法分析认为,复杂数词是一个完整的句法成分(constituent)。这种观点将 two hundred 和 two hundred twenty 这样的复杂数词短语,作为独立于名词之外的完整句法成分,其语义在内部生成。这是非常合乎常识的一个结论,因为语感告诉我们复杂数词应该是一个短语,属于完整的句法成分。如例(1)中的树形图所示(圆圈符号代表构成完整的句法成分):

（1） a.

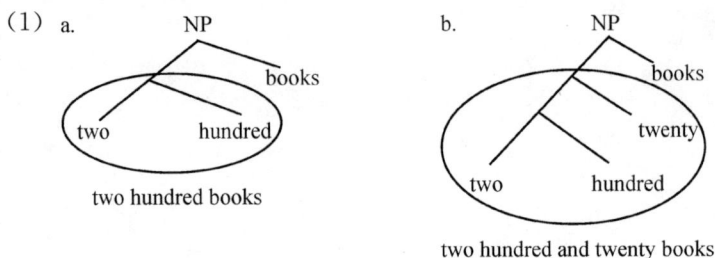

two hundred books

b.

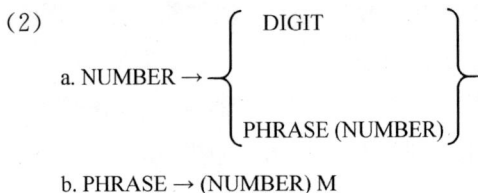

two hundred and twenty books

最早对复杂数词作出系统研究的是赫福德（Hurford 1975）。他研究了英语、米斯特克语（Mixtec）、法语、丹麦语、威尔士语、夏威夷语、约鲁巴语（Yoruba）的数词系统。他提出的复杂数词的内部结构，适用于所有语言的数词系统。这是一种早期的短语结构规则（phrase structure rule），如规则（2）所示：

（2）

$$\text{a. NUMBER} \rightarrow \left\{ \begin{array}{l} \text{DIGIT} \\ \\ \text{PHRASE (NUMBER)} \end{array} \right\}$$

b. PHRASE → (NUMBER) M

这个句法规则的生成能力强，会生成不合法的数词结构。例如：*two thousand hundred、*twenty one hundred，等等。为了限制数词的生成能力，赫福德提出"包裹策略"（packing strategy），作为所有语言数词系统的生成限制条件。

（3）包裹策略：NUMBER 节点的姐妹成分必须有尽可能大的数值。

包裹策略不对线性顺序作出规定，而是对层级关系作出预测。例如：加法式复杂数词中，较高数值的数词成分更靠近树

形图的顶端,所以英语中会是较高数值的数词处于左边;同样
在乘法式复杂数词中,较高数值的位数词也更靠近树形图的顶
端,所以英语中较高数值的位数词位于较低数值的位数词的
右边。

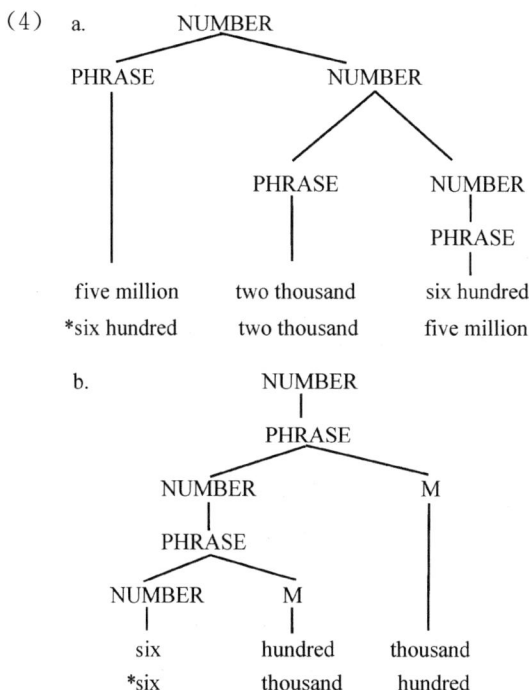

（4）　a.
```
                        NUMBER
                      /        \
              PHRASE            NUMBER
                               /       \
                         PHRASE         NUMBER
                            |              |
                            |           PHRASE
                            |              |
           five million   two thousand   six hundred
          *six hundred     two thousand   five million
```

b.
```
                    NUMBER
                       |
                    PHRASE
                   /        \
          NUMBER            M
             |
          PHRASE
         /      \
    NUMBER       M
       |         |
      six      hundred   thousand
     *six       thousand   hundred
```

　　包裹策略是普遍性的限制条件,其他语言也适用。例如法语
中,数值"70"是 soixante dix'六十 十',为什么不是*cinquante
vingt'五十 二十'或者*quarante trente'四十 三十'呢?包裹策略
选出了正确的 soixante dix,因为 soixante 比 cinquante 和
quarante 数值大。同样,数值"90"会是 quatre-vingt-dix'四-二十
-十',而不是*trois-vingt-trente'三-二十-三十',也是由于包裹策
略的作用。

　　包裹策略是一个全局性的规则(global rule),它从每个数值

所有可能的数词组合中选出唯一合法的数词结构。这个限制条件经过很多语言的检验后,证明是普遍适用的,尽管也有例外,但非常罕见。赫福德只举出了英语的一个例外,即 two thousand one hundred 和 twenty one hundred 同时存在,按包裹策略只有第一个是合法的。赫福德解释说,这是在读阿拉伯数字 2 100 时才出现的,因受到"21,00"的分析影响。如果我们从 two thousand and ninety nine 数起,那么下一个数词不会是 twenty one hundred,一定是 two thousand one hundred。在数数时,反例就消失了。

包裹策略是一个语言上的规则。赫福德(Hurford 2007)进一步阐释了包裹策略的深层理据其实是数数原则(counting principles)。数数时遵守"有几个数数到几个数(go as far as you can with the resources you have)"。如果一种语言只有一到十的数词,他只能数到十然后又开始新的一轮数数。十个十个地成一个单位,然后数剩下的数。这个原则负责加法式复杂数词,确保了大数目在小数目之前。数数另一个原则是"数数涉及的实体尽可能少(minimize the number of entities you are dealing with)"。假如一种语言有"百"和"千"的数词,那么 300 000 这个数目意味着数三百个一千。当然这个数值也可以数成三千个一百,但前者涉及的实体少很多,所以语言形式采用 three hundred thousand,而不是*three thousand hundred。这个原则负责乘法式复杂数词,确保了小位数词在大位数词之前。

赫福德的结构表明数词不管是简单的还是复杂的,都是一个完整的句法成分。这是主流意见,是一个零假设(null hypothesis)。于是像 two hundred 和 two hundred twenty 这样的复杂数词短语构成独立于名词之外的完整句法成分,语义在内部生成。

专门针对复杂数词内部结构的研究不多,大部分是研究简单数词,并且附带于名词结构的研究中。例如:研究数词在名词结构中的地位(是中心词还是标示语)、数词与名词的形态一致关系、数词的词类,等等,极少涉及复杂数词的内部结构和组合语义问题。

科尔韦和茨瓦兹(Corver & Zwarts 2006)对受介词修饰的数词(主要是荷兰语)进行了研究,他们论证了复杂数词一定是完整的句法成分。荷兰语的数词可以和量化词 elke'每'、iedere'每'和 zo'n'这样的'组合,如例(5)所示。

(5) a. Elke　　drie　minuten　viel　　er　　een　druppel
　　　　每　　　三　　分钟　　掉　　那里　　一　　滴
　　　water　op　zijn　hoofd.
　　　水　　在　他的　头
　　　'每三分钟有一滴水掉在他的头上。'

b. Iedere　twee　seconden　kwam　er　　een　auto
　　　每　　　二　　秒　　　来了　那里　一　　车
　　　langs.
　　　沿着
　　　'每两秒有一辆车经过来。'

c. Het　concert　duurde　zo'n　veertig　Minuten.
　　　这　音乐会　持续　这样的　四十　　分钟
　　　'这个音乐会持续了大约四十分钟。'

这充分表明数名结构应该是[[量化词＋数词]＋名词]而不是[量化词＋[数词＋名词]],因为量化词 elke、iedere 和 zo'n 不能和复数名词组合(*elke minuten'每分'、*iedere seconden'每秒'、*zo'n mannen'这样的人')。注意:要点是如果采取[[量化词＋数词]＋名词]的分析,复杂数词一定是完整的句法成分;而采取[量化词＋[数词＋名词]]这种分析,复杂数词不一定是完整的句法成分。

在数词被其他成分修饰的情况下(例如: more than ten books、exactly ten books),标准分析是修饰语和数词构成排除名词的完整形式(Barwise & Cooper 1981),如例(6)所示。另一种分

析是数词先和名词组合,后和修饰语组合,如例(7)所示:

(6) [[around/over/between ten and fifteen/more than/at least/exactly/just about ten] books]

(7) [around/over/between ten and fifteen/more than/at least/exactly/just about [ten books]]

有修饰语的数词可分为几种不同的子类型,它们的句法结构一直颇有争议。有人认为在含有比较关系的数词结构中,如 more than ten books,数词首先与名词结合(Arregi 2013)。以上两种结构分析例(6)和例(7),与数词短语能够构成排除名词的完整结构的传统观点相容。如果我们把 ten thousand 当作一个成分,more than ten thousand books 这样的比较式数词结构,可以分析成:[more than [[ten thousand] books]] 或 [[more than [ten thousand]] books]。

科尔韦和茨瓦兹(Corver & Zwarts 2006)认为至少对于被介词修饰的数词结构(over ten books)而言,介词和数词构成一个排除名词的完整成分。对于前面有介词修饰的复杂数词结构,他们也论证了其中复杂数词的句法完整性。即: above three hundred students 这样的短语应该分析成[above [three hundred]] students,而不是[above [three hundred students]]。同样在前者的分析中,three hundred 一定是完整的句法成分,而在后者的分析中,three hundred 不一定是完整的句法成分。特别有力的论证是 between 这个词,他们说 between ten and twenty languages 不能分析成[between [ten and twenty languages]],因为没有 ten and twenty languages 这个形式,所以[[between ten and twenty] languages]是唯一合乎逻辑的分析。在这种分析中,数词必须是完整的句法成分。如果涉及复杂数词,也是一样的。Between one hundred and two hundred twenty languages 只能分析成[[between one hundred and two hundred

twenty] languages]。于是 one hundred 和 two hundred twenty 必然
是完整的句法成分。

科尔韦和茨瓦兹(Corver & Zwarts 2006：825)进一步提出了
语义证据。根据他们的观点,修饰数词的介词和修饰名词的介词
一样,前者投射一个数在数轴上的一个点上,后者投射事物到空间
的一个点上。例(8)表示 above 投射一个数在 100 以上,而[above
[one hundred students]]不能得出正确的语义,因为 above 不能
直接修饰 one hundred students,除非是空间解读,即一百个学生
的"头"上。但是很明显例(8)的意思是存在一百个以上的学生,而
不是在一百个学生的头上。

(8) There are above one hundred students.

2.2　复杂数词短语非成分分析

约宁和马图山斯基(Ionin & Matushansky 2006)提出了一种
完全不同的数词句法结构分析,认为一个复杂数词应该投射层级
性的补语结构,如例(9)所示。在这种分析中,数词并不构成独立
于名词之外的完整句法成分。相反,数词是中心词,选择名词或其
他数名短语作为补语。换句话说,在例(9)中的树形图中,two
hundred 不再是可以独立出现的数词短语,语法中没有复杂数词
短语,表面上的复杂数词短语其实是名词短语。

(9)[two [hundred [books]]]

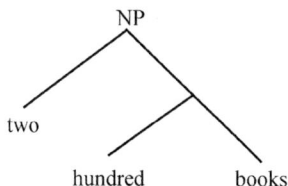

按照这种复杂数词的非完整句法成分分析,含有加法式复杂数词的名词短语,如 two hundred twenty books 必须来自 two hundred books (and) twenty books。该观点认为有两种办法使后者转换成 two hundred twenty books:右节点提升或省略,如例(10)所示。

(10) a. [[[two hundred t_i] (and) [twenty t_i]] books$_i$]

    b. [two hundred ~~books~~] (and) [twenty books]

这种非成分分析的关键理由是一些语言中含数词的名词短语内部存在格标记(俄语和其他斯拉夫语)。例如在俄语中,odin '一'给名词授主格或宾格。如下所示:

(11) a. Ja   delayu odin šag.
     我   做了   一   台阶(主格或宾格)
     '我做了1个台阶。'

    b. Ja   vižu odnu   čašku.
     我   看见 一(阴性宾格) 杯子(阴性宾格)
     '我看见了1个杯子。'

俄语中,大于 odin '一'的数词指派属格(GEN)给名词:dva '二'、tri '三'和 četyre '四'指派单数属格(paucal);pjat' '五'及以上数词指派复数属格。如例(12)—(13)所示:

(12) a. Ja   delayu dva šaga.
     我   做了   二   台阶(单数属格)
     '我做了2个台阶。'

    b. Ja   vižu dve čaški.
     我   看见 二 杯子(单数属格)
     '我看见了2个杯子。'

（13）a. četyre šagá   b. šest' šagov
　　　 四   台阶(单数属格)   六   台阶(复数属格)
　　　'4 个台阶'   '6 个台阶'

根据以上的语言事实,俄语复杂数词内部的格指派,与简单数词对名词的格指派是一样的。复杂数词如 četyre tysjači'四千'或 pjat' tysjač'五千', tysjača'千'的格取决于前面的数词:četyre 指派单数属格给 tysjača,pjat' 指派复数属格。在这两种情况下,中心名词都被指派复数属格。根据经典格理论,只有当功能性中心词成分统制另一个成分时,才可以指派格,于是俄语复杂数词只能有上文例(9)那样的结构分析。

（14）a. četyre tysjači   šagov
　　　 四   千(单数属格) 台阶(复数属格)
　　　'4 000 个台阶'

　　 b. pjat' tysjač   šagov
　　　 五   千(复数属格) 台阶(复数属格)
　　　'5 000 个台阶'

另一个理由是,在一些语言中和大于"一"的数词结合的名词,在形态上是单数的。尽管这些语言具有复数形态,如例(15)所示。这是一个间接证据,只是和这种分析对数词的语义定义相符合。英语等语言则不支持这种分析,所以这种分析认为英语是例外。

（15） a. yhdeks-än   omena-a   puto-si
　　　　 九-主格   苹果-单数   掉-第三人称过去时
　　　　 maa-han.   （芬兰语）
　　　　 地-方位
　　　　'9 个苹果掉在地上。'

　　　 b. y   tair   cath   ddu
　　　　 复数定冠词   三(阴性)   猫(阴性单数) 黑(单数)

hynny　　　　　　　　　　　（威尔士语）
那（复数）
'那 3 只黑猫'

c. üç　elma　　　　/　*üç　elmalar　　（土耳其语）
三　苹果（单数）　　　三　苹果（复数）
'3 个苹果'

d. három　gyerek　　/　*három　gyerekek
三　　孩子（单数）　　　三　　孩子（复数）

（匈牙利语）

'3 个孩子'

茨威格（Zweig 2006）在威尔士语、闪语和班图语的研究上也采取了层级结构，但认为数词不能直接选择名词，而是选择一个抽象的名词"NUMBER"，如树形图（16）所示。这是一种不彻底的分析，表面上看不出数词本身是否能够构成完整的句法成分。

（16）

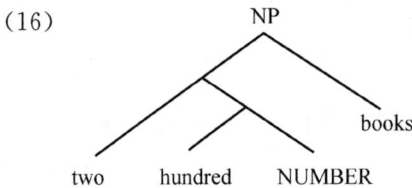

　　　　　　　　　　NP
　　　　　　　／　　　　＼
　　　　　／　　　　　　　books
　　　／　　　＼
　two　hundred　NUMBER

凯恩（Kayne 2010）反对这种层级结构，证据是以下语料中的话题化和动词词组省略，如下所示。例（18）中，如果 three hundred linguistics books 分析成层级结构即［three［hundred［linguistics books］］］，那么其中的 hundred linguistics books 就构成一个成分，应该可以进行话题化等移位操作，但例（18b）不合语法，则表明这种分析是站不住脚的。

（17）a. They have hundreds of thousands of linguistics

books.

    b. (?)Linguistics books they have hundreds of thousands of.

    c. *Thousands of linguistics books they have hundreds of.

(18) a. ?? Linguistics books they have three hundred.

    b. *Hundred linguistics books they have three.

(19) a. They have three hundred linguistics books and we have three hundred，too.

    b. *They have three hundred linguistics books and we have three，too.

他提出了与树形图(16)相似的句法结构，即[two [hundred NSFX]] books，"NUMBER"换成了"NSFX"，这是一个名词性后缀(noun suffix)。可见，树形图(20)仍然是一种不彻底的分析，看不出数词本身是否能够构成完整的句法成分。

(20)

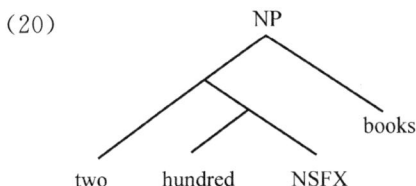

2.3 对复杂数词短语非成分分析的批评

2.3.1 来自希伯来语的证据

达农(Danon 2012)在希伯来语的研究基础上，认为不同语言甚至同一语言中，数词有两种结构分析：数词作为中心词选择名词补语(即"层级结构")、数词构成最大投射(即"完整句法成分分析")。如树形图(21)所示：

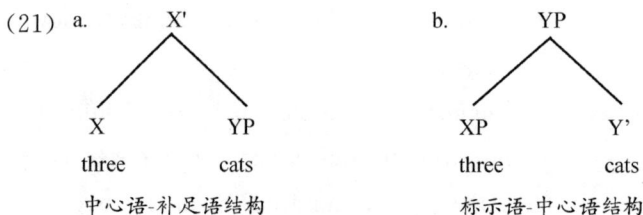

(21) a.

```
        X'
       /  \
      X    YP
    three  cats
中心语-补足语结构
```

b.

```
        YP
       /  \
      XP   Y'
    three  cats
标示语-中心语结构
```

达农认为决定数词这两种结构分析的因素是：数特征和格特征。数词本身的数标记触发层级结构，使得能够授格。树形图(21)中的两种分析只针对简单数词。如果数词是乘法式复杂数词，该复杂数词仍然是一个完整成分，投射如例(22b)这样的结构，而不是例(22a)这种层级结构。在例(22b)中，数词作为中心词选择名词补语，或者作为名词短语的标示语(达农没有讨论加法式复杂数词)。

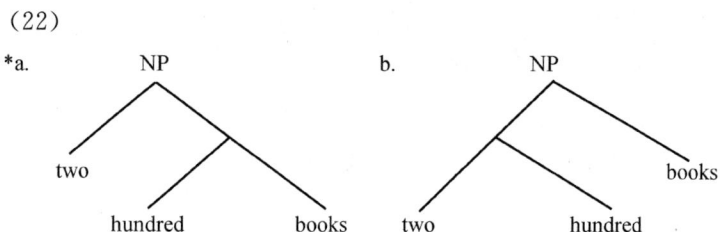

(22)

```
*a.         NP
          /    \
        two     \
            \    \
          hundred books
```

```
b.         NP
          /    \
         /      books
        /  \
      two  hundred
```

达农主要依据的是希伯来语中的数词。希伯来语数词与名词、形容词一样，有自由和黏着两种形式。如例(23)所示：

(23) a. šlošà   sfarim   b. šlòšet   ha-sfarim
       三(自由)   书   三(黏着)   定冠词-书
       '3本书'   '那3本书'

希伯来语中,自由形式和黏着形式的数词有不同的特征:黏着数词就像中心词,不能脱离名词存在,不能是复杂数词结构的一部分,也不能有名词移位。如例(24)所示:

(24) a. šloša　　　　ve mašehu sfarim
　　　　三(自由)　和　一点　　书
　　　　'3 本多一点书'

　　 b. *šney　　　 ve mašehu sfarim
　　　　二(黏着)　和　一点　　书

(25) a. ben exad　　　le šloša　　sfarim
　　　　之间 一(自由)　到 三(自由)　书
　　　　'1 到 3 本书'

　　 b. *ben exad　　　le šney　　　sfarim
　　　　之间 一(自由)　到 二(黏着)　书

(26) a. ze haya dubim še-ra'iti
　　　　它 是　 熊　 标示词-看见(第一人称)
　　　　šloša.
　　　　三(自由)
　　　　'熊,我看见了 3 只。'

　　 b. *ze haya dubim še-ra'iti
　　　　它 是　 熊　 标示词-看见(第一人称)
　　　　šney.
　　　　二(黏着)

达农主要研究了希伯来语中乘法式复杂数词,认为只投射例(22b)那样的结构。如果是投射例(22a)那样的结构,就会得出不合法的形式。如例(27)所示:

(27) a. *šloša　　[alfey　　sfarim]
　　　　三(自由)　千(黏着)　书
　　 b. *šloša　　[elef　　sfarim]
　　　　三(自由)　千(自由)　书

这是因为在例(27)的分析中,希伯来语 šloša 修饰名词性结构,必须是自由形式,不能是黏着形式,如例(28a—28b)所示。并且例(27)不合语法的问题不是出在 alfey sfarim 和 elef sfarim 上,因为"千"单独修饰名词时,既可以是黏着形式也可以是自由形式。如例(28c)—(28d)所示:

(28) a. šloša   sfarim   b. *šlošet   sfarim
        三(自由)   书   三(黏着)   书
        '3 本书'

     c. alfey   sfarim   d. elef   sfarim
        千(黏着)   书   千(自由)   书
        '几千本书'   '1 000 本书'

在希伯来语合格的乘法式复杂数词中,"千"必须是自由形式,"三"必须是黏着形式,如例(29a)所示。例(29a)中的 alafim sfarim 本身是不合格的形式,必须前面带有 šlošet,所以乘法式复杂数词不可能投射层级结构:alafim 和 sfarim 不可能组合后一起和 šlošet 组合;只能是 šlošet 和 alafim 组合,然后一起和 sfarim 组合。

(29) a. šlošet   alafim   sfarim
        三(黏着)   千(自由)   书
        '3 000 本书'

     b. *alafim   sfarim
          千   书

希伯来语乘法式数词内部还有一些特质。例如:当位数词是"百"或"千"时,系数词是黏着形式,位数词是复数形式;当位数词是"百万"时,系数词是自由形式,位数词是单数形式。如例(30)所示:

（30）a. šloš　　　　　meot　　　sfarim
　　　三（阴性黏着）　百（阴性）　书（阳性）
　　　'300 本书'

　　b. šlošet　　　　　alafim　　　sfarim
　　　三（阳性黏着）　千（阳性）　书（阳性）
　　　'3 000 本书'

　　c. šloša　　　　　milyon　　　sfarim
　　　三（阳性自由）　百万（阳性）书（阳性）
　　　'300 万本书'

　　希伯来语中,如果系数词和位数词不能构成一个完整成分,则很难解释这种系数词和位数词之间存在的形态一致性关系。此外,有的乘法式数词中的黏着形式不用于其他结构。例如:"700"和"900"中的"7"和"9"不是通常的黏着形式 ševa 和 teyša,而是缩减的 šva 和 tša。如例（31）—（32）所示。

（31）šva／tša　　　　　　me'ot　sfarim
　　　七（黏着）／九（黏着）　百　　书
　　　'700／900 本书'

（32）a. *šva　　　／ tša　　　ha-dugma'ot
　　　七（黏着）／ 九（黏着）　定冠词-例子

　　b. ševa　　　／ teyša　　ha-dugma'ot
　　　七（黏着）／ 九（黏着）　定冠词-例子
　　　'那 7／9 个例子'

　　很多语言中的格标记事实会得出与层级结构分析相反的结论,名词的格不受数词的影响。如例（33）—（34）所示:

（33）Ég　þekki　þrjá　　　íslenska
　　　我　知道　三（宾格）　冰岛语（宾格）
　　　málfræðinga.　　　　　　　　　　（冰岛语）
　　　语言学家（宾格）

'我知道 3 个冰岛语语言学家'

(34) Menq   tv-el enq ayd
我们（主格） 给-完成 助动词 那个

harc-ə   tasə masnaget-i （东亚美尼亚语）
问题-定冠词（宾格） 十 专家-与格
'我们把那个问题给了 10 个专家'

除以上论证外，达农指出的另一个问题是：如果把数词（特别是复杂数词）看作是中心语，那么中心语在后的语言中，数词也在名词之后的预测就与事实不符。很多中心语在后的语言，如巴斯克语、印地语、波斯语、土耳其语，其数词在名词前面。而很多中心语在前的语言，如斯瓦希里语和泰语，其数词一律在名词后，因此这些语言的数词不是中心语。

2.3.2　来自嫁接结构的证据

梅农格（Meinunger 2015）认为复杂数词的非成分分析尽管能够解释某些事实，但是在其他地方会有一些困难。他认为这种分析不能解释减法数词和预期式数词，这些数词结构不可能来源于名词并列。另一个困难是句法上的形态一致性问题，twenty one students 不可能来源于 twenty students and one students，后面的名词短语 one students 出现了复数标记矛盾。又如按照非完整成分分析，twenty six books 应来源于 twenty books and six books，然而前者表示"26 本书"这样一个总数，后者表达的是两组书："二十本书"和"六本书"。

梅农格提出，复杂数词仍然是成分完整的句法结构，但采取的是嫁接（graft）生成的方式。所谓嫁接是一种句法操作，指两个独立母节点同时共享一个子节点，从而产生多维度树形图。自然语言中有的结构用嫁接处理更好一些，如右节点提升结构（rightnode-raising)。梅农格提出的一系列证据认为：复杂数词也是嫁接生成的,复杂数词的树形图是一种多维度树形图,并且属于完整句法成分。

上文提到复杂数词的非成分分析法其主要理由是,俄语含数词的名词短语内部存在的格标记现象。梅农格同样利用这一形态事实提出数词完整性成分分析。他的关键语料是复杂数词和名词结合时,格标记看上去只和复杂数词中的最后一个数词发生关联。如例(35)—(37)所示：

(35) sorok　odin　stol
　　　四十　　一　　桌子(主格/宾格)
　　　'41 张桌子'

(36) sto　vos'em'des'at'　　dve　　čaški
　　　百　　八十　　　　二(阴性)　杯子(单数属格)
　　　'182 个杯子'

(37) a. Ja　delayu　dvacat'　sem'　šagov.
　　　　 我　做了　　二十　　七　　台阶(复数属格)
　　　　 '我做了 27 个台阶。'

　　 b. Ja　vižu　dvacat'　sem'　čašek.
　　　　 我　看见　二十　　七　　杯子(复数属格)
　　　　 '我看见了 27 个杯子。'

数名短语和动词之间的一致关系也表明,这种一致关系只和复杂数词中的最后一个数词发生关联。例如：

(38) Q：Skol'ko　studentov　　prišlo?
　　　　 多少　　学生(复数属格)　来了(单数中性)
　　　　 '来了多少学生？'

　　 A：Dvacat'　odin　student　　prišel /
　　　　 二十　　一　　学生(单数)　来了(单数阳性)/
　　　　 *prišlo / *prišli.
　　　　 *(单数中性)/*复数

'来了 21 个学生。'

(39) Q：Skol'ko　studentov　　　　prišlo?
　　　多少　　学生（复数属格）　来了（单数中性）
　　　'来了多少学生?'

　　A：Dvacat'　tri　studenta　　　　　/dvacat'　sem'
　　　二十　　三　学生（单数属格）　二十　　七
　　　studentov　　　　*prišel / prišlo / prišli.
　　　学生（复数属格）　来了（单数阳性）/（单数中性）/复数
　　　'来了 23/27 个学生。'

以上例句中,当复杂数词末尾是 odin(如"21、31、41"等)时,名词是单数且动词也是单数;当它是大于"1"时,动词可以是复数或中性单数。

在俄语规范性语法中,当复杂数词和名词是与格或工具格时,每一个数词都要有格标记;口语中则只有最后一个数词要有格标记,如例(41)所示。这也说明名词只和复杂数词结构的最后一个数词发生"格"的一致关系。

(40)　s　tysjačami　　stami　　　pjat'ju
　　　和　千（工具格）　百（工具格）　五（工具格）
　　　desjat'ju　dvumja　　　sportsmenami
　　　十（工具格）　二（工具格）　运动员（工具格）
　　　'和 1 152 个运动员'

(41)　s　tysjača　sto　pjat'　desjat'　dvumja
　　　和　千　　百　五　　十　　二（工具格）
　　　sportsmenami
　　　运动员（工具格）
　　　'和 1 152 个运动员'

德语"13~99"的数词,都是个位数在前,十位数在后,例如:drei-und-zwanzig'三-连词-二十'。三位数以上则是个位数在后,例如:zwei-hundert-eins'二-百-一'、drei-hundert-sechs'三-百-

六'、ein-tausend-eins'一一千一一'。如果三位数以上的数词后面有名词,则个位数和名词发生单数形态关系,尽管整个数词是复数的。这也说明复杂数词是嫁接生成的,属于完整句法成分。如例(42)—(43)所示。

(42) drei   hundert   und   ein   Haus
     三   百   连词   一   房子(单数)
     '301 个房子'

(43) *drei   hundert   und   ein   Häuser
     三   百   连词   一   房子(复数)
     目标意义:'301 个房子'

2.3.3 来自汉语的证据

贺川生(He 2015)指出,复杂数词非成分分析应用于汉语复杂数词时面临三个方面的困难,包括:句法困难、语义困难和形态音系困难。句法困难方面的证据如:概数助词、过度生成和不足生成、照应、并列的名词以及"零";语义困难方面:概数助词和并列名词;形态音系困难方面:"一"的连读变调、"二、两"和"俩、仨"。下面分别讨论。

2.3.3.1 句法困难

汉语数词后面可以黏附概数助词,如"余、把、许、来"等。这些概数助词位于数词后面,可以帮助我们看出数词的内部构造。如果按照层级分析,"一百来个学生"来自"一百个学生+来个学生",但"*来个学生"不合语法。这说明复杂数词结构并非来源于名词并列结构。

上文说过,根据非成分分析法,英语数词表达式 five hundred twenty students 意思是"五百个学生和二十个学生的和"。问题是这种释义并没有顺序上的限制,我们也可以有"二十个学生和五百个学生的和"这种顺序。如果我们依照后一种顺序,就会生成*twenty five hundred students。又如 two hundred thousand students,根据非成分分析法,它的意思是"两百组一千个学生"。但我们也可以有"两千组一百个学生"的顺序,于是就会生成*two thousand hundred students。汉语也是如此。层级分析法会生成很多不合语法的"大数"结构。例如"二十个学生+三百个学生"可以生成"二十三百个学生"这种错误的语言形式,而其原始形式"二十个学生+三百个学生"并没有什么不合理的地方。

这就是非成分分析会导致的过度生成问题。在非成分分析中,这个问题只是简单地归于语言外因素。然而句法问题完全是结构问题,和语言外因素无关。例如:"*一百多二十个学生"应该来源于"一百多个学生+二十个学生",后者并没有什么不合理的地方。注意,非成分分析法不能利用包裹策略,因为包裹策略只适用于数词而不是名词。试图把包裹策略适用于名词是不可行的,因为"二十个学生和一百个学生"以及"一百多个学生和二十多个学生"本身都是成立的。

非成分分析也会导致生成不足的问题。这种分析不能生成真正的算术句中的数词短语,因为这种分析预测自然语言没有数词短语,每一个数词短语表面上是有隐含或省略的名词短语。这种处理无法对各种算术句给予适当的语义分析。这样一来,如果数词短语被分析为名词性短语的话,我们没有办法直接谈论"数"本身,即不能说出例(44)这些句子。

(44) a. 二加二等于四。　　　b. 太阳系行星的数量是八。

　　　c. 二十三是素数。　　　d. 一百的平方根是十。

非成分分析法提出,这种句子涉及有看不见或被删除的"X",如例(45)所示。

（45）a. 二 X 加二 X 等于四 X。　b. 太阳系行星的数量是八 X。
　　　c. 二十 X 三 X 是素数。　　　d. 一百 X 的平方根是十 X。

关键是这个"X"是什么。假定"X"是"THINGS"这个词，那么
"eight X"就表示"8 个事物"。但是我们不能说行星的数目是
"8 个事物"。因此，在非成分分析中，"X"表示的东西是完全不能
说的，也没有任何语义贡献。如果是这样的话，它在那个位置是不
存在的，是想象出来的。并且这种解释办法有逻辑漏洞。这意味
着当一个人说出"二加二等于四"时，这个人的语言中一定是有"东
西"这样的词，这种解释蕴含说话人已经有了这个词。但很明显这
种蕴含，在逻辑上并不成立：一个人的语言中由于某种原因没有
"东西"这样的词，那么他永远说不出例(44)这些句子。这无疑是
不合逻辑的结论。

根据生成语法的标准理论，句法操作(如"照应回指")只能作
用于完整成分。在下面的例句中，照应语"那么多"回指复杂数词
"九百万"和其中的内部成分"九百"，这说明它们是完整成分，否则
不能作为照应回指的先行语。

（46）A：我们图书馆有九百万本书。　　B：那么多本书啊！
（47）A：我们图书馆有九百万本书。　　B：那么多万本书啊！

对于加法式复杂数词也是如此，以下例句中的"那么多"可以
回指"二十二万"和其中的"二十二"，说明它们都是完整成分。而
根据非成分分析，它们都不应该是完整成分，无法作为照应的先行
语，但这与事实相反。

（48）A：我们图书馆有二十二万本书。B：那么多本书啊！
（49）A：我们图书馆有二十二万本书。B：那么多万本书啊！

按照非成分分析,"二十一个男人和女人"应该来源于"二十个男人和女人＋一个男人和女人",但是"一个男人和女人"本身是不合语法的。同样的道理,"二十二个男人、女人和孩子"应该来源于"二十个男人、女人、孩子＋二个男人、女人、孩子",但是"二个男人、女人、孩子"本身是不合语法的。这些例子也说明复杂数词结构不是来源于名词并列结构。

汉语复杂数词内部可以出现数词"零",这是汉语的一个显著特征,在其他语言中非常罕见。当它出现在数词结构中时,前后必须都要有其他数词。"零"用于占位时,早期是有几个缺位就需要几个"零",例如"一万零零零一"。但今天我们只用一个"零",虽然"一万零零零一"这种格式仍然可以接受。"零"是一个数词,不是类似英语 and 的并列连词,其理由是汉语可以有"一万零零零三"的说法,但若是连词则不可能连着说("*张三和和和李四")。根据非成分分析法,"一万零三百零一个人"就会是来自"一万个人＋零个人＋三百个人＋零个人＋一个人"。这看上去是不正确的,因为"零个人"没有意义。同样的,"一万零零零一个人"就会是来自没有意义的"一万个人＋零个人＋零个人＋零个人＋一个人"。

2.3.3.2 语义困难

上文我们讨论了概数助词。需要指出的是[一[百[来[个学生]]]]在句法上有可能是成立的。如"来"可能只是和位数词"百"形成一个复合中心词,即[一[百来[个学生]]]。这样,非成分分析法就有可能是对的。但我们认为这种分析也是不正确的,因为这会导致错误的语义。

数词后面的"多、来",只作用于其前面的位数词。例如:"九十多"表达的范围是 90～95,"多"的取值表示 10 的 10%～50%;"九百多"表达的范围是 900～950,"多"的取值表示 100 的 10%～50%,等等。同样的,"九十来个"表达的范围是 88～92,"来"的取值表示 10 的 ±20%;"九百来个"表达的范围是 880～920,"来"的取值表示 100 的±20%,等等。

我们可以测试各种可能的结构分析。以例"九百多个学生"来说,右分支结构例(50a)可以排除,因为无法确定"多个学生"的数值。这是因为当我们运算"多个学生"时,前面的成分是不可及的。即使我们假设"多个学生"大概指"10 个学生",根据语义规则,"百多个学生"是 100 个"10 个学生",即 1 000 个,于是"九百多个学生"是指 9 个"1 000 个学生",最后得出的结果是 9 000 个学生。右分支结构例(50b)中"百多"构成一个复合中心词,但是这个结构同样不能获得正确的语义,按照这个结构,它的意思是 9 个 100 多个学生,设"100 多"是 130,那么总共有 1 170 个学生,这不符合我们的语感。因为如果真的是 1 170 个,我们会说"一千多"而不是"九百多"。左分支结构例(50c)也不能获得正确的语义,理由同例(50b)。左分支结构例(50d)是唯一合乎逻辑的结构。"九百"和"多"构成并列关系,"多"的释义只取决于"百"(参见§4.4)。

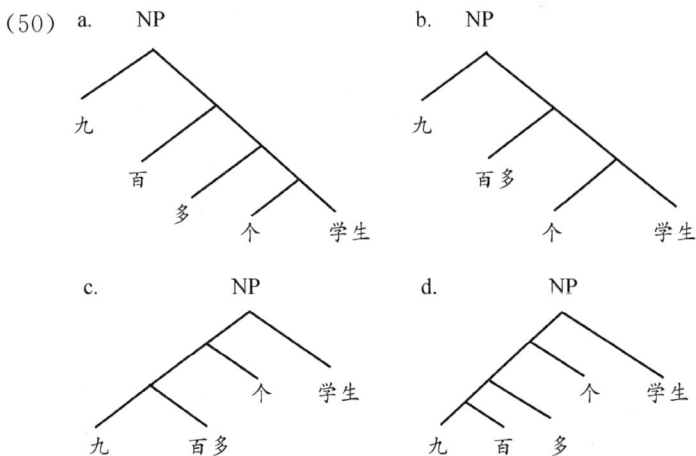

(50) a. NP　　b. NP　　c. NP　　d. NP

非成分分析法认为,加法式复杂数词来自名词词组并列结构,这种观点在卢瓦勒语(Luvale)和圣经希伯来文中似乎找到了支

持。在这两种语言中,名词可以出现在每个数词并列项中。如例
(51)所示:

(51) mikoko　makumi　atanu　　na　　mikoko　vatanu
　　　羊　　　十　　　　五　　　连词　　羊　　　五

　　　　　　　　　　　　　　　　　　　　　　（卢瓦勒语）

　　　'55 只羊'

(52) tēšaʕ　　šanîm　　u-　　mātayim　šānā...
　　　九　　　年-复数　连词　百-二　　　年

　　　　　　　　　　　　　　　　　　　　（圣经希伯来文）

　　　'209 年'

　　　　　　　　　　　（引自:Ionin & Matushansky 2006）

　　我们认为这不能被视为一个有力的论据:第一,它们可以被
看作与只出现一个名词的形式共存;第二,要使该论证有说服力,
非成分分析至少应该建立这两种形式之间的真值条件的等价性。
例如:twenty two students 在语义上等同于 twenty students and
two students。非成分分析法似乎认为可以建立真值条件的等价
性,例(53a)是例(53b)通过右节点提升或省略得来的。

(53) a. Twenty two people came to the party.

　　　 b. Twenty people and two people came to the party.

　　非成分分析法认为例(53a)和例(53b)具有相同的真值条件,尽
管也承认它们之间有细微的差别,但把它归于语用学(方式准则)。
我们不关心这种微妙的差别,我们想证明的是:加法式复杂数词和
它们所谓的源形式之间,不可以建立起语义(真值条件)等价关系。
　　根据非成分分析,当加法式复杂数词结构涉及并列中心名词
时,例如:"十四个男人和女人",它应该来自所谓的深层结构"十个

男人和女人＋四个男人和女人"。如果是这样,那么它们的指谓应该是相同的,即"14 个人",包括男人和女人。"十四个男人和女人"可以指"13 个男人和 1 个女人"或者"13 个女人和 1 个男人"这两种极端解读(Heycock & Zamparelli 2005),但这两个解读在所谓的深层结构"十个男人和女人＋四个男人和女人"中是无法获得的。因为根据这个深层结构,每一个并列项的外延应包含至少一个男人和至少一个女人,即"十个男人和女人"外延应包含至少一个男人和至少一个女人,同样"四个男人和女人"外延也应包含至少一个男人和至少一个女人。于是在任何可能的解读中,原始形式"十个男人和女人＋四个男人和女人"的外延必须包含至少两个男人和至少两个女人,如例(54)所示。但"十四个男人和女人"的外延也可以是包含十三个男人和一个女人的解读,即｛☺☺☺☺☺☺☺☺☺☺☺☺☺●｝。这充分说明"十四个男人和女人"和"十个男人和女人＋四个男人和女人"在语义上是不相等的,它们是不同的语言形式。

(54)［十个男人和女人］　（和）　［四个男人和女人］
　　　　‖　　　　　　　‖　　　　　‖
　　｛☺☺☺☺☺☺☺☺☺●｝ ＋　｛☺☺☺●｝ ＝ ｛☺☺☺☺☺☺
　　　　　　　　　　　　　　　　　　☺☺☺☺☺☺●●｝

　　假如"十个男人和女人"的外延应包含至少两个男人和至少两个女人,那么"四个男人和女人"的外延也应包含至少两个男人和至少两个女人,问题仍然存在。按照这种解读,"十个男人和女人＋四个男人和女人"的外延必须包含至少四个男人和至少四个女人,但是"十四个男人和女人"的外延却是:至少包含两个男人和至少两个女人。如果把男人和女人所需的最小数量设为:3 和 4,也会有同样的语义问题。在任何情况下,非成分结构分析都不会得出正确的结果。如果某种结构分析会得出错误的语义,那么这种结构分析的合理性就很值得怀疑,应可以断定是不正确的。加法式复杂数词和它们所谓的深层结构之间没有推导关系。它们在语法上是不同的形式,具有不同的诠释。因此,我们可以得出结论,从真值条件看,认为加法式复杂数词来自名词短语并列的观点是难以成立的。

2.3.3.3 形态音系困难

汉语普通话的变调现象比较丰富。例如:数词"一"在具体语境中会发生变调。"一"的单字调是阴平,当"一"在阴平、阳平、上声之前时,读去声;在去声之前时,则读阳平。数词"一"变调的范围是词或短语的第一个音节,如果是一个词的末尾音节,则不会发生连读变调。例如:"一心一意"读作 yìxīnyíyì,而"统一"中的"一"不会发生连读变调。这个规则是普遍的,只有一个例外,即"一一"。这样我们可以设一个变调规则:和一个音节、词或短语构成姐妹节点关系时,数词"一"会发生变调。

(55) 姐妹节点

```
        姐妹节点
         /\
        /  \
      "一"   音节/词/短语
```

这一变调规则也适用于"一"后面是量词的情况。在阴平、阳平、上声量词之前时,读作去声(yì),如"一张、一版、一本、一条、一朵、一把、一枝"等。在去声量词之前则读阳平(yí),如"一个、一道、一扇、一块、一位、一件、一座、一架、一夜、一项"等。但在加法式复杂数词中,"一"不发生变调,仍然读阴平单字调。例如:"二十一张"中的"一",读"一"的阴平单字调,而不读去声。这个语言事实,能为我们确定加法式复杂数词的句法结构提供判断。"二十一张纸"不可能来自"二十张纸和一张纸",原因是"一张纸"中的"一"

会发生连读变调。然而"二十一张纸"中的"一"却不会。这个例子证明了加法式复杂数词不可能来自名词短语的并列。

汉语表示"2"的数词有"二"和"两",它们的用法不一样。"二"用于数数(一二三/*一两三)、序数词(第二/*第两、二楼/*两楼)。表示2个事物时只用"两"而不是"二",如"两个学生/*二个学生";但用于加法式复杂数词的个位数时,则只能用"二",如"四十二个学生/*四十两个学生"。按照非成分分析,"四十二个学生"来自"四十个学生+二个学生",但"二个学生"本身是不合法的。而合法的"四十个学生+两个学生"会得出不合法的"*四十两个学生"。除非我们假设有一个规则可以对"二、两"进行自由转换,但没有理由进行这种转换:它们没有语音上的相似,且是不同的词素,有着不同的词源,并不是词素变体(allomorph)关系。根据王力(1980)的观点,历史上"二"确实是表达数值"2"的语言形式;"两"的最初意思是"轭""一对事物",然后是"一对"的意思(古汉语中,"两"也可作车和鞋子的量词,因为车有一对车轮,鞋子是成对的;直到今天,现代汉语中"辆"还是车的常用量词)。一般而言,"两"的用法比"二"多。例如:"两"有不定解读("你说两句话吧"),还可以形容一对事物而不需要加量词("两夫妻、两兄妹")。

表示数值"2"的还有一个词素"双",但它只有基数用法,通常和特定量词搭配。例如"双重国籍、双份工资"等。如果要表达"12重国籍、12份工资"等概念,"2"又必须用"二",不能用"双"。可以说"十二重国籍、十二份工资",不能是"*十双重国籍、*十双份工资"。

数量词"两个""三个"在口语中有时融合成"俩"和"仨"。但在加法式复杂数词中,则不能发生这种融合。"三十三个学生"不能说成"*三十仨学生"。如果按照非成分分析,"三十三个学生"则来自"三十个学生+三个学生"。其中"三个学生"是完整成分,可以变为"仨学生",但"*三十仨学生"这种形式则是不合语法的,因此不能用非成分分析。

第三章

从形态音系看复杂数词的成分完整性

第二章我们分析了复杂数词非成分分析法用于汉语时会遇到的句法、语义、形态、音系方面的诸多问题,其中句法语义方面也适用于其他语言的数词系统。其中讨论的形态音系事实(例如"一"的连读变调、"二、两"的互补等)则是汉语独有的,但这并不意味着其他语言的数词就没有形态音系方面的类似表现。全世界的语言中数词往往具有丰富的形态音系表现。我们希望在其他语言数词中可以看到类似的形态音系表现,它们或许会对复杂数词结构的确定有启发作用。

我国少数民族语言有一百三十多种,涉及汉藏语系的藏缅语族、苗瑶语族、侗台语族,阿尔泰语系的突厥语族、蒙古语族、满通古斯语族,和南岛语系、南亚语系等。目前对这些语言数词的研究多见于描写语法,主要涉及个位数,少有复杂数词方面的语料。我国民族语言的数词系统往往具有丰富的形态音系表现,值得深入发掘。一个有说服力的形态音系证据非常宝贵,它能够对数词的句法和语义的确定带来重要启示。因为形态音系是看得见的语言形式,不需要曲折迂回的论证。本章我们将利用这些民族语言数词的形态音系事实,来论证复杂数词是完整性句法成分的观点,并反对非成分分析的观点。

3.1 复杂数词内部的显性连词

本节调查我国南方几个语系或语族(藏缅、南亚、南岛、苗瑶、侗台)的大约一百种语言中,加法式复杂数词内部并列连词的使用情况。我们发现相当一部分语言,复杂数词内部的连接词与名词性成分的连接词是两套不同的系统,二者之间也没有语义上或词源上的关联。本节讨论这一事实对复杂数词句法结构分析的意义,论证它们为复杂数词的成分完整性分析提供了有力的事实支持(参见:He et al. 2017)。

3.1.1 专门连接数词的连词

3.1.1.1 藏缅语族

藏语名词短语的并列,是由 ta 或者 daŋ连接的。它们用于不同的藏语方言,但它们在这些方言中可以互换,相较而言,daŋ常用于书面藏语。

(1) meto^ʔ　mapo　ta/daŋ　loma tɕ　aŋkhu
　　　花　　红　　连词　　叶　　绿
　　'红花和绿叶'

藏语的数词并列情况则完全不同。数值在"10~20"的数词并列,是由十位数和个位数并置形成的,不允许出现显性连词。通常十位数和个位数之间还会发生音变。

(2) a. mi　tɕu^ʔ　tɕi^ʔ　b. mi　tɕø:　ŋa　c. mi　tɕu:r　ku
　　　人　十　一　　　　人　十　五　　　人　十　九
　　'11 个人'　　　　'15 个人'　　　　'19 个人'

数值在"20~100"的数词,则使用不同的连词:"20"的连词是 tsak,"30"是 so,"40"是 ɕe,"50"是 ŋa,"60"是 re,"70"是 tỹ,"80"是 ca,"90"是 go。例(3)就是基于藏语拉萨方言的加法式复杂数词的语料:

(3) a. mi　ȵi　tɕu　tsak　tɕi²
　　　人　二　十　连词　一
　　　'21 个人'

　　b. mi　sum　tɕu　so　ŋa
　　　　人　三　十　连词　五
　　　　'35 个人'

　　c. mi　ɕip　tɕu　ɕe　tɕi²
　　　　人　四　十　连词　一
　　　　'41 个人'

　　d. mi　ŋa　tɕu　ŋa　ȵi
　　　　人　五　十　连词　二
　　　　'52 个人'

　　e. mi　tʂʰuk　tɕu　re　tɕi²
　　　　人　六　十　连词　一
　　　　'61 个人'

　　f. mi　tỹ　tɕu　tỹ　tɕi²
　　　　人　七　十　连词　一
　　　　'71 个人'

　　g. mi　cɛ²　tɕu　ca　ku
　　　　人　八　十　连词　九
　　　　'89 个人'

　　h. mi　ku　tɕu　go　ku
　　　　人　九　十　连词　九
　　　　'99 个人'

（引自：周毛草 1998）

　　藏语中数词连词和名词连词,是严格互补分布的,彼此不能互换使用。藏语名词连词 ta 和 daŋ 不能用在加法式数词中,如例(4)所示;数词连词也不能用在名词短语的并列中,如例(5)所示。

(4) a. *mi　ȵi　tɕu　ta/daŋ　tɕi²
　　　　人　二　十　连词　一
　　　　目标意义:'21 个人'

      b. *mi sum tɕu / daŋ ŋa
        人 三 十 连词 五
        目标意义：'35个人'

(5) *meto² mapo tsak / so / ɕe / ŋa / re / tỹ / ca / go loma tɕ
     花   红   连词   叶
    aŋkhu
    绿
    目标意义：'红花和绿叶'

    这在所有的藏语方言中都是如此,包括卫藏(拉萨)方言、安多方言和康方言。除了"20"和"60",数词连词与前面的乘数数词的形态相关。根据周毛草(1998：55—56)的研究,这些数词的连词都是通过一定的音韵和谐规则从乘数数词变来的,主要是具有相同的辅音,并且元音发生交替,如sum/so。数词连词tsak(书面藏语是rtsa)的词源是brtsegs'加',在八世纪和九世纪前的藏语中,它是用来连接所有数词的。数词连词so、ɕe、ŋa、re、tỹ、ca和go是后来发展出来的。

    这些数词连词的前面可以没有数词,主要用于藏语口语,书面藏语不常见。这充分表明这些数词连词来自数词,但这些词素仍然是连词而不属于数词。除了ŋa和tỹ恰好与ŋa'五'和tỹ'七'有同一语音形式外,其他的连词在发音上都与数词不同,虽然有明显的词源相关性。例如：sum/so、ɕe/ɕip、ca/cɛ²、go/ku。因此,当前面的十位数词被省略后,我们还可以从相关数词连词中推测出具体的十位数词来。如例(6)所示：

(6) a. mi tsak tɕi²   b. mi so ŋa
     人 连词 一   人 连词 五
     '21个人'   '35个人'

    c. mi ɕe tɕi²   d. mi ŋa ɲi
     人 连词 一   人 连词 二
     '41个人'   '52个人'

e. mi　re　tɕiʔ　　　　　f. mi　tỹ　tɕiʔ
　　人　连词　一　　　　　　人　连词　一
　　'61 个人'　　　　　　　　'71 个人'

g. mi　ca　ku　　　　　　h. mi　go　ku
　　人　连词　九　　　　　　人　连词　九
　　'89 个人'　　　　　　　　'99 个人'

（引自：周毛草 1998）

对于"100"以上的数词,连接百位数和十位数之间的连词是采用名词连词 ta 和 daŋ。因此,在一个数值超过"100"的数词中,可能并存两个不同的连词,如例(7)所示。藏语的近亲白马语和木雅语在这方面也如此(参见：表 3.1)。

(7) mi　ca　daŋ　n̠i　ɕu　tsak　cɛʔ
　　人　百　连词　二　十　连词　八
　　'128 个人'

当数词之间有缺位时,藏语采用了一种特殊的方法,即在两个数词之间插入 tɕu meʔ '十 缺',表明十位数缺失,如例(8a)所示。如果有两个缺位,就插入两个 meʔ 结构,表明百位数和十位数都缺失,如例(8b)所示。

(8) a. mi　sum　ca　tɕu　meʔ　tʂʼuk
　　　 人　三　百　十　缺　六
　　　 '306 个人'

　　 b. mi　sum　toŋ　ca　meʔ　tɕu　meʔ　tʂʼuk
　　　　人　三　千　百　缺　十　缺　六
　　　　'3 006 个人'

在藏语中,tsak、so、ɕe、ŋa、re、tỹ、ca 和 go 专门用于连接数词,可称为"专用的数词连词"。在我们调查的 45 种藏缅语族语言中,除了藏语,我们还发现 12 种其他语言也有专用的数词连词,并和名词连词相区别。表 3.1 是这 12 种藏缅语族语言相关语料的汇总。

表 3.1 十二种藏缅语族语言中的名词连词和数词连词

语言	名词并列	数词并列	资料来源
阿昌语	səh ʑuˀ ləˀ 两 个 连词 sum ʑuˀ 三 个 '两个人和三个人'	(i) ta pak mɔ ta 一 百 连词 一 '101' (ii) ta pak mɔ ta 一 百 连词 一 sau 二十 '120'	戴庆厦、崔志超(1985:36,62)
阿依语	ahiŋ sɿ asuŋ 碗 连词 筷 '碗和筷'	thi ia i phã ɕa 一 千 连词 五 百 i kuŋ tsha-i aɲi 连词 六 十-连词 二 '1 562'	孙宏开,刘光坤(2005:70—71,117)
白马语	kama re dzaʃe 星星 连词 月亮 '星星和月亮'	(i) ȵe ʃo tsa tʃɿ 二 十 连词 一 '21' (ii) sho ndʑo tsa de 三 十 连词 七 '37' (iii) ŋa dʑa re ȵi ʃo 五 百 连词 二 十 tsa ȵi 连词 二 '522'	孙宏开、齐卡佳、刘光坤（2007:63,66,124)
木雅语	ʙəʙ rə æmʙ 爸爸 连词 妈妈 '爸爸和妈妈'	tõ tʂudʑæ ŋæ tɕuə ŋæ 六 百 五 十 连词 ʑi 四 '654'	黄布凡(1985:62,77)

续 表

语言	名词并列	数词并列	资料来源
景颇语	ʃăta the^ʔ ʃăkan 月亮 连词 星星 '月亮和星星'	khjiŋ măŋa e tʃăkhu tsa 千 五 连词 九 百 '5 900'	刘璐(1984:48,60)
怒苏语	liabɹasu le 农民 连词 lamoŋsu 工人 '农民和工人'	(i) thi ɕha i ŋa 一 百 连词 五 '105' (ii) sɔ ɕi i sɔ tshe 三 千 连词 三 十 '3 030'	孙宏开、刘璐(1986:38,94)
崩如语	anai apu gəɣai 母亲 父亲 孩子 rəu 连词 '母亲父亲和孩子'	lɣŋ gaɬie rɣŋ waŋ gaɬie 百 连词 十 助词 连词 akhɣ 一 '111'	李大勤(2003:68,71)
苏龙语	ahai da adʑiaŋ 大人 连词 小孩 '大人和小孩'	sua na çun 十 连词 一 '11'	李大勤(2004:105,127)
仙岛语	tʂu nɣk xo 筷子 连词 碗 '筷子和碗'	ta pak mua sum tshi 一 百 连词 三 十 mua ta 连词 一 '131'	丛铁华等(2005:38,82)
载瓦语	tsaŋ lă khɔ^ʔ 米饭 一 碗 ə^ʔ tshun lă 连词 肉 一 khɔ^ʔ 碗 '一碗米饭和一碗肉'	sum ʃo kɔm ʃit 三 百 连词 八 '308'	朱艳华、勒排早扎(2013:62,227)
末昂语	vɯ ɕam ɲe 哥哥 连词 弟弟 '哥哥和弟弟'	the ʐa tɯ ŋa ma 一 百 连词 五 个 '105个'	周德才(2014:93,107)

语言	名词并列	数词并列	资料来源
卡卓语	ʑi　kɛ　ŋa 他　连词　我 　kɛ 连词 '他和我'	(i) tɛ　xa　li　tshi 　一　百　连词　十 　'110' (ii) tɛ　va　li　tɛ　tɣ 　一　万　连词　一　千 　'11 000'	木仕华 (2003：91, 99,107)

表 3.1 中，一些语言还进一步区分出连接形容词的连词，如：景颇语(ŋna)、阿昌语(ʑu…ʑu)、载瓦(luitum 和 tum…tum…)，见例(9)—(10)。

(9) a. khɹi　ŋna　tʃap　　　　b. ʑu　na　ʑu　kzə
　　　酸　连词　辣　　　　　　连词　大　连词　红
　　　'又酸又辣'　　　　　　　'又大又红'

(10) a. jaŋ　lɛk　luitum　ʒupʒa.　b. tum　xəŋ　tum　kɔ
　　　　他　聪明　连词　勇敢　　　连词　长　连词　大
　　　　'他聪明而且勇敢。'　　　　'又长又大'

在某些语言中，数词连词只用来连接不相邻的位数，不能连接相邻的位数。如例(11a)的怒苏语和例(11b)的载瓦语，就不需要相应的数词连词 i 和 kɔm。

(11) a. vɹi　ɕha　sɔ　tshe　ŋa　　b. lă　tshə　lă　kam
　　　　四　百　三　十　五　　　　一　十　一　个
　　　　'435'　　　　　　　　　　'11 个'

有些语言中的数词连词是动词或形容词。例如：载瓦语的 kɔm 是一个形容词，意思是"空"(可能来自汉语)，它也可以用作典型的形容词修饰语。白马语数词连词 tsa 或许是从藏语 tsak 借来的，意思是"加"(白马语中十位数和个位数用 tsa 连接，更大的数词是用名词连词 re 连接，类似于藏语)。崩如语数词连词 gaɬie 是一个动词,意思是"超过"。值得注意的是,在崩如语中,名词连词 rəu 放在最后一个并列项的右边,数词连词 ga+ie 则放在数词之间。

3.1.1.2　侗台语族

在侗台语族语言中,只有傣语(使用人口约一百万)连接名词和数词有不同的连词。前者有两个: taŋ 和 lɛ。

(12) a. kau ti ka sɯ phak taŋ man
　　　　我　想　去　买　蔬菜　连词　油
　　　　'我想去买蔬菜和油。'

　　 b. xap　lɛ　fɔn
　　　　唱歌　连词　跳舞
　　　　'唱歌跳舞'

傣语有两大方言,在方言中,lɛ 可以用来连接谓词,如例(12b)所示。这两个方言中的加法式复杂数词由 pa:i 连接,但只能连接不相邻的数词,不能连接相邻数词。如例(13)所示:

(13) a. hok pan pa:i sa:u　　 b. sip et
　　　　六　千　连词　二十　　　　 十 一
　　　　'6 020'　　　　　　　　　　 '11'

（引自: 喻翠容、罗美珍 1980: 41,66）

名词连词 taŋ 和 lɛ 不能用于加法式数词中,数词连词不能用于连接名词短语。如例(14) (15)所示:

(14) *hok pan taŋ sa:u
　　　　六　千　连词　二十
　　　　目标意义:'6 020'

(15) *kau ti ka sɯ phak pa:i man.
　　　　我　想　去　买　蔬菜　连词　油
　　　　目标意义:'我想去买蔬菜和油。'

值得注意的是,傣语中的 pa:i 意思是"多",可以有其他语法用途,如例(16)所示的概数助词的用法。

(16) a. sip pa:i
十 多
'10 多'

b. mi tset sip kun pa:i.
有 七 十 人 多
'有 70 多个人。'

3.1.1.3　苗瑶语族

在苗瑶语族语言中,苗语(主要分布在湖南和贵州,使用人口约八百万)有连接名词和数词的不同连词。苗语有三大方言,是该地区的重要语言。以下语料是基于湖南西部方言(湘西方言)地区的花垣县(吉卫乡)和保靖县。其连接数词短语的连词是 qɑ 或 ʑɑ,连接名词短语的连词是 kɔ,如例(17)和例(18)所示。数词连词 qɑ 或 ʑɑ 用来连接不相邻的位数,不能连接相邻位数。名词连词 kɔ 不能连接数词。

(17) Pji qwa kɔ pji ʐɑ sɑ ʐu cɑ.
水果 桃 连词 水果 梨 都 好 吃
'桃子和梨子都好吃。'

(18) a. ɯ tshɛ qɑ zi le
两 千 连词 八 个
'2 008 个'

b. ɑ wɛ ʑɑ pʐei le
一 万 连词 四 个
'10 004 个'

（引自：向日征 1999：53,73,82）

分布在广西、贵州山区的巴哼语,其名词并列连词是 ja,加法式复杂数词内部的连接词是 ta,如例(19)—(20)所示:

（19）a. cɦɔ　　ja　　nɦɯ　　　b. qaʑɛ　　ja　　mɛʑɛ
　　　　我　连词　他　　　　　　公鸡　连词　母鸡
　　　　'我和他'　　　　　　　　　　'公鸡和母鸡'

（20）a. va　pe　ta　je　　b. pɣ　ɕe　ta　n̥ɦã　khɯ
　　　　二　百　连词　一　　　三　千　连词　二　十
　　　　'201'　　　　　　　　　　'3 020'

（引自：毛宗武、李云兵 1997：44,62,67）

3.1.1.4　南亚语系

　　我国西南地区的许多南亚语系语言受到这一地区更占优势的傣语影响，并利用从傣语借来的语素 paːi（或者略有不同的语音形式）来连接数词，但采用固有连词连接名词。例如在德昂语中（使用人口约 18 000），连接名词的连词是 kaːi，连接形容词的是 sam … sam，如例（21）所示：

（21）a. ʔo　haːu　dʑɣih　tau　kaːi　jɔŋ.
　　　　我　去　买　蔬菜　连词　肉
　　　　'我去买蔬菜和肉。'

　　　b. giaŋ　laʔ　mɣːŋ　khɔn　sam　dʑaːr　sam
　　　　房子　介词　芒　市　连词　高　连词
　　　　daːŋ.
　　　　大
　　　　'芒市的房子又高又大。'

　　德昂语有三个数词连词：两个相邻位数词之间用 lu，空一个位数词用 loi，空两个及以上者用 paːi。名词连词 kaːi 不能用于加法式数词中。

（22）a. ʔu　kɣːr　lu　ʔu　luʔ
　　　　一　十　连词　一　个
　　　　'11 个'

· 61 ·

    b. ˀu　jah　loi　ˀu　luˀ
       一　百　连词　一　个
      '101 个'

    c. ˀu　hɛŋ　pa:i　ˀu　luˀ
       一　千　连词　一　个
      '1 001 个'

（引自：陈相木等 1986：46,65,73）

    lu 和 loi 是固有词。loi 是形容词,意思是"多",有概数助词的
用法,例如：

(23) a. dɔ　gʌ　loi　　　　　b. da　gʌ　sinʌm　loi
      六　十　多　　　　　　　　八　十　岁　多
      '60 多'　　　　　　　　　　'80 多岁'

    分布在云南西北部的莽语是南亚语系孟高棉语族的一种语言。这种语言有三个连词连接名词性成分：ˀa 是一般性的连词；ʑua 来源于数词 ʑɯa'二',表示有两个并列项；tǝk 连接两个以上的并列项。其数词之间的连词是 lan,本义是"个、只"。如例
(24)—(25)所示：

(24) a. ˀaθiŋ　ˀa　ˀavan　　　b. vantɛy　ʑua　tǝtɕɯa
      阿星　连词　阿万　　　　　男人　连词　女人
      '阿星和阿万'　　　　　　　'男人和女人'

(25) a. han　ɣan　lan　pun　gi　ɣɔm
      五　百　连词　四　十　六
      '546'

    b. ɣan　lan　mɛ
      百　连词　一
      '101'

（引自：高永奇 2003：85,91—92）

表 3.2 概括了其他南亚语系语言的相关语料：

表 3.2　其他南亚语系语言中的名词连词和数词连词

语言	名　词　并　列	数词并列		资料来源
		相邻数词 （不需要连词）	不相邻数词	
布朗语	pap　kap　piʔ 书　连词　笔 '书和笔'	sip　ɛt 十　一 '11'	soŋ　hɔi　pai 二　百　连词 phuan 五 '205'	李道勇等 (1986： 36,46)
克木语	beʔ　pɔʔ　trak 羊　连词　牛 '羊和牛'	sĭp　ɛt 十　一 '11'	soŋ　rɔi　blai 三　百　连词 ha 五 '305'	陈国庆 (2002： 161,178)
克蔑语	mɔi　hai　pǎŋ 牛　连词　马 '牛和马'	sam　sip　et 三　十　一 '31'	sam　ɣɔiʔ　pai 三　百　连词 kau 九 '309'	陈国庆 (2005： 88,112)
布兴语	ʔua　pɔʔ　tuăih 猴子　连词　蚱蜢 '猴子和蚱蜢'	ʃĕp　soŋ 十　二 '12'	rai　pai　nəŋ 百　连词　一 '101'	高永奇 (2004： 99,105)

和傣语一样，这些语言中的数词连词 pai 也有别的用法，如例
(26)—(27)所示：

(26) kui　kul　pai　pɣi.　　　　　　　　　　（布朗语）
　　　有　十　多　人
　　　'有 10 多个人。'

(27) Ai　ɔʔ　pen　hok　sip　nɣm　pai.　　（克蔑语）
　　　父亲　我　助词　六　十　岁　多
　　　'我父亲 60 多岁。'

3.1.1.5　南岛语系

在目前调查过的所有南岛语系语言中,只有鲁凯语用一个连词 la 来并列连接数词、名词、动词,而其他南岛语系语言一般都有不同的连词分别来连接名词和数词。如例(28)中,阿美语的名词连词是 atu 和 aci:

(28) a. Ma-kaen　　　n-i　　　aki　　　k-u　　　futing
　　　　 吃　　　属格-助词　Aki　主格-助词　　鱼
　　　　 atu　hmay.
　　　　 连词　米饭
　　　　 '鱼和米饭被 Aki 吃了。'

　　 b. Mi-tala　　ka-ku　　ci　　　aki-an　　aci
　　　　 等　　　我-主格　助词　Aki-与格　连词
　　　　 panay-an.
　　　　 Panay-与格
　　　　 '我在等 Aki 和 Panay。'

其加法式复杂数词由 ira 连接,不用 atu 来连接。ira 是动词,意思是"有",因此也可以用作谓语动词,如例(30)所示:

(29)　a　tosa polo' ira / *atu　ko　cecay　a tamdaw
　　　 助词　二十　连词　冠词　一　助词　人
　　　 '21 个人'

(30)　itia　hu　ira　ka　matʃahiaj　a　luma?.
　　　 那时候　还　有　那个　穷　助词　家庭
　　　 '从前有一个贫穷的家庭。'

　　　　　　　　　　　　　（以上 3 例,引自：Wu 2000;何汝芬、曾思奇、
　　　　　　　　　　　　　田中山、林登仙 1986：56—57）

何汝芬、曾思奇、田中山、林登仙(1986：157)报道了阿美语中的另

一个数词连词tʃiʃafaw，它也是一个动词，意思是"剩下"，如例(31)：

(31) a. tuʃa　　a　　pulu？　tʃiʃafaw　tu　　tuʃa
　　　　 二　　助词　 十　　 连词　　助词　 二
　　　　 '22'

　　 b. tulu　　a　　ʃu？ut　tuʃa　　a　　pulu？　tʃiʃafaw
　　　　 三　　助词　 百　　 二　　助词　 十　　 连词
　　　　 tu　　tulu
　　　　 助词　 三
　　　　 '323'

布农语的名词连词是 mas（并列义）和 sin（伴随义），如例(32)—(33)所示：

(32) a. tukban　　mas　　asik
　　　　 簸箕　　连词　 扫帚
　　　　 '簸箕和扫帚'

　　 b. Bunun　　mas　　asu　　hai　　masial　　　tu
　　　　 人　　连词　 狗　　话题　 好　　　补语标志
　　　　 '人和狗是好朋友。'

(33) a. Aizan　　saikin　　tu　　tacini　　tuhasnanaz　　mas
　　　　 有　　　我　　助词　 一　　　哥哥　　　连词
　　　　 tacini　　tu　　naubananaz.
　　　　 一　　助词　 弟弟
　　　　 '我有一个哥哥和一个弟弟。'

　　 b. 'mapus-an　　tu　　asu　　mas／sin　tasa　　tu　　asu
　　　　 二十　　　助词　 狗　　连词　　一　　助词　 狗
　　　　 '二十只狗和一只狗。'

（引自：Zeitoun 2000；何汝芬、曾思奇、李文甦、林青春 1986：61—62）

连接数词的是 han。作为一个数词连词，han 只能用于连接数词，或没有其他用法，如例(34)所示。

（34）a. mas-an　　han　　tasa　　　b. mapus-an　　han　　tasa
　　　　十　　　连词　　一　　　　　　二十　　　连词　　一
　　　　'11'　　　　　　　　　　　　　'21'

　　　c. mas-an　　han　　dusa　　　d. mapus-an　　han　　dusa
　　　　十　　　连词　　二　　　　　　二十　　　连词　　二
　　　　'12'　　　　　　　　　　　　　'22'

　　在何汝芬、曾思奇、李文甦、林青春(1986：61)的布农语描写语法中，数词连词是 tuhan，它来自 tu han'再数'。tu 表示增加补充的意思，也单独可以连接百位数和十位数。

（35）a. maʃʔan　　tuhan　　taʃa
　　　　十　　　　连词　　一
　　　　'11'

　　　b. matiun　　tuhan　　pat
　　　　三十　　　连词　　四
　　　　'34'

　　　c. duʃa　　tu　　ʃaba　　tuhan　　tau
　　　　二　　助词　　百　　连词　　三
　　　　'203'

　　　d. pat　　tu　　ʃaba　　tu　　maʃivaun
　　　　四　　助词　　百　　连词　　九十
　　　　'490'

　　　e. tau　　tu　　ʃuhiʃtuʃaba　　tu　　duʃa　　tu　　ʃaba
　　　　三　　助词　　千　　　　连词　　二　　助词　　百
　　　　tu　　matiun　　tuhan　　taʃa
　　　　连词　　三十　　连词　　一
　　　　'3 231'

　　噶玛兰语的名词短语并列是由 tu 连接的，数词由 yau 连接，不能混用。yau 是动词，意思是"存在、有"，因此也可以用作句子谓语，如例(36)—(38)所示：

（36）a. qawpiR　　tu　　sbata　　　b. sunis　　tu　　baqian
　　　　红薯　　连词　　山药　　　　孩子　　连词　　老人
　　　　'红薯和山药'　　　　　　　　'孩子和老人'

（37）a. rabetin　　yau　　uisa
　　　　十　　　连词　　一
　　　　'11'

　　　b. uzusa　　betin　　yau　　uisa
　　　　二　　　十　　连词　　一
　　　　'21'

　　　c. rabetin　　yau　　uzusa
　　　　十　　　连词　　二
　　　　'12'

　　　d. uzusa　　betin　　yau　　uzusa
　　　　二　　　十　　连词　　二
　　　　'22'

（38）yau　uzusa　lazum　　na　　tunek.
　　　有　　二　　手　　冠词　　钟
　　　'一只钟有两只手。'

（引自：Chang 2000；曾思奇 2003：64）

邹语利用 ho 来连接名词短语或者动词短语，但用 veia 来连接数词短语，如例（39）所示。veia 是动词，意思是"回来拿东西"，来源于 yuoveia，用法如例（40）所示。ho 不能连接数词，veia 不能连接名词。

（39）a. maskʉ　-veia/*ho　ucni
　　　　十　　　连词　　一
　　　　'11'

　　　b. mpusku　veia/*ho　ucni
　　　　二十　　　连词　　一
　　　　'21'

　　　c. maskʉ　veia/*ho　ueso
　　　　十　　　连词　　二
　　　　'12'

（40） os-'o　　yuovei-a 'o　　macucuma.
　　　　我–作格　回来拿–及物　　　东西
　　　　'我回来拿东西。'

（引自：陈康 2007b：2254）

表 3.3 是其他南岛语系语言中名词连词和数词连词的情况总结：

表 3.3　其他南岛语系语言中的名词连词和数词连词

语言	名词并列	数词并列	资料来源
泰雅语	caxaˈ　ku　qumisuwan 一　助词　姐姐 ru'　caxaˈ　ku 连词　一　助词 suwayi 妹妹 '一个姐姐和一个妹妹'	(i) magalpuw　cu　qutux 　　十　　连词　一 '11' (ii) magalpuw　cu　usayng 　　十　　连词　二 '12'	黄美金 (Huang 2000)
排湾语	a　tʃaynan　ˀa 冠词　蜜蜂　连词 ta　tʃutʃu 冠词　蝴蝶 '蜜蜂和蝴蝶'	tapuʟuq　saˈa　ita 　　十　　连词　一 '11'	陈康、 马荣生 (1986： 56,73)
卑南语	ʟatu　giŋiŋ　aw　asiru 芒果　龙眼　连词　橘子 '芒果、龙眼和橘子'	makapat　miasma　ɖaʟ　uata 四十　　　剩下　　助词　五 '45'	曾思奇 (2007b： 2321, 2319)
邵语	naak　a　ripnu 我　助词　水田 numa　taun 连词　房子 '我的水田和房子'	(i) makthin　ianan　tata 　　十　　连词　一 '11' (ii) makthin　ianan　tusha 　　十　　连词　二 '12'	陈康 (2007a： 2227)

除了泰雅语是用 cu 来连接之外，上文所述南岛语系语言都是利用动词来连接数词的。如：阿美语的 ira '有'和 tʃiʃafaw '剩下'、布农语的 tuhan '再数'、噶玛兰语的 yau '有'、排湾语的 saˀa '剩下'、卑南语的 miasma '剩下'、邵语的 ianan '存在、有'、邹语的

veia'回去拿东西'。

南岛语系语言利用存在动词连接数词,这一点或和古汉语类似。古汉语中有用"有、又"来连接数词的例证,如《尚书》中的"肇十有二州,封十有二山"。到了春秋战国时代这个规则就不再适用,口语中不再用"有、又"(参见:王力1980)。但这种用法今天仍然常见于年龄表达式中,有复古的意味,如"九十有五岁"。

3.1.2　词素还是词素变体?

表3.4中的所有语言,名词并列和数词并列使用不同的连词,有的还用不同的连词去连接其他词类,如形容词和动词。需要注意的是,在有些语言中,数词连词来源于动词或形容词,并且还有其他的语法用途。

表3.4　中国南方民族语言中名词连词和数词连词总结

语　言	名词连词	数词连词	
		词　素	词　源
藏缅语族			
阿昌语	lɔʔ	mɔ	尚不清楚
阿侬语	sɿ	i	尚不清楚
白马语	re	tsɑ、re	tsɑ借自藏语tsak
景颇语	theʔ	e	尚不清楚
怒苏语	le	i	尚不清楚
崩如语	rəu	gaɬie	gaɬie,动词,意思是"超过"
苏龙语	da	na	尚不清楚
藏语	ta或daŋ	tsak、so、ɕe、ŋa、re、tỹ、ca、go	tsak(书面藏语rtsa)词源上来自brtsegs,意思是"加"。其他数词连词来源于乘数数词
载瓦语	əʔ	kɔm	kɔm,形容词,意思是"空"

语　言	名词连词	数词连词	
		词　素	词　源
末昂语	ɕam	tɯ	尚不清楚
卡卓语	kɛ…kɛ…	li	尚不清楚
木雅语	rə	ŋæ	尚不清楚
侗台语族			
傣语	lɛ 或 taŋ	pa:i	pa:i,形容词,意思是"多"
苗瑶语族			
苗语	kɔ	qa 或 ʑa	尚不清楚
巴哼语	ja	ta	尚不清楚
南亚语系			
布朗语	kap	pai	pai,借自傣语,形容词,意思是"多"
克木语	pɔʔ	blai	blai,借自傣语,形容词,意思是"多"
克蔑语	hai	pai	pai,借自傣语,形容词,意思是"多"
布兴语	pɔʔ	pai	pai,借自傣语,形容词,意思是"多"
德昂语	ka:i	lu、loi、pa:i	loi、pa:i,形容词,意思是"多"
莽语	ʔa、ʑua、tək	lan	来源于量词
南岛语系			
阿美语	atu、aci	ira、tʃiʃafaw	ira,动词,意思是"有";tʃiʃafaw,动词,意思是"剩下"
泰雅语	ruʔ	cu	尚不清楚
布农语	mas、sin	tuhan	tuhan 来源于 tu han,动词,意思是"再数"
噶玛兰语	tu	yau	yau,动词,意思是"存在、有"
排湾语	ʔa	saʔa	saʔa,动词,意思是"剩下"
卑南语	aw	miasma	miasma,动词,意思是"剩下"
邵语	numa	ianan	ianan,动词,意思是"存在、有"
邹语	ho	-veia	-veia,动词,意思是"回去拿"

3.1.2.1 藏语

在本节中,我们以藏语为例,论证加法式复杂数词不可能来
自名词短语并列结构(本节语料来自湖南大学 10 名藏族学生)。
根据非成分分析,例(41)是从例(42)推出来的。但例(42)不合
语法。藏语中,连接名词的连词必须是 ta 或者 daŋ,如例(43)
所示。

(41) mi   sum   tɕu   so   ŋa
　　　人   三   十   连词   五
　　　'35 个人'

(42) mi   sum   tɕu   *so   mi   ŋa
　　　人   三   十   连词   人   五
　　　目的意义:'30 个人和 5 个人'

(43) mi   sum   tɕu   ta/daŋ   mi   ŋa
　　　人   三   十   连词   人   五
　　　'30 个人和 5 个人'

表 3.5 列出了藏语其他数词的假想的底层形式和正确的
形式。

表 3.5 藏语数词结构的语法判断

1	数词表达式	mi　ɲi　ɕu　tsak　tɕiˀ 人　二　十　连词　一 '21 个人'
	假想的来源	*mi　ɲi　ɕu　tsak　mi　tɕiˀ 人　二　十　连词　人　一 目的意义:'20 个人和 1 个人'
	正确的表达式	mi　ɲi　tɕu　ta/daŋ　mi　tɕiˀ 人　二　十　连词　人　一 '20 个人和 1 个人'

2	数词表达式	mi ɕip ɕu ɕe tɕi^ʔ 人 四 十 连词 一 '41个人'
	假想的来源	*mi ɕip ɕu ɕe mi tɕi^ʔ 人 四 十 连词 人 一 目的意义:'40个人和1个人'
	正确的表达式	mi ɕip ɕu ta∕daŋ mi tɕi^ʔ 人 四 十 连词 人 一 '40个人和1个人'
3	数词表达式	mi ŋa tɕu ŋa ɲi 人 五 十 连词 二 '52个人'
	假想的来源	*mi ŋa tɕu ŋa mi ɲi 人 五 十 连词 人 二 目的意义:'50个人和2个人'
	正确的表达式	mi ŋa tɕu ta∕daŋ mi ɲi 人 五 十 连词 人 二 '50个人和2个人'
4	数词表达式	mi tʂʼuk tɕu re tɕi^ʔ 人 六 十 连词 一 '61个人'
	假想的来源	*mi tʂʼuk tɕu re mi tɕi^ʔ 人 六 十 连词 人 一 目的意义:'60个人和1个人'
	正确的表达式	mi tʂʼuk tɕu ta∕daŋ mi tɕi^ʔ 人 六 十 连词 人 一 '60个人和1个人'
5	数词表达式	mi tỹ tɕu tỹ tɕi^ʔ 人 七 十 连词 一 '71个人'
	假想的来源	*mi tỹ tɕu tỹ mi tɕi^ʔ 人 七 十 连词 人 一 目的意义:'70个人和1个人'
	正确的表达式	mi tỹ tɕu ta∕daŋ mi tɕi^ʔ 人 七 十 连词 人 一 '70个人和1个人'

6	数词表达式	mi cɛ tɕu ca ku 人 八 十 连词 九 '89 个人'
	假想的来源	[*]mi cɛ tɕu ca mi ku 人 八 十 连词 人 九 目的意义：'80 个人和 9 个人'
	正确的表达式	mi cɛ tɕu ta/daŋ mi ku 人 八 十 连词 人 九 '80 个人和 9 个人'
7	数词表达式	mi ku tɕu go ku 人 八 十 连词 九 '99 个人'
	假想的来源	[*]mi ku tɕu go mi ku 人 九 十 连词 人 九 目的意义：'90 个人和 9 个人'
	正确的表达式	mi ku tɕu ta/daŋ mi ku 人 九 十 连词 人 九 '90 个人和 9 个人'

这一现象对理解加法式复杂数词来自底层的名词并列结构的观点带来了困难,因为一个合乎语法的形式不应来自一个不合语法的基本形式。如果把藏语各种"数词并列连词"和"名词并列连词"看成是同一个词素的不同词素变体,那么层级式非成分结构分析仍然说得通。即认为加法式复杂数词来自名词并列结构,名词并列中的连词是默认的连词形态。但这个连词在某些类型的"省略/移位"和数词并列中会发生变化,在语音层面演变成其他形态。

需要注意的是,根据层级式非成分分析,藏语的乘法式数词表达式中的中心名词,应该基础生成于位数词的补足语位置下,然后提升到数词前位置(在藏语和其他藏缅语族语言中,数词在名词后面)。因此,要从上文例(43)推导出例(41),名词连词 ta 和 daŋ 应该发生形态变化,变成 so,且句法环境是连词前后都有一个空语迹。如树形图(44)所示：

（44）

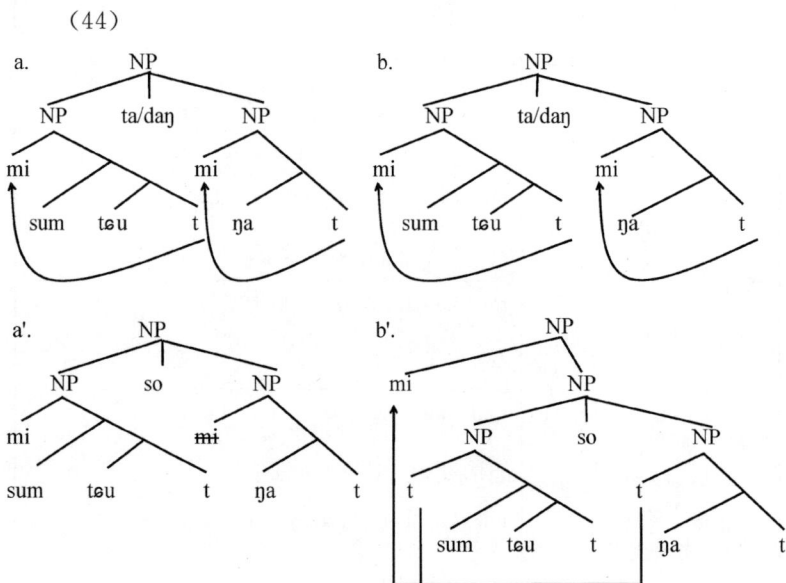

这样的处理存在形态、词源、句法、语义等方面的各种语法问题。第一，在形态学中，词素变体通常是黏附在词根上面且语音相似，例如：*im*possible、*in*correct、*ir*regular、*il*legal。在藏语中，so(以及其他数词连词)与名词连词 ta/ daŋ发音不同，并且也不存在一个附加在两个空语迹之间的词素变体。此外，这种分析不能解释为什么 ta/ daŋ有这么多不同的变体，并且出现在完全相同的环境，即两个空语迹之间。唯一的解决办法是对每个数词连词 tsak、so、ɕe、ŋa、re、tŷ、ca、go 都规定一个不同的就事论事的形态音韵规则。

第二，藏语数词连词和名词连词有着不同的词源，这说明它们有不同的语义。据周毛草(1998：55—56)，tsak(书面藏语 rtsa)词源上是来自 brtsegs'加'，其他数词连词是通过一定的音韵和谐规则从乘数数词推导得出的。这些数词连词前面可以没有数词出现，可说明这类数词连词来源于数词，不是名词连词的词素变体。

第三,藏语中连接百位数词和十位数词的连词,也是用名词连词,但是连接十位和个位之间的连词是上文讨论的专用数词连词。根据非成分分析法,例(45a)是例(45b)通过省略或提升而来,如例(46a)和例(46b)所示。在这两种推导下,ta/daŋ 都是处于同一句法环境下,即前后都有空语迹。这样就很难解释为什么 ta/daŋ 在十位和个位之间变为 tsak、so 等数词连词,但是在百位和十位之间又不变,虽然它们出现在完全相同的句法环境中。

(45) a. mi ca ta/daŋ n̥i ɕu tsak cɛˀ
　　　 人　 百　 连词　　 二　 十　 连词　 八
　　　 '128 个人'

　　 b. mi ca ta/daŋ mi n̥i ɕu ta/daŋ mi cɛˀ
　　　 人　 百　 连词　　 人　 二　 十　 连词　　 人　 八
　　　 '100 个人和 20 个人和 8 个人'

(46) a. mi$_i$　　　 ca t$_i$ ta/daŋ ~~mi$_+$~~ n̥i ɕu t$_i$ tsak
　　　 ~~mi$_+$~~ cɛˀ t$_i$

　　 b. mi$_i$ t$_i$ ca t$_i$ ta/daŋ t$_i$　　　 n̥i ɕu t$_i$ tsak
　　　 t$_i$　　 cɛˀ t$_i$

第四,下面的例子表明名词连词,即使在某些类型的省略/移位环境下,也不会采取其他形态。这可以从例(47)看出,其中名词 mi '人'发生话题化,意思是来了两组人,一组 30 个,另一组 5 个。在例(48)中,仍然是使用名词连词 daŋ,因为名词发生提升或省略后,两个并列项仍然是名词短语而不是数词短语。有些藏族母语者在理解例(47)上有困难,但在接受我们的解释后,认为它是合乎语法的。他们接受并且理解例(48)的意思是:一共来了 35 个人。

(47) mi ni thakī sum tɕu daŋ ŋa lɛˀso:ŋ.
　　 人　 话题　 刚刚　 三　 十　 连词　 五　 来了
　　 '人啊,刚刚来了 30 个和 5 个。'

(48) mi   ni   thakī   sum   tɕu   so   ŋa   lɛʔsoːŋ.
人   话题   刚刚   三   十   连词   五   来了
'人啊，刚刚来了 35 个。'

如前所述，如果两个数词之间有缺位，藏语采用一种罕见的特殊方法，在数词之间插入 tɕu mɛʔ'十 缺'、ca mɛʔ tɕu mɛʔ'百 缺 十 缺'。根据非成分分析，例(49a)应该来自例(50a)，例(49b)应该来自例(50b)。这意味着为了得到表层形式，名词连词 ta/daŋ 需要变成 tɕu mɛʔ'十 缺'、ca mɛʔ tɕu mɛʔ'百 缺 十 缺'。

(49) a. mi   sum   ca   tɕu   mɛʔ   tʂ'uk
人   三   百   十   缺   六
'306 个人'

b. mi   sum   toŋ   ca   mɛʔ   tɕu   mɛʔ   tʂ'uk
人   三   千   百   缺   十   缺   六
'3 006 个人'

(50) a. mi   sum   ca   ta/daŋ   mi   tʂ'uk
人   三   百   连词   人   六
'300 个人和 6 个人'

b. mi   sum   toŋ   ta/daŋ   mi   tʂ'uk
人   三   千   连词   人   六
'3 000 个人和 6 个人'

即使认为例(49a)的基础形式是例(51)也不行，因为这将需要两个名词连词 ta/daŋ 在句法转换之后消失。mi tɕu mɛʔ'人十 缺'在句法和语义上是成立的(没有十人或少于十人)，但作为一个整体的结构则是无法解读的。例(51)或许可以获得总共有 296 人的解读，即"300 人－10 人＋6 人"。当两个结构生成的语义不同时认为这两个形式具有推导关系，则是不合理的(Her & Tsai 2015)。

(51) ˙mi　sum　ca　ta/daŋ　mi　tɕu　mɛˀ　ta/daŋ　mi
　　　人　三　百　连词　人　十　缺　连词　人
　　tʂʰʔuk
　　六

另外,不同语言使用不同的连词来连接不同的词类是一种很常见的现象,且这些连词是不同的词素,不是相同词素的不同词素变体。汉语就是这种典型的语言,汉语名词性结构的连词有"和、跟、及、与、以及、兼";谓词性短语和句子的连词有"而且、并且"。汉语名词连词和谓词连词不能互用,如例(52)所示:

(52) a. 你跟/˙而且我是朋友。

　　 b. 她可爱而且/˙跟漂亮。

　　 c. 今天是星期天,并且/˙跟空气很好。

特别是在名词并列中,不同的连词会表达不同的意思。例如"和"表达分裂解读,"兼"表达联合解读(Aoun & Li 2003: 141 - 143)。例(53a)的意思是,他们有的是语言学家,有的是哲学家;而例(53b)意思是,他们既是语言学家又是哲学家。

(53) a. 他们是语言学家和哲学家。

　　 b. 他们是语言学家兼哲学家。

以上例句清楚地说明了"和、兼"是不同的词素,因为它们出现在完全相同的句法环境下,不是词素变体所要求的互补分布。并且它们语音不同,语义也不同。

通过上文的讨论,我们已经证明,加法式复杂数词来源于名词短语并列在藏语中遇到了困难,且藏语的这两种连词是不同的词素,不是相同词素的词素变体。

3.1.2.2 南岛语系

本节探讨四种南岛语系语言的相关情况。以下讨论的所有语料都得到了母语者和相关语言专家的证实。在阿美语中,"21个人"的表达式,见例(54a),根据非成分分析,它应该来自例(54b)。然而例(54b)是完全不合语法的,正确的形式是例(54c),连词是名词连词 atu:

（54）a. a   tosa   polo'   ira   ko   cecay   a
　　　　助词   二   十   连词   冠词   一   助词
　　　　tamdaw
　　　　人
　　　　'21个人'

　　　　b. *a   tosa   polo'   a   tamdaw   ira   cecay
　　　　助词   二   十   助词   人   连词   一
　　　　a   tamdaw
　　　　助词   人
　　　　目标意义:'20个人和1个人'

　　　　c. a   tosa   polo'   a   tamdaw   atu   cecay
　　　　助词   二   十   助词   人   连词   一
　　　　a   tamdaw
　　　　助词   人
　　　　'20个人和1个人'

在泰雅语中,"11个人"的表达式是例(55a),根据非成分分析,它应该来自例(55b)。然而例(55b)是完全不合语法的,正确的形式是例(55c),连词是名词连词 ru':

（55）a. magalpug   cu   qun   cuquliq
　　　　十   连词   一   人
　　　　'11个人'

　　　　b. *magalpug   cuquliq   cu   qun   cuquliq
　　　　十   人   连词   一   人

目标意义：'10 个人和 1 个人'

c. magalpug　cuquliq　ru'　taxa　cuquliq
　　十　　　　人　　连词　一　　人

'10 个人和 1 个人'

　　细心的读者可能已经注意到，例(55c)中的"一"是 taxa，不是 qun。在泰雅语中，"一"有两个词素：qutux/caxa'。qun(qutux) 用于复杂数词，而 caxa(taxa)是用来修饰名词的。这种现象在我国南方少数民族语言中相当普遍，这也是非成分分析法所不能解释的(见§3.2)。

　　在布农语中，"21 只狗"的表达式是例(56a)，根据非成分分析法，它应该来自例(56b)。然而例(56b)是完全不合语法的，正确的形式是例(56c)，连词是名词连词 mas。

(56) a. mapus-an　han　tasa　tu　asu
　　　　二十　　连词　一　　助词　狗

'21 只狗'

　　b. *mapus-an　tu　asu　han　tasa　tu　asu
　　　　二十　　助词　狗　连词　一　　助词　狗

目标意义：'20 只狗和 1 只狗'

　　c. mapus-an　tu　asu　mas　tasa　tu　asu
　　　　二十　　助词　狗　连词　一　　助词　狗

'20 只狗和 1 只狗'

　　同样的现象在邹语中也可以找到。邹语中"11 个老师"的表达式是例(57a)，根据非成分分析法，它应该来自例(57b)。然而例(57b)是完全不合语法的，正确的形式是例(57c)，连词是名词连词 ho。

(57) a. maskɨ -veia　ucni　ci　sensi
　　　　十　　连词　一　助词　老师

'11 个老师'

    b. *maskɇ   ci   sensi veia ucni   ci   sensi
     十   助词 老师 连词   一   助词 老师
     目标意义:'10 个老师和 1 个老师'
    c. maskɇ   ci   sensi ho ucni   ci   sensi
     十   助词 老师 连词   一   助词 老师
     '10 个老师和 1 个老师'

    根据非成分分析法,以上所有的(a)例是由(b)例通过省略或提升演变而来。更重要的是,数词连词必须被视为相应名词连词的词素变体。然而和上文藏语的情况一样,同样有理由认为这些南岛语系语言中,数词连词和名词连词不是同一词素的不同变体,因为它们没有推导上的关系,完全是独立的词素。在所有这些语言中,名词连词和数词连词发音不一样,且除了泰雅语外,所有的数词连词都来源于动词,和名词连词有着不同的语义。

3.1.2.3　其他语言

    表 3.6 我们总结了对其他语言的验证情况,每种语言至少得到了两个母语者或专家的验证。

表 3.6　其他语言数词结构合法性验证情况

藏缅语族		
阿昌语	数词表达式	(i) tʂo ta pak mɔ ta ʐuʔ 　人 一 百 连词 一 个 　'101 个人'
		(ii) tʂo ta pak mɔ ta sau ʐuʔ 　人 一 百 连词 一 二十 个 　'120 个人'
	假想的来源	(i) *tʂo ta pak ʐuʔ mɔ tʂo ta ʐuʔ 　人 一 百 个 连词 人 一 个 　目标意义:'100 个人和 1 个人'
		(ii) *tʂo ta pak ʐuʔ mɔ tʂo ta sau ʐuʔ 　人 一 百 个 连词 人 一 二十 个 　目标意义:'100 个人和 20 个人'

藏缅语族		
阿昌语	正确的表达式	(i) tʂo ta pak ʐuʔ lɔʔ tʂo ta ʐuʔ 　　人 一 百 个 连词 人 一 个 　　'100 个人和 1 个人' (ii) tʂo ta pak ʐuʔ lɔʔ tʂo ta sau ʐuʔ 　　人 一 百 个 连词 人 一 二十 个 　　'100 个人和 20 个人'
景颇语	数词表达式	tʃum kjin khjiŋ mǎŋa e tʃăkhu tsa 盐 斤 千 五 连词 九 百 '5 900 斤盐'
景颇语	假想的来源	*tʃum kjin khjiŋ mǎŋa e tʃum kjin tʃăkhu tsa 盐 斤 千 五 连词 盐 斤 九 百 目标意义：'5 000 斤盐和 900 斤盐'
景颇语	正确的表达式	tʃum kjin khjiŋ mǎŋa theʔ tʃum kjin tʃăkhu tsa 盐 斤 千 五 连词 盐 斤 九 百 '5 000 斤盐和 900 斤盐'
载瓦语	数词表达式	səkkam sum ʃo kɔm ʃit kam 树 三 百 连词 八 棵 '308 棵树'
载瓦语	假想的来源	*səkkam sum ʃo kam kɔm səkkam ʃit kam 树 三 百 棵 连词 树 八 棵 目标意义：'300 棵树和 8 棵树'
载瓦语	正确的表达式	səkkam sum ʃo kam əʔ səkkam ʃit kam 树 三 百 棵 连词 树 八 棵 '300 棵树和 8 棵树'
侗台语族		
傣语	数词表达式	hok pan pa:i sa:u kun 六 千 连词 二十 人 '6 020 个人'
傣语	假想的来源	*hok pan kun pa:i sa:u kun 六 千 人 连词 二十 人 目标意义：'6 000 个人和 20 个人'
傣语	正确的表达式	hok pan kun lɛ sa:u kun 六 千 人 连词 二十 人 '6 000 个人和 20 个人'

续　表

苗瑶语族		
苗语	数词表达式	ɯ　tshɛ　qa　ʑi　le　ne 二　千　连词　八　个　人 '2 008个人'
	假想的来源	*ɯ　tshɛ　le　ne　qa　ʑi　le　ne 二　千　个　人　连词　八　个　人 目标意义:'2 000个人和8个人'
	正确的表达式	ɯ　tshɛ　le　ne　kɔ　ʑi　le　ne 二　千　个　人　连词　八　个　人 '2 000个人和8个人'
南亚语系		
德昂语	数词表达式	ʔu　kɣːr　lu　ʔu　luʔ 一　十　连词　一　个 '11个'
	假想的来源	*ʔu　kɣːr　luʔ　lu　ʔu　luʔ 一　十　个　连词　一　个 目标意义:'10个和1个'
	正确的表达式	ʔu　kɣːr　luʔ　kaːi　ʔu　luʔ 一　十　个　连词　一　个 '10个和1个'

　　表3.6中的语言事实不支持非成分分析,我们有同样的理由认为,这些语言中的数词连词和名词连词不是同一词素的词素变体。除了语音不同之外,一些语言中的数词连词,语义上不同于名词连词。

3.1.3　数词还是连词?

　　在我们调查的语言中,有些语言的数词连词可以连接相邻位数词。这些语言包括:阿昌语、阿侬语、白马语、景颇语、崩如语、苏龙语、仙岛语、德昂语、泰雅语、阿美语、布农语、噶玛兰语、排湾语、卑南语、邵语、邹语;这些数词连词是典型的连词。而有些语言的数词连词只连接非相邻的数词,不能连接相邻数词。如:载瓦语、怒苏语、傣语、苗语、布朗语、布兴语、克蔑语、克木语。这令人想起汉语的"零"和许多受汉语影响的其他语言中的"零"词素,它们也仅用于连接不相邻的数词。

第二章我们已经论证了汉语中的"零"是一个数词,表达数值0,那么有没有可能认为载瓦语、怒苏语、傣语、苗语、布朗语、布兴语、克蔑语、克木语中,所谓的数词连词实际上是表达数值为 0 的数词呢?就像汉语"零"一样不是真正的连词。如果这些所谓的数词连词并不是连词,那么这些语言的例子就不能支持我们的观点。因此我们需要证明这些数词连词(载瓦语 ko̠m、怒苏语 i、布朗语 pai、布兴语 pai、克蔑语 pai 和克木语 blai)不是类似汉语"零"的数词。

首先,这些语言中的数词连词并不表示"零"的意义,不能出现在修饰语和论元位置,而汉语的"零"是可以的。要表达"零"的数值概念,载瓦语借用了汉语的"零",但是傣语有一个固有词 sun,表示 0。正如例(58)和例(59)所示,傣语"零"词素 sun 是用于表达数值"零"的,例(60)表明 sun 不能用于连接数词。

(58) a. pju *ko̠m/ling juʔ   b. *pa:i/sun kun
　　　 人 　零 　个 　　　　　　 零 　人
　　　'0 个人'　　　　　　　　　　'0 个人'

(59) a. ʒa ʒɔm ʒa mjit *ko̠m/ling.
　　　 一 减 一 剩 　零
　　　'1 减 1 剩 0。'

　　 b. sɔŋ lup sɔŋ jaŋ *pa:i/sun.
　　　 二 减 二 剩 　零
　　　'2 减 2 剩 0。'

(60) *hok pan sun sa:u kun
　　　六 千 连词 二十 人
　　　目标意义:'6 020 个人'

载瓦语 kɔm 是一个形容词,意思是"空",可以用作一个典型的形容词修饰语,如 loʔ akɔm'手 空'。在傣语中,paːi 的意思是"多"(显然不是"零"),它可以用来修饰数词或数词表达式,如例(61)所示。

(61) a. sip paːi   b. mi tset sip kun paːi.
      十   多   有 七   十   人   多
      '10 多'   '有 70 多个人。'

其次,现代汉语中可以有多个零并置的结构,以上傣语和载瓦语的数词连词则完全不允许这种并置。在数词结构中,它们只能出现一次,而无论缺了多少位。如例(62)所示。

(62) a. *pan paːi paːi sɔŋ to   傣语
        千   连词   连词   二   个
      目标意义:'1 002 个'

     b. *səkkam sum khjiŋ kɔm kɔm ʃit kam
        树   三   千   连词   连词   八   棵

                                                          载瓦语

      目标意义:'3 008 棵树'

例(63a)—(63b)两种形式在苗语中都可以接受,年轻人更喜欢用 ljin(应是汉语借词),老年人更喜欢 qɑ,但所有人都不接受例(63c)。因此,目前还不清楚加法式复杂数词中的 qɑ 是不是类似于汉语"零"的数词。但即使 qɑ 是一个真正的数词,表示零的数值,它仍然是非成分分析法不能解释的。

(63) a. qɑ/ljin le ne
        零   个   人
      '0 个人'

b. A　tɕizɔ　a　tɔ　qɑ/ljin
　　一　减　一　得　零
　　'1 减 1 得 0。'

c. *ɯ　tshɛ　qɑ　qɑ　zi　le
　　二　千　连词　连词　八　个
　　目标意义:'2 008 个'

3.1.4　数词并列的类型

　　我们通过对南方 100 多种少数民族语言的调查,发现在某些语言中,数词连词和名词连词是同一个语音形式。例如:羌语的 na,既是名词短语连词,又是数词连词。其他类似语言有白语(liɯ)、贵琼语(lɛ)、拉坞戎语(ræ)、门巴语(daŋ)、木雅语(rə)、纳木依语(na)、纳西语(ne)、怒苏语(sini)、普米语(nə)、佯僙语(thim)、扎坝语(nə)、佤语(mai)等,如表 3.7 所示。这些语言主要属于藏缅语族,分布在喜马拉雅山腹地和云南等处。

表 3.7　名词连词和数词连词同一的语言

语言	实　　例		资料来源
	数词并列	名词并列	
羌语	a　tʂhi　na　χɑ　dy 一　百　连词　| na　a 连词　一 '111'	χma　na　dzuə 黍子　连词　栗子 '黍子和栗子'	孙宏开 (1981: 89,135)
贵琼语	khɔ　dʑø　lɛ　gui　tʃ1 六　百　连词　九　十 lɛ　ŋɛ　tɕɑ 连词　五　个 '695 个'	nbulu　lɛ　thiɛma 虫草　连词　天麻 '虫草和天麻'	孙宏开 (2007d: 1023)

语言	实　例		资料来源
	数词并列	名词并列	
佤语	daiʔ mhɯɯn mai ʼa liah 八　万　连词　七 '80 007'	pɣ tʃiŋ mai khun miŋ 北京　连词　昆明 '北京和昆明'	黄同元 (1994： 147)
蔡家话	ji pia ta sa 一　百　连词　三 '103'	ɣuŋ ta peiso 鱼　连词　辣椒 '鱼和辣椒'	薄文泽 (2004： 72)
侬语	mɔ ʐɔ le mə 一　百　连词　一 '101'	ndɔ le puɔ 弟弟　连词　父 '弟弟和爸爸'	梁敏 (1984： 71)
巴则海语	isit u xasəbituru 十　连词　八 '18'	hapuj u tamaku 火　连词　香烟 '火柴和香烟'	曾思奇 (2007a： 2211, 2214)
柔若语	ia io ni ŋo tshe 八　百　连词　五　十 nɛ 二 '852'	ʼa pō ni ʼa iu 爷爷　连词　奶奶 '爷爷和奶奶'	孙宏开等 (2001： 61,128)
纳木依语	ɳi hĩ na ʂ̩ ho 二　百　连词　七　十 na so 连词　三 '273'	mi la dʐy 女人　连词　丈夫 '女人和丈夫'	刘辉强 (2007： 977)
布干语	mə ʑu lɛ bɔ 一　百　连词　一 '101'	wɛ lɛ du 哥　连词　弟 '哥哥和弟弟'	李锦芳 (1996： 72,74)
仓洛语	khai thor daŋ se 二十　一　连词　十 '30'	taktakpa daŋ tektekpa 青蛙　连词　蟋蟀 '青蛙和蟋蟀'	张济川 (2007： 43,106)

语言	实 例		资料来源
	数词并列	名词并列	
纳西语	dɯ ty ne tshe ua 一 千 连词 十 五 '1 015'	ʐua ne ɣɯ 马 连词 牛 '马和牛'	和即仁、姜竹仪 (1985：60,90)
史兴语	ɦā qɛ n̪i sɐ ko 五 十 连词 三 个 '53 个'	ʔɑ bə n̪i ʔɑ dʑγɛ 老伯伯 连词 老婆婆 '老伯伯和老婆婆'	孙宏开等 (2014：90,153)
扎坝语	ʂʊtʂa ʂi nə ŋøi zɿ 千 三 连词 五 十 tɛ 一 '3 051'	ptsa nə n̪atsə 鸡 连词 鸭 '鸡和鸭'	龚群虎 (2007：67,112)
博嘎尔语	ɦumjɯŋ go lo akɯ 三 十 连词 六 '36'	rokpo lo roknə 公鸡 连词 母鸡 '公鸡和母鸡'	欧阳觉亚 (2007：678)
拉祜语	ni xi lɛ xi ma 二 千 连词 八 个 '2 008 个'	sɿ mə lɛ tsa li 木工 连词 铁匠 '木匠和铁匠'	常竑恩 (1986：31,47)
佯僙语	tha:m thjen thim sip 三 千 连词 十 pɛt 八 '3 018 个'	jiu thim mən 我 和 他 '我和他'	薄文泽 (1997：68,100)
基诺语	thi ɕɔ jə thi lœ 一 百 连词 一 个 '101 个'	aʃo jə n̪γzɔ 哥哥 连词 弟弟 '哥哥和弟弟'	盖兴之 (1986：40,74)
普标语	taŋ ta ɕie pat 千 连词 二 十 tɕia ta dau 一 前缀 人 '1 021 人'	bok ta qa diau 衣服 连词 前缀 鞋子 '衣服和鞋子'	梁敏等 (2007：46,61)

数词隐性并列也很普遍,例见博拉语、布干语、独龙语、哈尼语、基诺语、格曼语、浪速语、桑孔语、维吾尔语等,如表 3.8 所示。这些语言多属于藏缅语族和阿尔泰语系。

表 3.8　数词隐性并列的语言

语　言	实　　例	资 料 来 源
浪速语	tǎ jɔ ta 一 百 一 '101'	戴庆厦(2005:59)
波拉语	tǎ ja sam 一 百 三 '103'	戴庆厦等(1991:329)
哈尼语	tɕhi ja tɕhi 一 百 一 '101'	李永燧、王尔松(1986:61—62)
黎语	ɬau gwa:n tsheɯ 二 百 一 '201'	欧阳觉亚,郑贻青(1980:27)
格曼语	waje kɯjin kɯ sʌm 百 二 三 '203'	李大勤(2002:101,103)
维吾尔语	bir miŋ bir 一 千 一 '1 001'	赵相如,朱志宁(1985:48)
乌孜别克语	bir miŋ bir 一 千 一 '1 001'	程适良、阿不都热合曼(1987:51)
西部裕固语	bər miŋ bər 一 千 一 '1 001'	陈宗振、雷选春(1985:76)
赫哲语	dʐaqun taŋu əmkən 八 百 一 '801'	安俊(1986:42)
桑孔语	ɕa ɕe 百 八 '108'	李永燧(2002:142)

语 言	实 例	资 料 来 源
基诺语	thi ɕɔ ʃi 一 百 一 '107'	盖兴之(1986：40)
布赓语	mɯ zou mi pjau 一 百 五 人 '105'	李云兵(2005：102)
独龙语	pɯŋa tuʔ pɯŋa 五 千 五 '5 005'	孙宏开(1982：54,55)
景颇语	mali tsa manga 四 百 五 '405'	戴庆夏、徐悉艰(1992：99)
柯尔克孜语	eki dʒyz bir 二 百 一 '201'	胡振华(1986：45)
塔塔尔语	bir jyz beʃ 一 百 五 '105'	陈宗振、伊里千(1986：65)
鄂伦春语	ȵamaadʒi nadan 百 七 '107'	胡增益(1986a：84)
鄂温克语	ȵamaadʒ toŋ 百 五 '105'	胡增益、朝克(1986：134)

有些语言加法式复杂数词中没有显性连词,它们用一个特殊的"零"词素来填充空缺,"零"不能出现在两个相邻的数词之间。这一点是受汉语的影响。这些语言中"零"语素的发音和汉语"零"相似,例见:标语(liaŋ)、布依语(liŋ)、布努语(liŋ)、布央语(lan)、茶洞语(ləŋ)、村语(ləŋ)、仡佬语(liŋ)、回辉话(lin)、加茂话(leŋ)、京语(len)、侗语(ljən)、卡卓语(li)、倈语(le)、拉珈语(lɛŋ)、勒期语(lɔ)、临高语(leŋ)、莽语(liŋ)、毛南语(li:ŋ)、勉语(leŋ)、仫佬语(liŋ)、水语(ljen)、他留话(ȵi)、土家语(lin)、优诺语(lən)等,如表

3.9 所示。这些语言属于苗瑶、侗台语族,分布在湖南、广西、贵州、云南和海南等地,受汉语影响较大。

表 3.9　借用汉语"零"的语言

语　言	实　　例	资 料 来 源
勒期语	som　ʃo　lɔ　ʃɛt 三　　百　零　八 '308'	戴庆厦、李洁(2007:88)
他留话	tshı　xõ　n̥i　ŋo　mo 一　　百　零　五　个 '105 个'	周德才(2002:75)
回辉话	ta　phɔ　lin　thua　piu　sa 一　千　零　二　十　一 '1 021'	郑贻青(1997:79)
茶洞语	ji　pek　ləŋ　jit 一　百　零　一 '101'	李锦芳(2001:74)
黎语加茂话	ta　be:ʔ　leŋ　ti 三　　百　零　四 '304'	刘援朝(2008:67)
临高语	it　sen　leŋ　i:　təp　it 一　千　零　一　十　一 '1 011'	梁敏、张均如(1997:85)
勉语	fei　pɛ　leŋ　ŋ̍ 四　　百　零　五 '405'	刘玉兰(2012:89)
仡佬语	sı̩　ɣən　liŋ　a　tau 一　百　零　一　个 '101 个'	贺嘉善(1983:34)
拉基语	li　qe　na　li　sã 一　百　零　一　个 '101 个'	梁敏(1989:157)
布干语	mə　zu　lɛ　bɔ 一　百　零　一 '101 个'	李锦芳(1996:72)

语　言	实　例	资　料　来　源
布央语	a　pa:k　liŋ　am 一　百　零　一 '101'	李锦芳(1999：57)
壮语	ha　ɕi:n　liŋ　it 五　千　零　一 '5 001'	韦庆稳、覃国生(1980：43)
布依语	suaŋ　pa:ʔ　liŋ　n̡i 二　百　零　二 '202'	王惠良(1987：70)
侗语	sa:m　sin　ljən　sət　ɕəp 三　千　零　七　十 '3 070'	梁敏(1980a：44)
水语	ti　pek　ljen　ɣa 一　百　零　二 '102'	张均如(1980：39)
普标语	li　qe　na　li　sã 一　百　零　一　个 '101个'	梁敏等(2007：46)
傈僳语	sa　mɯ　ne　ŋua　hɛ　ne 三　万　零　五　百　零 tʃho　tshʅ 六　十 '30 560'	木玉璋、段伶(1983：75)
仫佬语	nɔ　fɛ:k　leŋ̣　jət 一　百　零　一 '101'	王均、郑国乔(1980：44)
京语	mottam　len　bai 百　零　七 '107'	欧阳觉亚等(1984：71)
畲语	u　pa　naŋ　khiu 二　百　零　九 '209'	毛宗武、蒙朝吉(1986：44)

语 言	实 例	资料来源
毛南语	pɛk liːŋ cŋ 百 零 五 '105'	梁敏(1980b：48)
优诺语	luŋ pe lən n̠i 三 百 零 二 '302'	毛宗武、李云兵（2007：73）
勒期语	sɔ ʃɔ lɔ ʃɛl 三 百 零 八 '308'	戴庆厦、李洁(2007：88)
木佬语	tsi ze liŋ ɬe 一 百 零 一 '101'	薄文泽(2003：61—62)
村语	tsi bɛk lən kɔi 一 百 零 九 '109'	欧阳觉亚(1998：110)
莫语	pek deu leŋ ja 百 一 零 二 '102'	杨通银(2000：86)

综上所述,不同的语言使用不同的形态策略来连接数词。数词连词是显性或隐性的。在显性连词的情况下,数词连词不一定和名词连词有相同的语音形式。在这种情况下,它们可能有不同的词源,有些数词连词词源来自动词和形容词。表 3.10 总结了中国南方民族语言中数词并列的类型。

表 3.10 数词并列的类型

数词并列 的类型	数词连词		例 子
	表面形式	和名词连词同音?	
类型 1	隐 性	不适用	浪速语、桑孔语等
类型 2	显 性	是	羌语、贵琼语等
类型 3		否	藏语、阿美语等

续 表

数词并列的类型	数词连词		例　子
	表面形式	和名词连词同音？	
类型4	零词素	"零"被当作数词	汉语
		"零"被当作连词	可能包括苗语

我们已经论证了表 3.10 中第三种类型语言中的数词并列不可能来自名词并列。对于第四种类型语言,如果将"零"视为数词,汉语的"零"对非成分分析的困难也适用于这些语言。如果将"零"视为连词,这里提出的论点也适用于以下这些语言,因为它们有不同的名词连词,如表 3.11 所示。

表 3.11　第四种语言的名词连词

语　言	名词连词	实　例	资料来源
布努语	pu	aŋ　pu　to 水　连词　火 '水和火'	蒙朝吉 (2007：1518)
村　语	nam	khai　nam　muŋvəi 鸡　连词　猪肉 '鸡和猪肉'	欧阳觉亚 (1998： 126,136)
回辉话	ŋan	ha　ŋan　thaimai 你　连词　姐姐 '你和姐姐'	郑贻青 (1997：85)
侗　语	taŋ	tu　na:i　taŋ　tu　ta 个　这　连词　个　那 '这个和那个'	梁敏 (1980a：72)
傣　语	le	mə　kɯkui　le　mə　sja:ŋ 一　老虎　连词　一　大象 '一只老虎和一只大象'	李旭练 (1999：144)
勒期语	jə	no　jə　mjaŋ 牛　连词　马 '牛和马'	戴庆厦、李洁 (2007：155,217)

语　言	名词连词	实　　例	资料来源
勉　语	tshin	noku　tshau　noŋu 猫头鹰　连词　鸽子 '猫头鹰和鸽子'	刘玉兰 (2012：168)
水　语	kɐp	pakjiu　kɐp　mɐifənli 剪刀　连词　尺子 '剪刀和尺子'	张均如 (1980：56)
土家语	ne	lapu　ne　tɕhipu 盐　连词　豆子 '盐和豆子'	田德生等 (1986：84)
回辉话	ŋan	ha　ŋan　thaimai 你　连词　妹妹 '你和妹妹'	郑贻青, (1997：85)
壮　语	ɕau	lɯkfak　ɕau　lɯkman 冬瓜　连词　红薯 '冬瓜和红薯'	韦庆稳、 覃国生 (1980：51)
莫　语	ȵam	ja　ȵam　ʔdja:i 田　连词　地 '田和地'	倪大白 (2007a：1285)
黎　语	ȵu:k…ȵ u:k	ȵu:k　lai　ȵu:k　rik 连词　犁　连词　耙 '犁和耙'	欧阳觉亚、 郑贻青 (1980：37)
基诺语	jə	puɬɔ　jə　puke 月亮　连词　星星 '月亮和星星'	盖兴之 (1986：74)
傈僳语	be (ɑne)	zu　ʃua　ane　gua 大麦　小麦　连词　荞子 '大麦、小麦和荞子'	徐琳等 (1986：77)
炯　奈	ta	ȵɔ　ta　ʑaŋ 牛　连词　羊 '牛和羊'	毛宗武、 李云兵 (2002：62)
布依语	tiam	tu　ni　tiam　tu　ti 个　这　连词　个　那 '这个和那个'	喻翠容 (1980：38)

语　言	名词连词	实　例	资料来源
布央语	qha	ʐuk　qha　lava:k 棕榈树　连词　樟树 '棕榈树和樟树'	李锦芳 (1999：63)
卡卓语	kɯ	koko　kɯ　titi　kɯ 哥哥　连词　弟弟　连词 '哥哥和弟弟'	木仕华 (2003：99)
拉珈语	kap	tsi　kap　ma 我　连词　你 '我和你'	刘保元 (2007：1320)
临高语	hem	ma　hem　mo 狗　连词　猪 '狗和猪'	梁敏、张均如 (1997：85)
毛南语	ɖam	u　ɖam'　ma 饭　连词　菜 '饭和菜'	梁敏 (1980b：74)
仫佬语	wən	ljem　wən　tsui 镰刀　连词　锤子 '镰刀和锤子'	王均、郑国乔 (1980：58)
他留话	ȵe	ȵazo　ȵe　ȵamo 兄弟　连词　姐妹 '兄弟姐妹'	周德才 (2002：77)
哈尼语	zone	tøtsa　zone　tsutsa 队长　连词　组长 '队长和组长'	李永燧、 王尔松 (1986：91)
标话	kuŋ	tsai　kuŋ　tsy 碗　连词　筷 '碗和筷'	张均如 (2007：1188)
佯僙语	thjem	məm　thjem　na:n 鱼　连词　肉 '鱼和肉'	倪大白 (2007b：1301)
木佬语	xo	poȵa　xo　niȵa 公牛　连词　母牛 '公牛和母牛'	薄文泽 (2003：93)

语　言	名词连词	实　　例	资料来源
堂郎话	tho	ɕʌ tɕʌ na ʌɕʌ　tho　loza 汉人　　连词　堂郎人 '汉人和堂郎人'	盖兴之 (2000：75)
京　语	vəi	oŋthəi　vəi　həktə 老师　连词　学生 '老师和学生'	欧阳觉亚等 (1984：93)
畲　语	thɔ	kja　thɔ　tamə 狗　连词　猫 '狗和猫'	毛宗武、 蒙朝吉 (1986：56)
优诺语	la	vɔ　la　naŋ 我　连词　他 '我和他'	毛宗武、 李云兵 (2007：94)
浪速语	ɛʔ	məŋ tuŋʃi　ɛʔ　maktʃɔk 菠萝　连词　橘子 '菠萝和橘子'	戴庆厦 (2005：73)
布赓语	lo	pulo　lo　nau 衣服　连词　鞋子 '衣服和鞋子'	李云兵 (2005：156)
格曼语	nʌŋ	ɫu　nʌŋ　mantshu 官员　连词　群众 '官员和群众'	李大勤 (2002：143)
拉基语	naŋ	limje　naŋ　liqɛ 猪　连词　鸡 '猪和鸡'	李云兵 (2000：146)
桑孔语	ha	siqho　ha　teŋqham 黄瓜　连词　南瓜 '黄瓜和南瓜'	李永燧 (2002：168)
莫　语	niŋ	təthəu　niŋ　təthwəi 兔子　连词　螺蛳 '兔子和螺蛳'	杨通银 (2000：122)
波拉语	ɣɛʔ	tuŋʃl　ɣɛʔ　maktʃɔ 菠萝　连词　橘子 '菠萝连词橘子'	戴庆厦等 (1991：344)

续 表

语 言	名词连词	实 例	资料来源
独龙语	niŋ	budzɯŋ　niŋ　sɯmdzɯŋ 核桃树　连词　桃子树 '核桃树和桃子树'	孙宏开 (1982：160)

对于第一种和第二种语言,这里的论证不适用。有可能这些语言中的加法式复杂数词来源于名词并列,正如赫福德(Hurford 1987：226－238)所说,但他也说过"这并不意味着这是加法式复杂数词唯一的来源"。他提到斐济语中的数词用 a 连接,这个连词也连接句子和短语,但是该语言名词连词 'ei 不能用来连接数词。他认为,从这些事实出发,我们必须认识到加法式复杂数词不总是来源于名词并列,尽管这可能是它们主要的历史来源。斐济语这种现象尽管很罕见,但是研究这些语言是有意思的。我们觉得这是正确的,并且这种现象并不罕见。在我们调查的一百多种语言中,接近三分之一属于这种情况。这种类型的语言对复杂数词结构分析有重要的研究价值,我们相信这种类型的语言在世界其他地方也广泛存在。

3.2　同一数目有不同的数词

第二章我们利用汉语有两个指称数目"2"的数词,论证了复杂数词的结构完整性。这种现象不只是汉语才有。语言中用于量化的数词,不同于其相应数数的数词是很常见的。在马耳他语中,计数的"2"是 tnejn,但量化的"2"是 zewg(Hurford 2003)。这种形态差异现象在中国南方民族语言中普遍存在。有些语言中有两套数词体系:一套是本土数词;另一套主要是从古汉语借来的。本土数词有时候可以是从"一"到"十",有时候只是"一、二",更大的数词则是从汉语中借用的。于是量化1～10个对象或者1～2个对象必须用固有数词,而量化 10 个以上的对象必须用借来的数词。这在苗瑶侗台语族中特别明显,因为这些少数民族语言受汉语影响较深。这些不同词源的数词在句法中表现出严格的互补分布,它们能够为加法式复杂数词结构的完整性分析提供有力的论据。

3.2.1 苗瑶语族

勉语有两套数词系统,它们是严格互补分布的。第一套数词系统(如:jet[8]'一'、i'二'、pwa'三'、pje'四'、pja'五'、tɕu'六'、sja'七'、xjet'八'、dwa'九')只能被用来量化 1～9 个对象;当数目超过 10,末尾数是 1～9 时,必须使用第二套数词系统(如:jet[7]'一'、ŋei/ɲi'二'、fam/fa'三'、fei'四'、m̩'五'、lwa'六'、tshjɛt'七'、pet'八'、tɕwa'九')。如下所示:

(64) a. jet tau mjen   b. i tju tɕau
     一   个   人   二   条   路
     '1 个人'   '2 条路'

    c. pwa gan djaŋ   dwa dzɔm ɳaŋ
      三   棵   树   九   碗   饭
      '3 棵树'   '9 碗饭'

(65) a. Jet kilo tsjɛp m̩ bat.
     一   斤   十   五   铢
     '1 斤 15 铢。'

    b. Je ɳɛi tɔ tsjɛp fei ɳaŋ.
     我   的   儿子   十   四   岁
     '我的儿子 14 岁。'

(引自:刘玉兰 2012:86—88,231,236)

瑶语(广西八排)也有两套数词系统:一套是从古汉语借来的(jot'一'、ɳi'二'、hom'三'、he'四'、ŋ'五'、lia'六'、hut'七'、bet

'八'、ku'九'、siap'十');另一套是本土的数词(a'一'、vi'二'、bu
'三'、pe'四'、pia'五'、to'六'、n̦i'七'、jat'八')。固有数词只能
被用来量化1～8个对象,当数目超过10,末尾数是1～8时,必须
使用借用数词,如下所示。

(66)a. a   na   menha   b. a   pan
　　　一　个　客人　　　　　　 一　倍
　　　'1个客人'　　　　　　　　'1倍'

(67)a. n̦i siap jot pan   b. a ba a siap jot
　　　二　十　一　倍　　　　　 一 百 一 十 一
　　　'21倍'　　　　　　　　　　'111'

(引自:李敬忠1988:72—73)

炯奈语的固有数词有:i'一'、u'二'、pa'三'、ple'四'、pui
'五'、ʃo'六'、ʃaŋ'七'、ze'八'、tʃu'九'、tʃo'十'。从汉语借来的数
词用于构成复杂数词,如下所示。

(68)a. u   ka   ntɔuŋ   b. tʃiŋ ŋiŋ
　　　两　棵　树　　　　　　　 十　二
　　　'2棵树'　　　　　　　　　'12'

(引自:毛宗武、李云兵2002:46—47)

3.2.2　侗台语族

大部分侗台语族语言都具有混合的数词系统。在壮语中,数
目"1、2、5"分别有两个语素:ndeu 和 it、song 和 ngeih、haj 和
ngux。这里只举"2"为例。起量化作用的"2"是 song,数数时的
"2"是 ngeih,如例(69)所示。在加法式复杂数词中,如例(69b),结
尾的"2"必须用 ngeih。根据覃晓航(1993),it 与 ngeih 是汉语借

词,而 ndeu 是固有词,意思是"单",song 是从古汉语"双"借来的。因此,例(69a)实际上是说"一对人"。

(69) a. song   boux   vunz
   二 个 人
   '2个人'

  b. sam   cib   ngeih   boux   vunz
   三 十 二 个 人
   '32个人'

(引自:韦庆稳、覃国生 1980:45)

  这种数词混用模式也存在于布依语中。在该语言中,ʔi'一'和 nyih'二'借用于汉语,而 ndeeul'一'和 soongl'二'是固有数词。固有数词用于量化一个对象和两个对象,如例(70)所示(ndeeul 在名词之后,用法如形容词)。当量化的数词是以"1、2"结尾的加法式复杂数词时,必须使用 ʔit 和 nyih,如例(71)所示。特别是例(72a),表示"1"的结尾数词是汉语借词 ʔit,但乘数 ndeeul 是固有的,例(72b)同理。

(70) a. ndanl   masdaauz   ndeeul
   个 桃子   一
   '1个桃子'

  b. soongl   gaais   xiaojzuj
   二 个 组
   '2个小组'

(71) a. xib   ʔit   ndanl   masdaauz
   十 一 个   桃子
   '11个桃子'

  b. xib   nyih   gaais   xiaojzuj
   十 二 个 小组
   '12个小组'

（72）a. bas   ndeeul lian   ˀit   ndanl masdaauz
　　　　百　　 一　　　零　　 一　　 个　　　桃子
　　　　'101 个桃子'

　　　b. soongl bas   lian   nyih   gaais   xiaojzuj
　　　　 二　　　百　　 零　　 二　　　个　　　小组
　　　　'202 个小组'

（引自：喻翠容 1980：26）

村语固有数词有：tsi'一'、tɵa'二'、fu'三'、ha：u'四'、bɔ'五'、tsem'六'，借用汉语数词的有：tɵet'七'、ba：t'八'、kɔi'九'、sep'十'、sep et'十一'、sep ŋɛi'十二'。在例（73）中，复杂数词的尾数"1"要用借词，但简单数词"1"用固有数词。

（73）a. tsi   lət   khak   b. sep   et   kuan   ŋa:i
　　　　一　　只　　狗　　　　　　十　　一　　个　　　人
　　　　'1 只狗'　　　　　　　　　　'11 个人'

（引自：欧阳觉亚 1998：110）

表 3.12 列出了其他具有混合数词系统的侗台语族语言，可见这种现象非常普遍。

表 3.12　侗台语族语言同一数目的不同数词

语言	小数目数词		简单数词＋量词＋（名词）	加法式复杂数词＋（量词）＋（名词）	资料来源
布央语	1	ti/ tsam	ti kon ha 一　 个　　人 '1 个人'	θa vat tsam 二　 十　　一 '21'	李锦芳（1999：128）
傣语	1	ləŋ/ˀət	to ləŋ 个　 人 '1 个'	ha sip ˀət 五　 十　　一 '51'	周耀文（2007：1145）

语言	小数目数词	简单数词＋量词＋(名词)	加法式复杂数词＋(量词)＋(名词)	资料来源
临高语	1　hə∕it	na　hə 个　一 '1个人'	ŋi　təp　it 二　十　一 '21'	梁敏、张均如(1997：72)
	2　vɔn∕ŋei	ləknɔk　vɔn　na 小孩　两　个 '2个小孩'	lan　təp　ŋei　mɔˀ 房屋　十　二　间 '12间房屋'	
侗语	1　i∕ət	i　muŋ　nən 一　个　人 '1个人'	i　pek　i∕ət　ɕəp　ət 一　百　一　十　一 '111'	梁敏(1980a：44—45)
	2　ja∕n̩i	ja　muŋ　nən 二　个　人 '2个人'	ja　pek　n̩i　ɕəp　n̩i 二　百　二　十　二 '222'	
毛南语	1　deu∕tɔ,ˀjit	park　mit　deu 把　刀　一 '1把刀'	zəp　ˀjit　park　mit 十　一　把　刀 '11把刀'	梁敏(1980b：37,45—47)
	2　ja∕n̩i	ja　tɔ　kwi 二　头　牛 '2头牛'	zəp　n̩i　tɔ　kwi 十　二　头　牛 '12头牛'	
茶洞语	1　ji∕jit	ji　tsi　mi 一　棵　树 '1棵树'	n̩i　sap　jit 二　十　一 '21'	李锦芳(2001：74)
	2　hja∕n̩i	hja　ai　lən 二　个　人 '2个人'	θaːm　sap　n̩i 三　十　二 '32'	
佯僙语	1　tɔ∕ˀət	to　to　məu 一　头　猪 '1头猪'	ku　sip　ˀət 九　十　一 '91'	倪大白(2007b：1298—1299)
	2　ra∕n̩i	ra　thaŋ　kwaːŋ 二　层　楼 '2层楼'	ku　sip　n̩i 九　十　二 '92'	

语言	小数目数词		简单数词＋量词＋（名词）	加法式复杂数词＋（量词）＋（名词）	资料来源
拉珈语	1	in／ət	in lak tuə:i 一 个 人 '1个人'	tsep ət 十 一 '11'	刘保元 （2007： 1315— 1316）
	2	hou／ŋĭ	hou lak kjai 二 个 兄弟 '2个兄弟'	tsep ŋĭ 十 二 '12'	
拉基语	1	li／tsiā	li sā 一 只 '1只'	pɛ tsiā sā 十 一 只 '11只'	李云兵 （2000： 95）
黎语	1	tsɯ／tsheɯ	tsɯ ka khuitshia 一 辆 汽车 '1辆汽车'	pa fu:t tsheɯ 五 十 一 '51'	欧阳觉亚，郑贻青 （1980： 27）
标话	2	lɔ／n̠i	lɔ tsu pɔ ka:i 二 只 鸡 '2只鸡'	sap n̠i n̠a:m ka:i ja:i 十 二 个 鸡蛋 '12个鸡蛋'	梁敏、张均如 （2002： 101，105）
蔡家话	2	ta／n̠i	kie həu ta tsʅ 鸡母 二 只 '2只母鸡'	tsʅ n̠i 十 二 '12'	薄文泽 （2004： 72）
水语	1	ti／ʾjət	ti ɣa ai hek 一 二 个 客人 '一两个客人'	sup ʾjət n̠i ai 十 一 二 个 '十一二个'	韦学纯 （2011： 268—269）
	2	ɣa／n̠i			
仫佬语	1	na:u／jət	na:u mu çən 一 个 人 '1个人'	səp jət lak çən 十 一 个 人 '11个人'	王均、郑国乔 （1980： 43）
	2	ɣa／n̠i	ɣa to tən 二 头 牛 '2头牛'	sʅ n̠i lak çən 十 二 个 人 '12个人'	

语言	小数目数词	简单数词＋量词＋（名词）	加法式复杂数词＋（量词)＋(名词)	资料来源
莫语	1 　ˀdɛu˩/ˀit	tə　ma　ˀdeu 匹　马　一 '1 匹马'	zip　ˀit　tə　ma 十　一　匹　马 '11 匹马'	杨通银 (2000： 85—86)
	2 　ʐ̩a/n̠əi	ʐ̩a　tə　ma 二　匹　马 '2 匹马'	zip　n̠əi　tə　ma 十　二　匹　马 '12 匹马'	

3.2.3　藏缅语族

白马语中有好几个"一"，它们是：tʃ1、tʃote、ʃ1、ko、ɦə，分别使用在不同场合。ko、ɦə 通常用在量词后面。"2"有 n̠i 和 te，te 也常用在量词后面表示数目 2 的意思，如：ka ʑi te'两碗'。复杂数词个位数则必须用 tʃ1、tʃote、ʃ1 和 n̠i，如例(75)所示。

（74）a. sɔtʃo　ko　　　b. tɕimbu　ko　　　c. kha　ko
　　　　锅　　一　　　　　抱　　　一　　　　　口　　一
　　　　'1 锅'　　　　　　'1 抱'　　　　　　　'1 口'

　　　d. kɛ　ɦə　　　　　e. dʑa　ɦə　　　　　f. kha　ɦə
　　　　斗　一　　　　　　斤　　一　　　　　　尺　　一
　　　　'1 斗'　　　　　　'1 斤'　　　　　　　'1 尺'

（75）a. tʃo　tʃ1　　　　b. tʃo　n̠i　　　　　c. n̠e　ʃotsa　tʃ1
　　　　十　一　　　　　十　二　　　　　　二　十　　一
　　　　'11'　　　　　　'12'　　　　　　　　'21'

　　　d. tʂə　tʃotsa　n̠i　　　　　e. n̠i　dʑa　re　tʃ1
　　　　六　十　　二　　　　　　　二　百　连词　一
　　　　'62'　　　　　　　　　　　　'201'

（引自：孙宏开、齐卡佳、刘光坤 2007：63）

哈尼语数词"一"有两个词素 ti、tɕhi。接在"十"后面用 ti,其他场合都用 tɕhi。例如:

(76) a. xama　tɕhi　mo
　　　　母鸡　一　只
　　　　'1 只母鸡'

b. laxø　tɕhi　mo
　　　房子　一　座
　　　'1 座房子'

(77) a. tshe　ti
　　　　十　一
　　　　'11'

b. ȵi　tsh　ti
　　　二　十　一
　　　'21'

(引自:李永燧、王尔松 1986:61)

末昂语数词"一"有两个词素 thiʔ、ta。与量词连用用 ta,与数词连用用 thiʔ,如下所示:

(78) a. ŋoʔ　ta　ma
　　　　石　一　个
　　　　'1 个石头'

b. siʔ　ta　tsɑn
　　　树　一　棵
　　　'1 棵树'

c. mɯa　ta　khaŋ
　　　刀　一　把
　　　'1 把刀'

(79) a. seʔ　thiʔ
　　　　十　一
　　　　'11'

b. thiʔ　zɑʔ
　　　一　百
　　　'100'

(引自:武自立 2007:386—387)

达让语表示"1"的数词有两个:khɯ 和 gie。gie 只和量词结合,khɯ一般直接和名词结合,或者构成复杂数词。

(80) a. tapeŋ　wɯn　gie
　　　　饭　碗　一
　　　　'1 碗饭'

b. tako　na　gie
　　　书　本　一
　　　'1 本书'

· 105 ·

    c. xɑlɯ   khɯn
      十   一
     '11'

（引自：孙宏开 2007a：610—611）

仙岛语固有数词有：ta'一'、sɣk'二'、sum'三'、mi'四'、ŋɔ'五'、chuʔ'六'、nit'七'、çɛt'八'、kau'九'、tatshi'十'。'10'以内用固有数词，11～19全部用傣语数词，例如：sip ɛt'十 一'、sip sɔŋ'十 二'。

(81) a. in ta in   b. pantam ta tam
     家 一 个   花   一 朵
     '1个家'   '1朵花'

     c. kzɔʔu ta lum   d. tsai lɣ ta tʂap
     鸡蛋 一 个   纸   一 张
     '1个鸡蛋'   '1张纸'

（引自：戴庆厦等 2005：37）

史兴语单独说数量"1"时的数词是 dʑi'一'，出现在"十"后面是 tɛ，例如：qɛ tɛ'十 一'（孙宏开等 2014：87—88）。道孚语"1"有两个：a 和 ro。a 只能用于和量词结合，如下所示。ro 用于构成复杂数词的个位数，例如：ʁɑ vro'十 一'（黄布凡 1991：24）。

(82) tɕi   a   lu
     帽子 一   个
     '1个帽子'

尔龚语表达数目"1"有两个数词形式：z̩au 和 ɛ。ɛ 只和量词单独结合使用，如例(83)所示。z̩au 可以单独使用，例如：数数时的 z̩au'一'、wne'二'、wshu'三'；也可以用于构成加法式复杂数词的末尾位。如例(84)所示：

（83）a. vdzi　ɛ　ʁa
　　　　人　一　个
　　　　'1 个人'

b. tshɛ　ɛ　ʐgiau
　　山羊　一　只
　　'1 只山羊'

c. dʑiduɯ　ɛ　pɛtuɯ
　　书　一　本
　　'1 本书'

（84）a. ʁa　ʐau
　　　　十　一
　　　　'11'

b. wne　sqha　ʐau
　　二　十　一
　　'21'

c. wshu　sqha　ʐau
　　三　十　一
　　'31'

（引自：孙宏开 2007b：936）

拉坞戎语数词 raɣ'一'和 xsəm'三'不能与量词结合，修饰量词时，用 ə'一'和 xso'三'。例如：ə rgɑu'一 个'、xso rgɑu'三个'、xso tɛrpe'三 斤'。当十位数和个位数组合时，要用 raɣ'一'和 xsəm'三'。例如：sɣɛ vraɣ'十 一'、sɣɛ fsəm'十 三'。

（85）a. mɑthaŋ　ə　mphər
　　　　糖　一　包
　　　　'1 包糖'

b. bre　xso　rgɑu
　　马　三　匹
　　'3 匹马'

（引自：黄布凡 2007：1048）

白语中，表示"1"的数词有两个：ji 和 a。修饰位数词和量词时必须用 a，如 a pɛ'一百'。加法式复杂数词的尾数必须用 ji。表示"2"的数词也有两个：ne 和 kō。修饰位数词和量词时必须用 kō，加法式复杂数词的尾数必须用 ne。

（86）a. āni　a　tɯ
　　　　猫　一　只
　　　　'1 只猫'

b. tɕi　kō　tɕi
　　田　两　亩
　　'2 亩田'

（87）a. tsɛ ji   b. tsɛ ne
　　　　十　一   十　二
　　　　'11'   '12'

（引自：徐琳、赵衍荪 2007：525—526）

3.2.4　南亚语系

布干语表示数量"1"和"2"的数词分别有两组：mə/ bɔ'一'、
bi/ biɔ'二'。mə 和 bi，主要与量词和位数词组合；bɔ 和 biɔ，主要
用于构成加法式复杂数词。如例(88)—(89)所示：

（88）a. piau mə pau   b. piau bi pau
　　　　人　一　个   人　二　个
　　　　'1 个人'   '2 个人'

（89）a. piau mə ʐu lɛ bɔ   b. piau mə ʐu lɛ biɔ
　　　　人　一　百　零　一   人　一　百　零　二
　　　　'101 个人'   '102 个人'

（引自：李锦芳 1996：72）

侾语表示数量"1"的数词有两个：mə/ ma:i。mə 主要与量词
和位数词组合，ma:i 主要用于构成加法式复杂数词。如下所示：

（90）a. mə pu:ŋ   b. mə kɯ tan
　　　　一　个   一　只　猪
　　　　'1 个人'   '1 只猪'

（91）a. ma:n ma:i pu:ŋ   b. ma:n ma:i kɯ tan
　　　　十　一　个   十　一　只　猪
　　　　'11 个人'   '11 只猪'

（引自：李旭练 1999：132）

第三章　从形态音系看复杂数词的成分完整性

克蔑语固有数词有：m(ɔ)'一'、au'二'、ɔi'三'、phon'四'、ɕɛn'五'、thɔn'六'，"10"以上则全部用傣语。如下所示：

(92) a. nɔŋ　sip　ha　nɔŋ　　　b. sam　sip　sɔŋ　i^ʔ
　　　　山　十　五　座　　　　　　三　十　二　人
　　　　'15 座山'　　　　　　　　　'32 个人'

（引自：陈国庆 2005：84—85）

克木语固有数词有：moi／tɕ^ʔ ɯn'一'、joŋ jɔŋ'二'、tɕ^ʔam'三'、sɛn si li'四'、t'la'五'、sɔ lŏk'六'、sɛn thɛt'七'、dăt rɛt'八'、joŋ rău'九'、sɛn dĭp'十'。数数或"10"以上及序数词,都借用傣语,如下所示：

(93) a. moi　dɔ　trak　　　　　b. moi　gu　khɛp
　　　　一　头　牛　　　　　　　一　双　鞋
　　　　'1 头牛'　　　　　　　　　'1 双鞋'

　　 c. moi　phɯn　tɛp
　　　　一　件　衣服
　　　　'1 件衣服'

(94) a. sĭp　^ʔɛt　gŏn　　　　b. sĭp　sɔŋ　gŏn
　　　　十　一　个　　　　　　　　十　二　个
　　　　'11 个'　　　　　　　　　'12 个'

（引自：陈国庆 2002：159—160）

布芒语固有数词有：lu'一'、bɯa'二'、pia'三'、pɔn'四'、səŋ'五',"6"以上借用傣语。如下所示：

(95) a. lu　bu　tsua　　　　　b. sip　et　bu　tsua
　　　　一　只　狗　　　　　　十　一　只　狗
　　　　'1 只狗'　　　　　　　　'11 只狗'

（引自：刀洁 2006：68—69）

· 109 ·

布兴语固有数词基本上失去了生命力,不再使用,只是口头传说中知道过去有这么一套数词,今天已全部借用傣语。但布兴语中保留了固有数词 măt'一',且表示一个事物时,只能用 măt。

(96) Maŋ　huɯlEʔ　puʃiŋ　tɔ　măt　kǒn
　　　从前　　有　　　人　　穷　一　　量词
　　　'从前有 1 个穷人。'

(97) a. ʃĕp　ʔĕt　　　　　　　b. sau　ʔĕt
　　　　十　一　　　　　　　　　　二十　一
　　　　'11'　　　　　　　　　　　　'21'

(引自:高永奇 2004:98—101)

德昂语"30"以上的数词用傣语,所以说"1 个事物"和"31 个事物"时用的"1"是不相同的;说"2 个事物"和"32 个事物"时,用的"2"也是不同的。如下所示:

(98) a. ple　ʔu　luʔ　　　　　b. ple　ʔa　luʔ
　　　　果子　一　个　　　　　　　果子　两　个
　　　　'1 个果子'　　　　　　　　'2 个果子'

(99) a. ple　sam　sip　ʔet　luʔ
　　　　果子　三　十　一　个
　　　　'31 个果子'

　　　b. ple　sam　sip　sɔŋ　luʔ
　　　　果子　三　十　二　个
　　　　'32 个果子'

(引自:陈相木等 1986:46—47)

3.2.5　南岛语系

在回辉语(一种海南岛濒危南岛语系语言,使用人口一两千)中,表达数目"1"有两个词素：sa 和 ta，它们严格互补分布。sa 用于数数和构成加法式复杂数词的结尾；修饰量词和位数词时，必须用 ta。

（100）a. ta／*sa se ka:n
　　　　 一 　　 条 鱼
　　　　 '1 条鱼'

　　　 b. ta phɔ lin thua piu sa／*ta se ka:n
　　　　 一 千 零 二 十 一 条 鱼
　　　　 '1 021 条鱼'

（引自：欧阳觉亚、郑贻青 1983：36）

在台湾泰雅语中，表示数目"1、2"分别有两组数词：qutux／caxa'、usayng／rarusa。单独修饰名词时，用 caxa' 和 rarusa；数数或者构成复杂数词时，用 qutux 和 usayng。

（101）a. caxa' ku qumisuwan ru' caxa' ku
　　　　 一 助词 姐姐 连词 一 助词
　　　　 suwayi
　　　　 妹妹
　　　　 '1 个姐姐和 1 个妹妹'

　　　 b. taxa cuquliq
　　　　 一 　　 人
　　　　 '1 个人'

（102）a. magalpuw cu qutux
　　　　 十 连词 一
　　　　 '11'

　　　 b. magalpuw cu usayng
　　　　 十 连词 二
　　　　 '12'

（103）a. mapusal cu qun
　　　　 二十 连词 一
　　　　 '21'

b. mapusal　　cu　　usayng
二十　　连词　　二
"22"

（引自：Huang 2000）

3.2.6　闽方言：黄流话和宁德话

汉语方言也存在类似情况。邢福义（1995）研究了海南黄流话的"一"和"二"。"一"有两个读音形式[iat]和[it]。[iat]表示基数，[it]表示序数。例如：

（104）a. 我们村里出了一个（[iat]个）大学生。

b. 我们村里出了第一个（第[it]个）大学生。

黄流话中，修饰位数词"百、千、万"，也用[iat]，但用在加法式复杂数词的个位数时，只能用[it]，例如："[iat]万[iat]千[iat]百[it]十[it]"（一万一千一百一十一）。

黄流话中，"二"也有两个读音形式：[no]和[ji]。[no]表示基数，[ji]表示序数，如例（105）所示：

（105）a. 不说 [no]话　　事物具有[no]重性　　他买的是[no]极管

b. 退居[ji]线他已调到[ji]机局　　我不想做[ji]等公民

修饰位数词"百、千、万"时用[no]，但用在加法式复杂数词个位数时，"二"必须用[ji]。例如："[二 no]千[二 no]百[二 ji]十[二 ji]"（二千二百二十二）。

陈丽冰(1999)研究了福建宁德话的"一"和"二"。"一"有两个读音形式[ik]和[sɸʔ],分别写作"一"和"蜀"。单用时,"蜀"[sɸʔ]表示基数,"一"[ik]表示序数。

(106) a. 第一　　　一组　　　一班　　　初一
　　　 b. 蜀斤　　　蜀吨　　　蜀班　　　蜀次

(107) a. 一[ik]组有五隻人
　　　 b. 蜀[sɸʔ]组有五隻人

宁德话中,"二"也有两个读音形式: [nei]和[laŋ],写作"二"和"两"。[laŋ]用于基数,[nei]用于序数。

(108) a. 二班　　　二组　　　第二　　　二层
　　　 b. 两斤　　　两组　　　两班　　　两座山

3.2.7 对复杂数词结构分析的启示

上文我们针对同一数目有不同数词的现象,对我国南方几种语系或语族的多种语言作了调查,我们发现很多语言中同一数目有不同数词,特别是数目"1"和"2"。这些数词不是同一词素的变体,而是不同的词素,因为它们的语音形式完全不一样,并且在大部分语言中,另一形式的数词是从其他强势语言中借用的。如侗台语族语言对汉语的借用,南亚语系语言对傣语的借用等。

这个语言事实,对我们判断加法式复杂数词的内部结构有较大的启示,它可以证明加法式复杂数词是完整的句法成分,不是来源于名词并列结构。以毛南语数词"二"为例。ja是固有数词,只能用于修饰量词,ȵi是汉语借词,用于数数和构成复杂数词的尾数。如例(109)所示:

(109) zəp n̩i tɔ kwi
　　　十　二　头　牛
　　　'12 头牛'

　　如果按照非成分分析,那么例(109)来自例(110)。但毛南语语法中没有例(110)这种形式。

(110) *zəp tɔ kwi n̩i tɔ kwi
　　　十　头　牛　二　头　牛
　　　目标意义:'10 头牛 2 头牛'

3.3　复杂数词内部的音系现象

　　§3.1 和 §3.2 分别从我国民族语言两种特别的形态句法事实出发,论证了复杂数词构成完整成分的观点。本节将从我国民族语言数词系统的音系事实出发,继续论证复杂数词构成完整成分的观点。这些音系事实包括:音变、同化、变调、合音减音、元音和谐。

3.3.1　音变

　　藏语数词 tɕu '十' 和 tɕiʔ '一'、sum '三'、ɕi '四'、ŋa '五'、tỹ '七'、ɕəʔ '八'、ku '九',结合成复杂数词时会发生音变。如例(111)所示:

(111) a. mi tɕuʔ tɕiʔ　　　　　b. mi tɕuʔ sum
　　　　 人　十　一　　　　　　　　 人　十　三
　　　　 '11 个人'　　　　　　　　　 '13 个人'

　　　 c. mi tɕup ɕi　　　　　　 d. mi tɕø ŋa
　　　　 人　十　四　　　　　　　　 人　十　五
　　　　 '14 个人'　　　　　　　　　 '15 个人'

e. mi teup tỹ　　　　　f. mi teup ɕɛʔ
　　人　十　七　　　　　　　人　十　八
　　'17 个人'　　　　　　　　'18 个人'

（引自：周毛草 1998）

彝语中，数词 tʰa'一'和 tsʰɯ'十'结合，变为 ti，例如：tsʰɯ ti'十一'；和数词"20、30"结合，变为 tʰi，例如：ŋi tsʰɯ tʰi'二十一'、ŋʋ tsʰɯ tʰi'五十一'。

(112) tsʰɯ　ti　ʐo　ma　ŋɯ　tsʰɯ　ȵi　ʐo.
　　　 十　一　个　不　是　十　二　个
　　'是 11 个不是 12 个'

（引自：武自立、纪嘉发 1982：50）

侗语 ji'一'后面的量词，其首音会发生变化。例如：在 ji 后面，量词 po 变为 wo，量词 məi 变为 wəi，量词 to 变为 ʐo，量词 ma 变为 wa。"一"省略后，其后的量词首音也会有变化。规则是量词首音变为同样或相似发音部位的浊摩擦音，如下所示。此外，有的数词受前面的十位数影响也会发生音变，变为同样或相似发音部位的浊摩擦音。例如：sam'三'在 ɕi 之后，变为 ʐam；sət'七'在 ɕi 之后，变为 ʐət；pet'八'在 ɕi 之后，变为 wet；ɬu'九'在 ɕi 之后，变为 ju。

(113) a. Jau　me　ji　wa　kwan.
　　　　 我　有　一　把　斧子
　　　'我有 1 把斧子。'

　　 b. Jau　me　wa　kwan.
　　　　 我　有　把　斧子
　　　'我有把斧子。'

（引自：龙耀宏 2012：46—48）

白马语的 tʃɑnba'十'和简单数词 tʃ1'一'、ɲi'二'、so'三'、ʒə'四'、ŋa'五'、tʂu'六'、de'七'、dʑe'八'、go'九',组合后会发生类似的元音弱化。tʃɑnba'十'单独出现表示数目"10"时,不发生音变。

(114) a. zi　poka　tʃo　tʃ1　　　b. zi　poka　tʃo　ɲi
　　　　书　本　　十　一　　　　　　书　本　　十　二
　　　　'11 本书'　　　　　　　　　　　'12 本书'

　　　 c. zi　poka　tʃo　so　　　　d. zi　poka　tʃu　ʒə
　　　　书　本　　十　三　　　　　　书　本　　十　四
　　　　'13 本书'　　　　　　　　　　　'14 本书'

　　　 e. zi　poka　tʃɑ　ŋa　　　　f. zi　poka　tʃo　ru
　　　　书　本　　十　五　　　　　　书　本　　十　六
　　　　'15 本书'　　　　　　　　　　　'16 本书'

　　　 g. zi　poka　tʃo　de　　　　h. zi　poka　tʃɐ　dʑe
　　　　书　本　　十　七　　　　　　书　本　　十　八
　　　　'17 本书'　　　　　　　　　　　'18 本书'

(115) zi　poka　tʃo　go
　　　书　本　　十　九
　　　'19 本书'

(引自:孙宏开、齐卡佳、刘光坤 2007:61)

勒期语中,tsʰe'十'和简单数词组合构成加法式数词时会发生元音弱化:从 e 变为 ə。当 tsʰe 和量词结合时,并不发生元音弱化。

(116) a. no　ta　tsʰə　ta　tu　　　b. no　ta　tsʰe　tu
　　　　牛　一　十　一　头　　　　　　牛　一　十　头
　　　　'11 头牛'　　　　　　　　　　'10 头牛'

(引自:戴庆厦、李洁 2007:87—88,116)

浪速语中,ta'一'修饰量词和位数词时,元音会弱化:a 变为ǎ。但构成加法式数词个位数时,ta 并不发生元音弱化。

(117) a. pju tǎ jauk
　　　　 人　 一　 个
　　　　 '1 个人'

b. ɤɔʔphɔ tǎ taur
　　 公鸡　　一　 只
　　 '1 只公鸡'

(118) a. tǎ tshɛ ta
　　　　 一　 十　 一
　　　　 '11'

b. tǎ jɔ ta
　　 一　 百　 一
　　 '101'

　　 c. tǎ tshɛn ta
　　　　 一　 千　　一
　　　　 '1 001'

（引自：戴庆厦 2005：58）

　　波拉语中,数词 ta '一'在位数词和量词前面弱化为 tǎ,例如:
tǎ ja kjin '一 百 斤'、tǎ van tʃuŋ '一 万 件'。其构成加法式数词
个位数时,并不发生元音弱化,例如: sam tshɛn ta '三 千 一'。载
瓦语中,数词 ʒa '一'在位数词和量词之前弱化为 lǎ,例如: lǎ ʃo
'一 百'、lǎ khjiŋ '一 千'、lǎ lum '一 个'。其构成加法式数词个位
数时同样不会发生元音弱化(朱艳华、勒排早扎 2013：61)。

3.3.2　语音同化

　　门巴语中数词 tɕi '十',和 nai '二'、nis '七'结合成复杂数词时
会变成为 tɕiŋ;和 pli '四'结合变为 tɕip。这是典型的逆同化现象。
而 tɕi '十'单独出现表示数目"10"时,不发生语音同化。

(119) a. tɕiŋ nai
　　　　 十　　二
　　　　 '12'

b. tɕiŋ nis
　　 十　　七
　　 '17'

　　 c. tɕip pli
　　　　 十　　四
　　　　 '14'

（引自：陆绍尊 1984：243）

布朗语数词 tiʔ'一'与带鼻音、鼻冠音声母的词结合时,受鼻音的影响,产生语音同化,tiʔ 变成 tin。例如:tiʔ nsop taʔ'一 把 米',变为 tin nsop taʔ;tiʔ nmat thu'一 把 筷子',变为 tin nmat thu。而 tiʔ'一'在加法式数词的个位数时,不会发生语音同化(李道勇等 1986:35)。

3.3.3　连读变调

卡卓语数词 tɛ'一'直接修饰量词时,基调是 31,例如:tsʰo³³ tɛ³¹ ʑo²⁴'人 一 个'。在 tsʰi³³'十'后时,tɛ³¹ 变为 tsʅ³⁵,例如:tsʰo³³ tsʰi³³ tsʅ³⁵ ʑo²⁴'人 十一 个'。数词 si³³'三'、xɤ³³'四'、kv³³'九'直接修饰量词时,基调是 33,例如:tsʰo³³ si³³ ʑo²⁴'人 三 个';当前面是 tsʰi³³ 时,变为 35 或 24,例如:tsʰo³³ tsʰi³³ si³⁵ ʑo²⁴'人 十三 个'(木仕华 2003:88—89)。这些属于 OCP("强制性曲折原则")的制约。

毕苏语中,数词 sum³⁵'三'和 xan³⁵'四'修饰量词时,变调为 31。在复杂数词的末尾时,变调为 55。

(120) a. a⁵⁵ mi⁵⁵　sum³¹　maŋ⁵⁵
　　　　　猫　　三　　只
　　　　'3 只猫'

　　　b. a⁵⁵ mi⁵⁵　xan³¹　maŋ⁵⁵
　　　　　猫　　四　　只
　　　　'4 只猫'

(121) a. a⁵⁵ mi⁵⁵　tɕhɛ⁵⁵　sum⁵⁵　maŋ⁵⁵
　　　　　猫　　十　　三　　只
　　　　'13 只猫'

　　　b. a⁵⁵ mi⁵⁵　tɕhɛ⁵⁵　xan⁵⁵　maŋ⁵⁵
　　　　　猫　　十　　四　　只
　　　　'14 只猫'

(引自:李永燧 2007:418)

哈尼语 sɔ⁵⁵ '三' 修饰 55 声调的位数词或量词时,变调为 31,例如:sɔ³¹ mo⁵⁵ '三 个'。而加法式复杂数词中个位数 sɔ⁵⁵ 保持原调,例如:tshe⁵⁵ sɔ⁵⁵ '十 三'(李永燧、王尔松 1986:61)。

傈僳语 tʰi³¹ '一' 在 tshɿ⁴⁴ '十' 之后时,tʰi³¹ 的声母变为不送气,声调由 31 变为 55,例如:tshɿ⁴⁴ ti⁵⁵ '十 一'。单独出现表示数目"1"时不变调。如下所示:

(122) a. mo³¹　tʰi³¹　tʃhɿ⁴⁴　　　b. tʰi³¹　na³¹　na³¹
　　　　马　一　匹　　　　　　一　次　休息
　　　　'1 匹马'　　　　　　　　'休息 1 次'

　　　c. tʰi³¹　dza³¹　dza³¹
　　　　一　顿　吃
　　　　'吃 1 顿'

　　　　　　　　　　　　　　　　(引自:徐琳等 1986:45—46)

桑孔语"三、四"的基调是高平 55,如果修饰同样高平的数词或量词时,变调为降调 31,例如:sem³¹ ɕa⁵⁵ '三 百'、sem³¹ maŋ⁵⁵ '三 个'、xɯn³¹ mbɯn⁴⁴ '四 万'、xɯn³¹ maŋ⁵⁵ '四 个'。在用作加法式复杂数词中的个位数时,仍保持原调(李永燧 2002:142)。

3.3.4　合音减音

桑孔语中,数词 ti '一' 和 lem '普通物体量词' 结合,会合音为:tim;和 ʑaŋ '人和动物量词' 结合,会合音为:tɕaŋ。当 ti 前面是 tshe '｜' 时,不发生合音现象,而变为吐气的 tʰɯ。

(123) a. mja　tim　　　　　　b. xaŋ　tim
　　　　刀　一把　　　　　　　船　一只
　　　　'1 把刀'　　　　　　　'1 只船'

　　　c. tila　tim
　　　　绳子　一根
　　　　'1 根绳子'

(124) a. mjo tɕaŋ   b. tshala tɕaŋ
　　　猴子 一只　　　　　老虎　一只
　　　'1只猴子'　　　　　　'1只老虎'

(125) a. mjo tshe tʰɯ ʐaŋ b. mja tshe tʰɯ lem
　　　猴子 十 一 只　　　刀 十 一 把
　　　'11只猴子'　　　　　　　'11把刀'

（引自：李永燧 2002：125—126）

达让语数词"11～19"是由 xaluŋ 加上基数词"一～九"构成的，xaluŋ第二个音节的鼻音 ŋ 发生脱落，例如：xalɯ khɯn '十一'、xalɯ kasɯŋ '十三'、xalɯ maŋa '十五'、xalɯ liɯn '十八'。xaluŋ单独出现表示数目"10"时，不发生形态变化，例如：xalɯ tabulɯ '十 倍'（孙宏开 2007a：610—611）。

3.3.5　元音和谐

几种羌语支语言中，数词"一"和后面的量词或位数词结合时，会发生元音和谐。例如：尔苏语数词 tɛ '一'、羌语的 a '一'、贵琼语的 tɑ(tɕɑ) '一'。它们在构成加法式数词的个位数时，不会发生元音和谐现象。以下是贵琼语的例子。

(126) a. tɑ tɕɑ   b. te khi
　　　一 抽屉　　　　　一 面粉
　　　'1个抽屉'　　　　　'1袋面粉'

（引自：宋伶俐 2011：45）

3.3.6　对复杂数词结构分析的启示

上文讨论的我国南方多种语言数词音系现象，已能够说明复杂数词可构成完整性成分。以下只举上文已提到的门巴语数词同化现象再加以说明。若按照非成分分析法,例(127a)应该来自例(127b),通过省略或者提升 le,但这样一来在 tɕi 和 nai 之间会有一个空缺,这就难以解释为什么 tɕi 和 nai 之间会发生语音同化现象,因为空缺会阻隔音系过程的发生,例如英语中的 wanna 结构。

(127) a. le tɕiŋ nai 　　　b. le tɕi le nai
　　　　月　十　二　　　　　　　月　十　月　二
　　　　'12 个月'　　　　　　　　'10 个月和 2 个月'

第四章

数词短语的句法和语义

本章将在复杂数词构成完整句法成分的基础上,进一步深入研究复杂数词的内部句法结构以及与此相匹配的语义组合程序。这里主要以汉语复杂数词为例,包括乘法加法式数词和小数分数数词。汉语数词系统简单整齐而有规律,因此从汉语复杂数词短语的句法语义界面分析中,更容易找出人类语言数词系统所具有的共性,由此得出的普遍性规律较适用于其他民族语言的数词系统。

4.1 汉语复杂数词短语的内部句法结构

在前两章中,我们利用汉语和我国南方民族语言的事实论证了复杂数词非成分分析理论面临的众多困难。我们可以得出结论:这种句法分析是不成立的,并且语义上是有缺陷的。鉴于此,我们认为有必要重新回到数词句法研究更传统的观点上,即数词短语是独立于名词之外的完整句法成分,数词短语的语义因此可以在自己内部生成。

4.1.1 汉语复杂数词短语的句法

世界上各种语言的计数方式,既遵守普遍一致的规律,也展现出各自的特色,但过分强调各自的特色,无助于我们深入探讨人类语言的表数方式和内在机制(Hurford 2003)。相较于其他语言,汉语中称说数目,简单整齐而有规律(王力 1984:322)。从汉语入手,也许更容易找出人类语言数词系统具有的共性和类型学特征。通过对汉语数词结构的研究,有助于我们找出一些隐藏的线索来正确处理数词结构的形式句法和组合语义,并提供可资借鉴比较的材料。这方面王力(1984)的称数法、朱德熙(1958)的系位构造、邢福义(1995)的段位系连法、萧国政和李英哲(1997)的整零构造等,都属于汉语描写语法的典范。

我们设想,所有数词序列都是数词短语,简称"NumeralP"。数词,不管是简单的还是复杂的,在句法中都投射数词短语。简单数词直接投射 $NumeralP_0$(个位数词短语)。乘法式复杂数词短语,可以设想为一个 X' 结构,由一个中心词投射,中心词就是位数词,包括"十、百、千、万、亿"等。中心词的标示语,是一个简单数词或者结构中的另一个数词短语。当标示语是简单数词时,生成一级乘法式数词。如果标示语是数词短语,得出二级乘法式数词("五百万"),等等。位数词决定数词短语结构的层级关系,"十"投射 $NumeralP_1$(十位数词短语),"百"投射 $NumeralP_2$(百位数词短语),等等。加法式数词中,数词短语并列形成更大的数词短语,它的幂与第一个数词短语相同。例如"五十"投射 $NumeralP_1$,"五十一"也投射 $NumeralP_1$。如果两个数词短语在位数上不相邻,缺位的数词短语由"零"填满。"零"在这里是作为数词短语的占位形式存在。例(1)是复杂数词短语"五百万零六百零一"的树形图。

(1) 五百万零六百零一

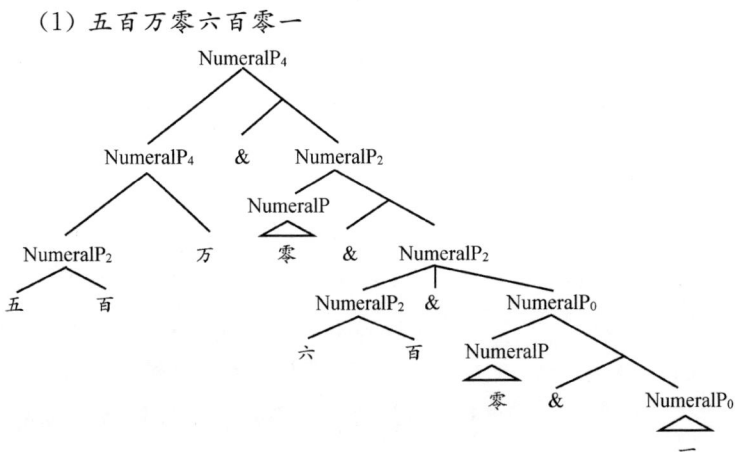

4.1.2 加法式复杂数词短语内部的连词

在数词短语结构例(1)中,我们假设加法式复杂数词内部有看不见的连词,这个连词是中心词(这个中心词不一定投射自己的短语结构,参见:Munn 1993)。有人可能会怀疑,这看起来缺乏理据,因为汉语数词内部没有显性的连词。我们认为这个看不见的连词存在于加法式复杂数词内部。虽然汉语普通话加法式复杂数词使用并置的连接方式,其他语言中有使用显性的连词(如英语、法语等),古汉语加法式复杂数词内部也使用显性的连接词"有、又"等,特殊语境下今天仍然可以看到,如表述年龄。最重要的原因是语义组合问题。如果没有这样的连词成分,就不清楚如何组合出加法式复杂数词短语的意义。如果数词指称集合(即数量属性),语义组合会得出奇怪的解释。假设"十"表示 $\lambda X[|X|=10]$,"三"表示 $\lambda X[|X|=3]$,根据谓词修饰规则,"十三"的结果是 $\lambda X[|X|=10 \ \& \ |X|=3]$,这是荒谬的:一个集合的基数不可能同时是 10 和 3。如果数词指称数本身(参见第六章),同样不能进行语义组合,因为语言学中没有组合两个数的规则(我们不知道这两个数之间的关系)。例如我们知道,"十三"表示 $10+3=13$,但我们不知道加法符号从何而来,因为它在这个数词短语中没有任何语言体现。因此,必须有一个连接成分来连接两个数词,这个连接成分可以被定义为算术加法。

4.1.3 复杂数词是词还是短语?

不是每个人都认为存在独立的数词这个词类,因为小数目数词和形容词有很多共同特征,大数目数词和名词有许多共同特征。但在汉语中,我们有充分理由认为存在一个独立的数词词类,因为汉语可以把数词从形容词和名词中区分出来,即数词可以修饰量词,但是形容词和名词不可以(王力 1984:23)。

汉语语言学早期把数词当作形容词(静词),王力首先引入了数词的范畴。大部分语法书中只是笼统地称它们为"数词",不管是简单还是复杂的;或者只是区分一下"复合数词""合成数词""复杂数词",但都属于词的范畴(丁声树等 1961)。也有一些研究明确区分了数词和数词短语,例如:"数词结构"(朱德熙 1958)、"数词词组"(胡裕树、张斌 1984)。郭锐(2002:220)说简单数词是封闭类,而复杂数词是开放类,属于"数词短语"。李志忠(2010)认为数目在汉语中并不仅限于词这一级语言单位,真正的数词,其数量是很有限的,仅包含"零、一、二、三、四、五、六、七、八、九、十、百、千、万、亿、半"等有限的十几个,其余都是通过各种组合方式以短语的形式表示,许多语法专业书上所称的数词,事实上应该属于数词短语。

不管是称为数词还是数词短语,复杂数词都是由简单数词组合而来的,问题的关键是:这种组合是在词库中完成的,还是在句法中完成的。我们认为复杂数词的组合是在句法中完成的:只要一个人的算术足够好,他就能说出无数个很长的数词组合,而词一般不会太长也不会如此多产;复杂数词的意义完全是由各个成分算出来的,符合组合性原则,而词的意义有时不能预测;汉语中还有其他区别词和短语的手段,可以验证复杂数词的短语身份,下面我们分别讨论。

4.1.3.1　数词内部提问和内部回指

根据词汇完整性假设(Huang 1984),词的一部分不能进行句法操作,而短语的一部分可以。以下语句中复杂数词的一部分可以是特殊疑问句的发问目标,这表明复杂数词是短语,而词的一部分是不可能成为特殊疑问句的发问目标的。

(2)a.你有几百本书?三百本。

　　b. 你有三十几本书？三十三本。

　　c. 你有几十几本书？三十三本。

照应回指不能应用于词的一部分，如例(3)所示。但复杂数词的一部分可以是照应回指的先行词，如例(4)所示：

（3）a. Chomsky likes Chomsky-ites / *him-ites.

　　b. All Bloomfieldians like Bloomfield / *him.

（4）A：我们图书馆有九百万本书。

　　B：这么多万本书啊！我以为只有一百万本呢。

4.1.3.2　一个反例：数词不能并列缩减

短语可以并列缩减，如"红色的花和黄色的花"可以并列缩减为"红色的和黄色的花"。但是词的一部分不能如此，如"火车跟汽车"不能并列缩减为"*火跟汽车"，New York and New Orleans 不能并列缩减为 *New York and Orleans。一般来说，复杂数词的一部分也不能并列缩减，下例中如果"五百"和"六百"是短语的话，它们应该可以并列缩减。这似乎表明"五百"和"六百"是复合词而不是短语。

（5）我见到五?*（百）或六百个人。

复杂数词的一部分并不是完全不能并列缩减。如果复杂数词是两重位数词，如"五百万"，则数词可以进行并列缩减，并且随着幂的增大，其接受度显著提高。

（6）a. ?? 我见过五十或六十万个人。

　　b. ? 我见过五百或六百万个人。

     c.我见过五千或六千万个人。

为什么例(6a)不合语法,这需要一个合理的解释。简单数词也不能并列。例(7)中的两个数词没有内部结构,名词词组"五或六个人"可以分析成[[五或六]个人],其中[五或六]是短语并列,这时候需要规定简单数词不能并列。

(7) ?*我见到五或六个人。

我们认为这种规定,根源于简单数词在修饰名词时必须有量词。有趣的是,当简单数词后面有位数词时,它们的接受度明显有提高。

(8) 学生,我教过*五/?? 五十/? 五百/五千/五万/五亿。

这和英语形成了明显对比,也很好地解释了例(8)为什么有位数词就能提高合法度。因为位数词其实是一种特别的量词。汉语复杂数词因此可以进行句法操作,但或会受其他方面的限制。下例表明汉语复杂数词也可以进行句法操作:

(9) 我见到五到六个人。

位数词也不能进行并列缩减,例如:

(10) 有九千或*(九)百个人来了。

原因可能是汉语中心词普遍不能并列。上文我们提出位数词是中心词,这种处理可以解释为什么例(11)不合语法,因为汉语功能性中心词(如指示词、"了、过"、量词等)一般不能并列。

(11) a. *我见到[这或那]个人。

　　b. *我吃[了或过]苹果。

　　c. *我要买三[个或斤]苹果。

这些功能性中心词有一个共同特点,即不能单独成句。位数词也不能单独成句,简单数词则可以单说。在以下短语结构分析中,简单数词直接投射短语,而位数词是中心词。例如:

(12) a. Q:五十加五十等于多少?　　A:*百

　　b. Q:五加三等于多少?　　　　A:八

英语中,中心词可以并列,如:this or that student、can and will swim;因此英语位数词也可以并列,例如:nine hundred or thousand people came.。

4.1.4　解释力

上文我们在完整性成分分析下提出汉语复杂数词的句法结构分析。在第三章中我们对复杂数词结构的非成分分析法进行了讨论,下文我们将解释完整性成分分析法是如何处理这些语言事实的。

4.1.4.1　形态音系事实

第二章中讨论的汉语形态音系事实,可以用本章提出的数词短语结构解释。我们可以设定不同的形态音系规则来解释它们,这些规则都基于一个简单自然的结构关系:姐妹节点关系。

"一"的变调,可以通过一条音系规则来解释:"一"发生变调的条件是,仅在它与其后的音节、语素形成一个姐妹关系时。"五十一张纸"中的"一"不符合这个条件,所以"一"的连读变调不会发生。对于"二、两、双"的使用,也可以通过一条形态规则来约束:"两"只发生在和量词有姐妹节点关系的结构中;"双"只发生在和特殊量词有姐妹节点关系的结构中;其他地方用"二"。因此"五十二张纸"中的最末位数词,用"二"。"俩、仨"这种合音是:"两个"和"三个"可以分别合音为"俩、仨"。"五十三个学生"中的"三"不符合这个条件,所以合音不发生。

(13)

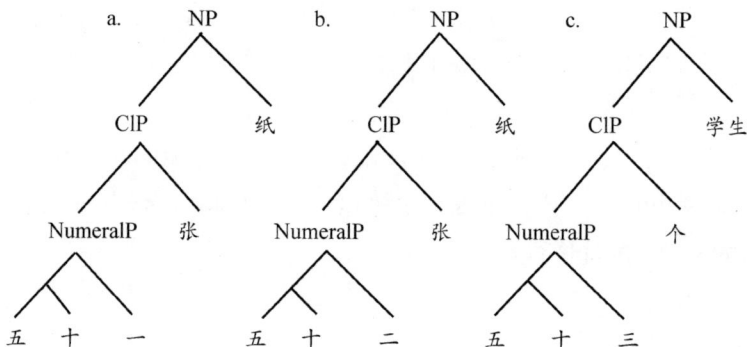

4.1.4.2　句法语义事实

§2.3.3 中讨论的汉语句法和语义事实也可以得到解释。根据我们的分析,就不会生成不合语法的基础形式,例如:"*余/把/许/来个学生",因为"余/把/许/来"只和前面的数词构成成分关系。不合语法的形式如"*二十一百个学生",可以通过包裹策略排除在外。对于算式句来说,不需要假设数词后面有名词的存在,因为(复杂)数词是完整成分。例如"二加二等于四"不是"二 X 加二 X 等于四 X"。由于复杂数词构成完整的句法短语,照应回指当然是可能的。例如"我们图书馆有九百万本书。那么多本书啊"中,"多"回指"九百万"。同样的道理,"我们图书馆有二十二万本书。才那么多万本书啊"中,"多"回指"二十二"。

汉语数词内部的"零"只是一个代表数目 0 的占位词,这里的分析不会出现不存在的底层输入形式,例如:不需要假设"一万零三百零一个人"是来源于"一万个人＋零个人＋三百个人＋零个人＋一个人";不需要假设"一万零零零一个人"是来源于"一万个人＋零个人＋零个人＋零个人＋一个人"。

对于涉及中心词并列的例子,这里的分析不会出现矛盾,即不会来源于名词词组并列,只是数词并列而已。例如:不需要假设"二十一个男人和女人"来源于"二十个男人和女人＋一个男人和女人";不需要假设"二十二个男人女人和孩子"来源于"二十个男人、女人、孩子＋二个男人、女人、孩子";也不需要假设"十四个男人和女人"来源于"十个男人和女人＋四个男人和女人",于是"十四个男人和女人"能够指谓 13 个男人和 1 个女人,或者 13 个女人和 1 个男人。

4.2　汉语复杂数词短语的组合语义

我们当然可以直接说 three thousand four hundred twenty one 这么一个数词短语指称"3 421"这个数,但其中的语义组合步骤却没有说出来。尽管大家都认为大数结构涉及系数词和位数词的乘法和加法,如"四万三千五百＝4×10 000＋3×1 000＋5×100＝43 500"。但这种概括并没有涉及结构上的层次,没有说出"四万"之间的语义关系,并且乘法和加法没有在表达式中有任何语言上的体现,所以与其说是语言知识的描写,倒不如说是数学知识的描写。从各个成分推导出意义是组合语义学的问题。

组合语义学需要在确定了句法结构之后才可以进行。我们的观点是复杂数词构成完整成分,因此它们的语义在内部生成,不需要先和名词组合。于是我们需要在基于上述句法结构上推出数词的组合语义。

4.2.1　对基于非成分分析的组合语义的评论

什么样的句法结构决定了采取什么样的语义。复杂数词非成分句法分析法提出了一套语义组合程序(Ionin & Matushansky 2006)。但上文的论证表明这种结构分析是不成立的,与此而来的语义分析也应该是有问题的,因为句法决定了语义。下面我们来看基于这种句法的语义分析会有什么样的问题(参见:贺川生 2015):

这种句法结构决定了数词 two 和 hundred 等,只能是⟨et, et⟩类型,因为任何一个数词必须和一个名词性成分先发生组合关系。定义如下:

(14) a. 〚five〛$=\lambda P\lambda x \exists S[\prod(S)(x)$ & $|S|=5$ & $\forall s[s\in S\to P(s)]]$

　　 b. 〚hundred〛$=\lambda P\lambda x \exists S[\prod(S)(x)$ & $|S|=100$ & $\forall s[s\in S\to P(s)]]$

　　 c. 〚thousand〛$=\lambda P\lambda x \exists S[\prod(S)(x)$ & $|S|=1\,000$ & $\forall s[s\in S\to P(s)]]$

　　　　　　　　　　　　(引自: Ionin & Matushansky 2006)

这样一来要组合 five hundred thousand dollars 的语义,名词 dollars 先需要和 thousand 组合,然后 thousand dollars 与 hundred 组合,最后是 hundred thousand dollars 与 five 组合。其语义见例(15),可形象地表述为五箱子一百叠的一千张一美元钞票,总数是 500 000。

(15) 〚five hundred thousand dollars〛$=\lambda x \exists S[\prod(S)(x)$ & $|S|=5$ & $\forall s[s\in S\to \exists S'[\prod(S')(s)$ & $|S'|=100$ & $\forall$

$$s'[s' \in S' \to \exists S''[\prod(S'')(s') \& |S''| = 1,000 \& \forall s''[s'' \in$$
$$S'' \to dollars(s'')]]]]]]$$

（引自：Ionin & Matushansky 2006）

　　由于采取非成分结构,所以数词语义的核心在于,受数词修饰的中心名词逻辑上必须是单数形式,表示原子个体的集合{a, b, c,...}。这是必然的结果。这个单数性要求被归于语用制约:"只有相同(已知)基数的个体才可以数。"这个制约确保了真正的复数名词不能和数词结合,因为一个复数个体的集合,并不一定意味着每个复数个体具有相同的基数。数词可以和单数名词以及另一个复数性的数名结构结合,因为原子个体的集合意味着每一个个体都有相同的基数,即"1";一个复数性的数名结构(如:hundred books)指谓的集合,一定意味着每一个复数个体都具有相同的基数,即"100"。

　　上面的分析存在逻辑矛盾。从理论上讲,与数值大于"一"的基数相结合的名词,具有内在单数性要求只是从这种语义定义中得出的,如例(14)所示。其中每一个 s 必须是一个 P,因为 s 必须是原子个体,所以 P 必须表示原子个体的集合(单数 NP)。这个假设并没有独立的证据,如果我们给数词下不同的定义(例如作为⟨et⟩属性),那么名词 NP 完全可以表示一个复数个体的集合,如{{a, b, c}, {d, e, f, g, h}, {i, j, k, l, m, n, o} ...}。

　　"只有相同(已知)基数的个体才可以数"这个假设是不成立的。从例(14)可以看出,数数反映在了公式|S|＝2 或 |S|＝100。在集合论中,S 可以是不同数目原子的集合的集合。这可以从例(16)看出,它直接告诉我们,个体有不同的基数。如果该制约真的存在,那么例(16)应该是一个不恰当的形式。同样例(17)清晰地告诉我们说有两个集合,每一个有不同的基数。如果"只有相同(已知)基数的个体才可以数",那么例(17)根本就不能说,但是例(17)却是合适的语句,表达一个数学发现。

(16) two sets of atoms of different numbers

(17) A is the set of all natural numbers and B is the set of all real numbers. These two sets have different cardinalities, according to Cantor.

从实证上讲,和数值大于"一"的基数结合的名词,应该表示复数。例如:名词短语 five cooperative assistants 存在"五个相互合作的助手"的解读。在这个解读中,中心名词必须表达复数外延,否则这个短语是无解的。

(18) We need five cooperative assistants.

更加重要的是,这种语义不能处理并列结构。按照这一理论,two hundred men and women 应该表示一个复数个体的集合,其中每个个体分为两个非重叠的个体 s,它们的和是这种复数个体,且每个 s 又可分为一百个非重叠的个体 s′,它们的和是 s,每个 s′ 具有男人和女人的特征。但例(19)中,子公式"men and women(s′)"是无解的,因为没有东西能够同时既是男人又是女人。

(19) $[\![$two hundred men and women$]\!] = \lambda x \,\exists S[\prod(S)(x) \,\&\, |S| = 2 \,\&\, \forall s[s \in S \to \exists S'[\prod(S')(s) \,\&\, |S'| = 100 \,\&\, \forall s'[s' \in S' \to \text{men \& women}(s')]]]]$

这个问题取决于如何定义连接词 and。我们可以穷尽目前关于 and 的语义,一一进行分析。and 不能被定义为集合相交(intersection)的关系,因为这两个词的名词性质不相容($\lambda x[\text{man}(x) \,\&\, \text{woman}(x)]$)。即使是相容的名词(two hundred friends and colleagues),相交式解读也不是唯一解读,因为这个名词词组可以有分裂解读(有些是朋友,有些是同事)。假设 and 被解释为集合合并(union)的关系,那么 men and women 是指一个包含男性个体和女性个体的集合,这样整个名词短语的解释相当于:two hundred men or women。假设 and 被解释为笛卡儿积(Cartesian product),即:$\lambda P\lambda Q\lambda x \exists y, z[x = \{y, z\} \& P(y) \& Q(z)]$,个体变量 x 是一个男人和一个女人的集合,这会导致不正确的外延。如例(20)所示:200 个男人和 200 个女人,一共 400 个。这个名词短语的正确解释是:一个男人和女人的集合,其总人数是 200,没有指定男人和女人的实际数量。如果中心名词是由三个并列项组成(two hundred men, women and children),那么就会有 600 个人。假设 and 被解释为非布尔和(non-Boolean sum),即:$\lambda P\lambda Q\lambda x \exists y, z[x = y \oplus z \& P(y) \& Q(z)]$,我们仍然会获得一个不正确的外延:200 个个体,每一个都是男人和女人的和,且涉及 200 个男人和 200 个女人,一共 400 个,如例(21)所示。

(20) $[\![$ two hundred men and women $]\!] = \lambda x \exists S[\prod(S)(x) \& |S| = 2 \& \forall s[s \in S \rightarrow \exists S'[\prod(S')(s) \& |S'| = 100 \& \forall s'[s' \in S' \rightarrow \exists y, z[s' = \{y, z\} \& man(y) \& woman(z)]]]]]$

(21) $[\![$ two hundred men and women $]\!] = \lambda x \exists S[\prod(S)(x) \& |S| = 2 \& \forall s[s \in S \rightarrow \exists S'[\prod(S')(s) \& |S'| = 100 \& \forall s'[s' \in S' \rightarrow \exists y, z[s' = y \oplus z \& man(y) \& woman(z)]]]]]$

4.2.2　基于成分分析的组合语义

本节在复杂数词短语成分分析的基础上提出组合语义程序。我们定义简单数词为 d 类型的表达式,例如:$[\![$ 三 $]\!] = 3$(参见第六章)。我们定义位数词具有谓词的意义,如例(22)所示,在句法上它们是普通名词。

(22) a. 〖百〗＝λn[n×100]　　　b. 〖万〗＝λn[n×10 000]

乘法式数词"三百万"的语义由以下步骤组合而成:

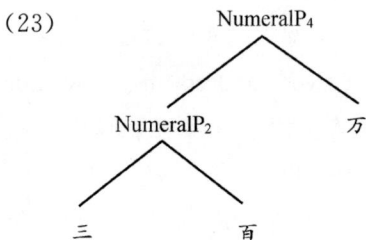

(23)

```
                NumeralP₄
              /          \
        NumeralP₂         万
        /      \
       三       百
```

(24) 〖NumeralP₂〗＝〖百〗(〖三〗)
　　　　　　　　＝λn[n×100](3)
　　　　　　　　＝300

(25) 〖NumeralP₄〗＝〖万〗(〖三百〗)
　　　　　　　　＝λn[n×10 000](300)
　　　　　　　　＝3 000 000

对于加法式数词"三十三"来说,它们是两个数词的并列,即:[三十][三]。并列数词之间是加法的关系,上文已经论证了它们之间有一个隐性的连词。

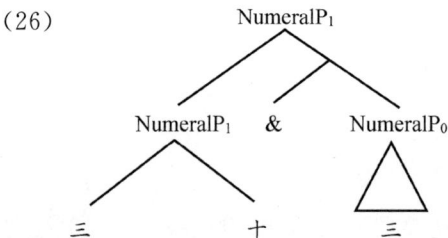

(26)

```
                    NumeralP₁
                  /          \
            NumeralP₁    &    NumeralP₀
            /      \            △
           三       十           三
```

虽然句法结构上类似于名词并列,数词并列却有着不同的语义关系,体现在数词并列把较小数值生成较大数值,而名词并列在于生成不同个体的集合或"同时描绘多个对象"(just many objects at once)(McKay 2006)。例(26)中树形图的连接语素有不同于名词性连词的语义,虽然它们可能是同音词。如果我们假设数词指称数,那么并列数词之间的语义关系是算术加法,数词连词可以定义为算术加法,如例(27)所示。因此,数词"三十三"可以解释为 $30+3=33$。而如果我们假设数词指称集合,那么连词可以定义为例(28):

(27) $[\![\mathrm{CONJ}_{\mathrm{numeral}}]\!] = \lambda m \lambda n[m+n]$

(28) $[\![\mathrm{CONJ}_{\mathrm{numeral}}]\!] = \lambda P \lambda Q \lambda Z \exists XY[X \in P \ \& \ Y \in P \ \& \ Z = X \cup Y \ \& \ |Z| = |X| + |Y|]$

在这两种处理方法中,连词的语义包含算术加法,这使得它与名词连词区分开来。§3.1 中讨论了有些语言的数词连词来源于动词或形容词,表达"加、补充、超过、数"的意义,这也是一个依据。加法式复杂数词之间存在算术加法的语义关系,数词并列受到一定的算术驱动的句法限制,但名词并列不会有这种限制。例如,名词并列没有顺序上的限制,Jack and Jill 和 Jill and Jack 这两个表达式在语义上是等值的。但在数词并列中,一般是较大的数词在前,如: one hundred and two 和 *two and one hundred 的区别。这个顺序限制是受到计数原理的影响(Hurford 2007)。

4.3　小数数词短语句法结构及其指称

数词系统,除了整数数词(对应于自然数),还有小数、分数数词。汉语数词系统中的小数数词在汉语语法书中讨论不多,所涉也比较简单。丁声树等(1961: 171)认为:"整数后头有小数,整数部分说法跟平常一样,小数部分挨个说,中间加个'点'字。例如:

'圆周率是三点一四一六'(3.141 6)。"刘月华等(2004：118)认为："小数通常的说法是把小数点读作'点',小数点以后的部分只读系数词,小数点以前的部分与一般称数法相同。"前一句中的"挨个说"似乎是说小数数词没有层级结构;后一句中"点"的意思没有说明,"只读系数词"是不是意味着小数后面也是有位数词的,如果有,是什么? 这些都没有明确说明。本节我们将对汉语小数数词的句法结构和语义指称作一个比较深入的研究。

4.3.1 汉语小数数词的句法

数词系统不像语言的其他系统,它容易受到外部力量的影响,其中一个主要的外部影响是阿拉伯计数法(Hurford 2007)。现代汉语小数数词受阿拉伯数字计数法影响,这是语言演变的产物。中国未引入阿拉伯数字小数点前,中文自有一套小数单位:分、厘、毫、丝、忽、微……(滕艳辉 2010)。引入阿拉伯数字小数点之后,要表达小数点后的数,就可以用"三点一四一六"这种表达式来对应古代的"三又一分四厘一毫六丝"。我们设想"点"是并列连词,后面的数词也是并列关系,只是连词是空形式。每个数词后面隐含"分、厘、毫、丝"等,它们其实也是位数词。这样看来,小数点前后的数词结构并没有根本差别,只是小数点前面的数词需要出现位数词。"三点一四"有如下结构:

(29)

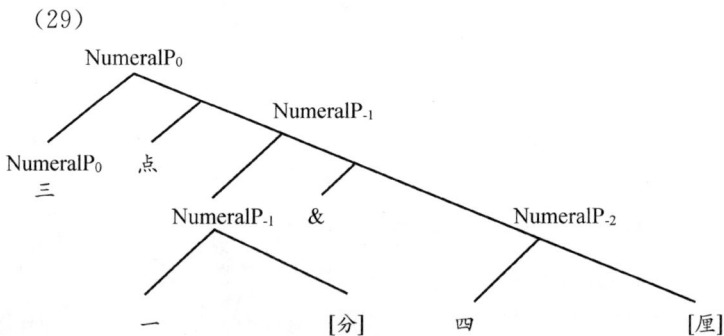

4.3.2　突厥语族语言的小数数词

并不是所有语言的小数数词都会受到阿拉伯数字的影响。突厥语族语言有自成体系、完整的小数数词表达式。其小数利用分数来构成。例如,维吾尔语的分数是通过加从格标记形成的,而小数构成形式是在整数数词后面加上表示"整的"词：pytyn,后接分数部分。

（30）ytʃ　pytyn　　on-din　　bɛʃ
　　　三　整的　　十-从格　　五
　　　'3.5'

（31）toqquz　pytyn　　miŋ-din　　ɑltɛ
　　　九　　整的　　千-从格　　六
　　　'9.006'

（引自：赵相如、朱志宁 1985：61—62）

我国境内其他突厥语族语言的小数数词同样没有受到阿拉伯数字的影响,且自成体系。如下表 4.1 所示：

表 4.1　突厥语族语言小数数词短语

语言	分　　数	小　　数	资料来源
哈萨克语	yʃ -ten bir 三　从格　一 '1／3'	yʃ　bytin　dʒyz　-den 二　整的　百　从格 dʒeti 七 '3.07'	耿世民、李增祥 （1985：45）
柯尔克孜语	tørt -tøn bir 四　从格　一 '1／4'	ytʃ　bytyn　dʒana　dʒyz 三　整的　又　百 -døn　bir 从格　一 '3.01'	胡振华（1986： 49—50）

语言	分　数	小　数	资料来源
乌孜别克语	jyz -dæn bir 百　从格　一 '1/100'	tørt bytyn on -dæn 四　整的　十　从格 sækkiz 八 '4.8'	程适良、阿不都热合曼（1987：53—54）
塔塔尔语	eki -dɛn bir 二　从格　一 '1/2'	ytʃ bytyn miŋ -nɛn bir 三　整的　千　从格　一 jyz toqqiz 百　四 '3.104'	陈宗振、伊里千（1986：68—69）

4.3.3　汉语平均句中的小数名词短语的语义指称

　　小数在具体语言环境中出现的机会并不多，主要用于表示数值概念和度量。例如，"圆周率约等于三点一四"和"三点一四米布"。表示度量衡的数量可以是小数，对应于数轴上的整个实数集，而表示个体数量的数词对应于数轴上的整数集。

　　小数数词短语可以出现的其他情况都具有特殊含义。一种是表示特别意义的个体。例(32)引自吕叔湘(2002)："半个人"并不是指不完整的人，而是指在某种程度上不够格的个体。

（32）a. 总务科有十二个半人（有一位兼会计科的工作）。

　　　 b. 我们组一共才 7 个半人，老王另外有兼职，只能算半个。

　　上例的短语只能是"一个半"或"两个半"之类，我们没有发现有类似"1.04"或"0.000 4"之类的表达式。"半"只能放在量词的后面(*两半个人)，不能用于非确定的实体。如："? 一个半情况""? 一个半念头"等(邢福义 1993)。

例(33)属于另一种特别的用法。这里的小数名词短语也不指真正的分数个体。它是属于可数-不可数转换(universal grinder),句中"半只老鼠"指的是半只老鼠的尸体,此处获得了不可数用法,类似于"半个苹果"。

(33) 蚂蚁啃掉了半只老鼠。

第三种则是允许小数名词短语的特殊情况,如例(34a)。邢福义(1993)称之为否定性强调。注意的是,这里的 0.1 并不表示一个确切的量,而是表示没有的意思。因为这个量说得越小,"否定性强调"也越明显,如例(34b)。

(34) a. 别说 10 部汽车,我连 0.1 部车都没有。
b. 别说 10 部汽车,我连 0.000 1 部车都没有。

小数在具体语言环境中主要出现在含有"平均"一词的句子中。如例(35)—(36)所示:

(35) a. 目前,加拿大妇女平均一生生育 1.8 个婴儿,而要保持人口的平衡,妇女应当平均生育 2.1 个婴儿。(《加实行更严格移民政策》,《人民日报》1993 年 2 月 18 日)
b. 此外,《报告》显示,目前中国大中城市职工平均拥有不动产为 1.06 套。(《要想养好老,商保少不了》,《人民日报》2015 年 11 月 30 日)
(36) a. 商标有效注册量为 1 956.4 万件,平均每 5.8 个市场主体拥有一个有效商标。(《培养涉外知识产权高端人才》,《人民日报》2019 年 10 月 8 日)
b. 为全县平均每 4.3 个农户补贴购买一台饲草料加工机械。(《禁牧十年看宁夏》,《人民日报》2013 年 6 月 29 日)

　　以上例句中,小数名词短语出现在主语或宾语位置。小数名词短语也可以同时出现在主宾语位置。设想:有 10 个人,他们一共拥有 5 部汽车;有的有,有的没有;有的多一些,有的少一些。于是我们可以说出类似例(37)这样的平均句来。再设想:他们把这些汽车送给了 5 家幼儿园,我们就可以说出类似例(38)的平均句来。这样,在一个平均句中就可以有两个甚至三个小数名词短语。

(37) a. 这些人平均每 1 个拥有 0.5 部汽车。

　　　b. 这些人平均每 2 个拥有 1 部汽车。

　　　c. 这些人平均每 2.5 个拥有 1.25 部汽车。

(38) a. 这些人平均每 1 个就送了 0.5 部校车给 0.5 家幼儿园。

　　　b. 这些人平均每 2 个就送了 1 部校车给 1 家幼儿园。

　　　c. 这些人平均每 2.5 个就送了 1.25 部校车给 1.25 家幼儿园。

　　以上例句真值相同,但我们认为它们是不同的语句,这并不是一种数学游戏。因为我们不能把其中一个小数约化为一个整数。例如,把例(38c)中的 2.5 约化为 1,同时另两个数就成为 0.5。尽管 $2.5/1.25/1.25 = 1/0.5/0.5$,但它们含义不同。例如,我知道这些人平均每 1 个就送了 0.5 部校车给 0.5 家幼儿园,但我不一定知道:这些人平均每 2.5 个就送了 1.25 部校车给 1.25 家幼儿园。

　　有时候我们还会遇到无穷循环小数。当有 3 个人,他们一共拥有 10 部汽车时,我们可以说出以下的平均句来:

(39) 这些人平均每 1 个拥有 3.333 333 333 333 33…… 部汽车。

　　平均句中还可以出现 0 和负数。假如一个国家的婴儿出生率等于或小于人口死亡率,人口统计需要计算每天人口新增数量,这时候我们可以说出例(40a)甚至例(40b)这样的平均句。而在非平均句中,这种小数名词短语则似乎不能说,至少它违反了一些语用原则。如例(41a)中,"我在银行存有 0 元"或是"我没有在银行存一分钱",但是例(41b)中的"我在银行存有 −10 000 元"意思并不等于"我没有在银行存 10 000 元"。

(40) a. 这个国家每天平均新增 0 个人。

b. 这个国家每天平均新增 −100 个人。

(41) a. 我在银行存有 0 元 vs. 我没有在银行存一分钱

b. 我在银行存有 − 10 000 元 ≠ 我没有在银行存
10 000 元

平均句中的数还可以是极小的。例(42a)告诉我们,这是一个非常低的生育率。但例(42b)不是平均句,且难以理解,我们很难找出一个语境使它变得有意义,因此这个句子是不合法的。

(42) a. 这个国家平均每个女性只生育 0.000 004 个孩子。

b. ♯这个国家每个女性只生育 0.000 004 个孩子。

以上平均句中的小数名词短语,在语法上类同于普通名词词组,可以作主语、宾语、介词宾语等。那么,在平均句中,"1.43 个孩子"之类的短语到底指称什么呢?按照李艳惠(Li 1998)的区分,存在两种可能:一是指称个体,在句法上投射一个 DP 或者 NP;一是指称数量,在句法上投射一个 NumP。下面我们分别论证这两种指称的可能性。

4.3.3.1 小数名词短语指称个体?

如果平均句中的小数名词短语指称个体,那么它们在句法上投射一个 DP 或者 NP。整个名词短语的指称是由 NP 决定的,限定词(determiner)不决定投射的指称(Cowper 1987),只起到确定集合与集合关系或算子的作用(Barwise & Cooper 1981),数词可以认为是形容词(后面我们还会讨论数词作为其他词类时的情况)。例如,"1.43 个孩子"的语义表达可以定义为例(44),意思是:存在一个个体 x,这个个体是孩子并且这个个体的基数是 1.43。

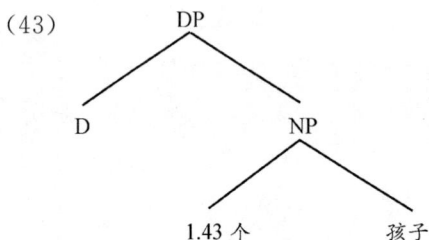

(43)

```
            DP
          /    \
        D        NP
                /   \
            1.43 个    孩子
```

(44) $\exists x [\text{children}(x) \,\&\, |x| = 1.43]$

但这种处理不符合我们的直觉,也不符合集合论的基本设定。首先,平均句的真值条件并不意味着存在小数个体。例如有五个人,其中一人拥有一部汽车。这时候我们可以说:"平均每个人拥有 0.2 部汽车。"该平均句成真的条件是 5 个人一共拥有 1 部汽车,并不是每个人拥有一部汽车的五分之一。

其次,"1.43 个孩子"之类的短语不可能指称个体,因为在这个世界上找不到 1.43 个孩子。例如,我们无法说出"我喜欢这 1.43 个孩子"。我们也不能把"1.43 个孩子"理解为指称一个集合,类似把复数名词短语处理成集合一样。例如,"5 个孩子"指称五个孩子的集合,基数是 5。但"1.43 个孩子"没法表达,因为集合的基数不会是小数,即不存在一个集合,它的成员是 1 个孩子和 0.43 个孩子。换句话说,$|x| = 1.43$ 是无意义的公式,违背了集合元素对应自然数的公理。

也许有人会持极端观点,认为"1.43 个孩子"就是指称 1.43 个

孩子,类似于"1.43 个苹果"。1.43 个苹果可以认为是指 1 个苹果
加 0.43 个苹果,但却不能认为 1.43 个孩子是指 1 个孩子加 0.43
个孩子。作为物品的苹果,被切分之后,仍然是苹果,从道义上讲,
生物意义上的"人"是不可以被切分的。

　　前面说过,平均句中甚至还可以出现 0 和负数,例句重复如
下。这时候,即使是持这种极端观点的人也不会认为,它指称一个
个体。因为即使我们能够指着一堆物质说"这是 1.43 个人",但是
我们无法指着什么东西说"这是 0 个人"。特别是"－100 个人"这
个短语到底指称什么是很难说清楚的,我们不能说它是指称另一
个世界的 100 个人。

（45）a. 这个国家每天平均新增 0 个人。

　　　 b. 这个国家每天平均新增－100 个人。

　　有的事物是无法切分的,例如,指代事件类的名词。在下面的
平均句中,"14.5 次沙暴"不是指"14 次沙暴加 0.5 次沙暴"。事件
类名词"沙暴"是不能切分的。"0.5 次沙暴"也不是指一次沙暴的
二分之一。

（46）以黄河故道内的安徽省萧县、砀山县为例,20 世纪 50 年
　　　代平均发生沙暴 14.5 次。（《中国淮河平原已根治沙尘
　　　暴》,《人民日报海外版》2001 年 3 月 12 日）

　　有时候,切分后的个体不再表达我们所需的意义。下例中,
"0.5 趟北京"并不是指去北京的半路中,"0.5 次哭"也不是指哭了
一半。

（47）a. 我平均每年去 1.5 趟北京。

　　　 b. 这个孩子平均每天哭 4.5 次。

还有的时候,根本不存在被切分后的事物。例(48)表达的意思是,世界各地生产的粉笔有不同数量的颜色(有的地方的粉笔是7种颜色,有的地方的粉笔则是5种颜色,等等),这些全部加起来除以地方的数量等于4.5。这句话并不是说存在：4种颜色加0.5种颜色这种事物。从字面上看,0.5种颜色似乎是说某种颜色的一半,如红色和白色的混合成为粉红色,但粉红色也是一种颜色,并不是0.5种颜色。

(48) 世界各地生产的粉笔平均有4.5种颜色。

同样的道理,下例中,"0.3个句法理论"和"0.5个字"在字面意思上都不能成立,也不是平均句所要表达的意思。

(49) a. 乔姆斯基平均每年提出0.3个句法理论。

b. 这个孩子平均每天学会0.5个字。

还有一种可能的回答是借助内涵的概念。例如,即使没有一个日本女人正好活到86.44岁,但我们却可以说"平均每个日本女人活到86.44岁"。这说明平均句表面上不符合意义的组合性原则,可以认为"平均"这个词创造了一个平等的可能世界。如果这样,那么或可以把平均句看成是一种创造世界(world-creating)的内涵句,而内涵句容许不存在的事物出现。例(50a)中,尽管依照目前的认知,世上不存在"圆形的正方形",但并不妨碍这个人的头脑中有某种期望,即能够找到圆的方。以此类推,例(50b)中"1.43个孩子"可以认为是一种内涵个体,尽管不存在于客观世界,但可能存在于内涵世界。

(50) a. 这个人期望找到圆的方。

b. 这个人期望生育1.43个孩子。

例(50)很难判断是否合乎语法,因为我们不能靠语感来辨识。即使借助内涵的概念,我们也无法解决这个问题。平均句创造的平等世界并不等同于内涵世界。内涵句(特别是命题态度句)具备的典型特征,平均句一个也不具备。类似"圆的方"不能出现在平均句中,但可以出现在命题态度句中,如例(51a)与例(51b)。无定名词短语如"一个女人"在平均句中有存在概括,但在命题态度句没有,如例(52)。

(51) a. 这个人期望找到圆的方。

　　 b. *平均每个人找到了两个圆的方。

(52) a. 张三认为有一个女人进来了。

　　 b. 有一个女人平均每天吸烟 20 根。

我们的一个初步设想是:"平均"具有预设整个命题的作用。例如,我们说"平均每个学生拥有 10 本课外书"预设"至少有一些学生拥有一些课外书"。而预设必须是现实世界能发生的事实,"学生"和"课外书"必须是客观存在的。而"平均每个女人找到了两个圆的方"预设"至少有一些女人找到了一些圆的方",这个预设就不成立。

比较"1.43 个孩子"和"圆的方":"圆的方"可以进行合适的语义组合,是有意义的,能够得出一个空集:$\lambda x [圆的(x) \ \& \ 方的(x)] = \phi$;"1.43 个孩子"无法进行语义组合,是没有意义的。所以"1 43 个孩子"和"圆的方"具有本质上的不同,不管我们把数词当作什么,"1.43 个孩子"都无法进行语义组合,推导不能进行。下面分别讨论。

如果数词是限定词,那么它和 NP 组合成广义量词词组。根据这种观点,〖1.43〗指谓集合的集合,定义为 $\lambda P\lambda Q. \ |P \cap Q| = 1.43$,类似于量化词 every 的定义。于是〖DP 1.43 个孩子〗$= \lambda Q. |孩子 \cap Q| = 1.43$,并且〖VP 生育 1.43 个孩子〗$= \lambda x: |孩子 \cap \{y| 生$

育 $(y)(x)|\ |=1.43$。根据这个公式，"生育 1.43 个孩子"为真的条件是，孩子的集合和所生育事物的集合的交集基数是 1.43。问题很明显，集合的基数只能是正整数。

如果数词是形容词，那么它指代某个数量个体的集合。例如，"三"指代 3 个元素的复数个体的集合（Lasersohn 1995），这种处理类似于把形容词处理成个体集合。根据这种观点，$[\![1.43]\!]$ 指谓复数个体的集合，定义为 $\lambda x.|\ x\ |=1.43$，因此 $[\![_{DP} 1.43\ 个孩子]\!]=\lambda x.[\ ^*孩子(x)\ \lambda|x|=1.43]$。根据这个公式，"1.43 个孩子"为真的条件是，x 属于"复数孩子的集合"和"1.43 个元素复数个体的集合"的交集。问题同样明显，集合的基数只能是正整数。

如果数词是名词，指称一个数，即 $[\![1.43]\!]=1.43$，这时候名词指谓个体与数量之间的关系。该关系由一个度量函数（measure function）协调，该度量函数度量出个体的天然单位（NU，natural unit），如果天然单位等于该数量，即成立（Krifka 1995）。根据这种观点，$[\![孩子]\!]$ 指谓 $\lambda n\lambda x$：孩子(x) & NU$(孩子)(x)=n$，于是 $[\![_{DP} 1.43个孩子]\!]=\lambda x[孩子(x)$ & NU$(孩子)(x)=1.43]$。这种方法可以处理 1.43 个橘子，1.43 等于橘子的天然单位的数量。但是可数名词的天然单位是原子个体（atomic objects）而不是物质（stuff）。

所以我们认为和"圆的方"不一样，"1.43 个孩子"即使在内涵语境中也不能成立，因为它根本无法进行语义演算。用弗雷格的理论来说就是，"圆的方"无指称但有意义，"1.43 个孩子"无指称无意义。内涵世界也不允许无指称无意义的东西存在。内涵语境尽管和现实世界可能不一样，但仍然必须符合我们的思维推理，包括集合论的基本设定。如果我们的思维推理和集合论的基本设定都得推翻，那么这个内涵世界是不存在的，因为我们无法想象出这个内涵世界。这是哲学逻辑学所普遍认可的观点。这样我们得出第一个结论：平均句中的小数名词短语不指称个体。

4.3.3.2 小数名词短语指称数量?

下面我们看平均句中的小数名词短语是否指称数量。平均句确实是一种表达统计上数量关系的句子。例(53a)的意思是说,给定了学生总数和他们拥有的课外书总数,那么通过计算我们可知每个学生平均拥有3.5本课外书。小数3.5在这里是表达数量关系。它的后面可以有表达数量的有定名词作回指用,而在非平均句例(53b)中,这种表达数量的有定名词难以确定其回指对象。

(53) a. 平均每个学生拥有3.5本课外书。这个统计结果比较
        符合事实。
     b. ?? 每个学生拥有3.5本课外书。这个统计结果比较
        符合事实。

平均句需要有数量词出现,如果没有一个数量词出现,平均句就是不合法的。如例(54)中各句的对立。

(54) a. 这些学生平均拥有3.5本课外书。
     b. *这些学生平均拥有这3本课外书。
     c. *这些学生平均都去了北京。

例(55)同样能够说明问题。虽然都没有数量词出现,但它们的接受度不一样。一般都认为形容词具有程度论元,但在目前的度量系统中,我们有高度这一法定的度量单位,没有"高兴度"这一度量单位,而"聪明度"似乎也能够成立,因为我们有智商这一度量单位。如果有人问一个人多高时,我们可以回答一个精确的量,比如"1米5";如果问一个人多聪明时,我们也能回答一个精确的量,比如"智商150";但如果问一个人多高兴时,我们只能有"很高兴"之类的模糊回答。这说明平均句要求有精确的数量论元,而不是

模糊的程度论元。

(55) a. ?? 这些学生平均都很高兴。

　　b. ? 这些学生平均都很聪明。

　　c. 这些学生平均都很高。

　　向平均句提问时,我们要用明确的表示数量的疑问词,如"多少"和"几"。如果不是用数量疑问词,而用"谁"或者"什么",平均句是无法进行提问的,参见例(57)。但如果句中没有"平均"一词,例(58)又是自然的问句。

(56) 平均每个学生拥有多少/几本图书?

(57) a. *平均每个学生拥有什么?

　　b. *平均每个家庭需要赡养谁?

(58) a. 每个学生拥有什么?

　　b. 每个家庭需要赡养谁?

　　平均句中的数量词和名词可以自由互换位置,意思没有很大差别,如例(59);但当数量结构指称个体时,则不能自由互换位置。即使互换位置,也要起到突出数量的作用,如例(60):

(59) a. 女性平均期望生育 1.43 个孩子＝女性平均期望生育孩子 1.43 个。

　　b. 每个学生平均拥有 3.5 本图书＝每个学生平均拥有图书 3.5 本。

(60) a. 这个女人生育了 5 个孩子。(对事实的报道)

　　b. 这个女人生育了孩子 5 个。(强调数量)

　　平均句本身甚至可以看成是一种表达计算过程的句子。一个明显的事实是平均句可以作为"计算"的定语从句,如例(61a),并参考例(61b)。而例(61c)—(61d)即使能够成立,也会迫使我们从中想出某种计算来。

(61) a.【平均每个学生拥有 3.5 本课外书】的这个计算是错误的。

　　b.【2 加 2 等于 5】的这个计算是错误的。

　　c. ??【每个学生拥有 3 本课外书】的这个计算是错误的。

　　d. *【我去北京】的这个计算是错误的。

　　问题是,平均句所表达的这种数量关系是体现在小数名词短语身上,还是体现在整个句子身上? 如果是前者,那么"1.43 个孩子"之类的短语就是直接指称数量,表达"数量为 1.43 个孩子的数量"(a quantity of children of size 1.43),相当于"1.43 个孩子的数量",在句法上投射一个 NumP。这里我们设想:NumP 短语的中心词是一个没有语音形式的 Num,数量词"1.43 个"作为 NumP 的标示语,如树形图(62)所示。由于数词或数量词有无穷多个,所以我们不把它看成是中心词 Num。树形图(62)的关键是 NumP 短语的中心词是一个数量 Num,表达一个量而不是一个个体,"孩子"是这个量的补足语,但不决定这个投射的指称。中心词 Num 不同于 D(eterminer),它具有实质内容,可以定义为 $\lambda P \lambda n \exists x [\text{quantity}(x) \& x=n \& x=|P|]$,"1.43 个孩子"得出的结果是 $\exists x [\text{quantity}(x) \& x=1.43 \& x=|孩子|]$。

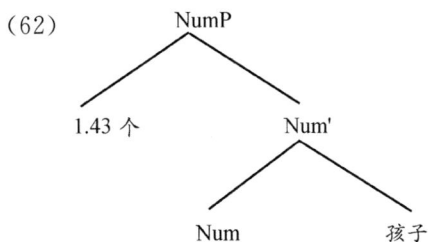

(62)

```
              NumP
             /    \
        1.43 个   Num'
                 /    \
               Num     孩子
```

我们认为平均句所表达的这种数量关系,是体现在整个句子身上,而不是体现在小数名词短语身上。即:"1.43 个孩子"之类的短语不能直接指称数量。采取归谬法,我们假定"1.43 个孩子"之类的短语直接指称数量,会出现什么情况呢,请看:

1. 我们仍然要承认有分数个体的存在。公式 $\exists x[\text{quantity}(x) \& x=1.43 \& x=|孩子|]$ 意思是说存在一个数量,这个数量是 1.43,并且这个数量是孩子的数量。整个语义式最后的意思仍然是说孩子的数量是 1.43,即从 $[x=1.43 \& x=|孩子|]$ 得出 $[|孩子|=1.43]$。而上面讨论到的问题则仍旧存在,并没有解决。

2. 我们只能得出结论,在上例中人类生育的是数量,而不是孩子。这样一来就违反了语义选择限制:人生育的是孩子而不是数量。这可以从例(63)的不可接受看出:

(63) *每个女人平均生育 1.43 个孩子的数量。

3. 我们会得出不合理的推理,如:"5 个孩子"的指称等于"5 辆汽车"的指称。为了方便理解,我们把小数改为整数。如:

(64) 5 个孩子的数量等于 5 辆汽车的数量。

由于这里存在等同(identity)关系,所以如果例(65a)为真,例(65b)也必定为真。但例(65b)是不合格的句子。

(65) a. 平均每个女人生育 5 个孩子。
　　 b. *平均每个女人生育 5 辆汽车。

我们不能说"5 个孩子"和"5 辆汽车"是不同的,尽管它们指称同一个数量 5,但它们的成员不同。当我们这样考虑时,其实已不自觉地放弃了数量名词短语指称数量的假设,转向了数量名词短语指称个体。因为我们还是要深入到内部讨论个体。如果我们认为数量名词短语指称数量,那么我们只能谈论数量,不能谈论比数量高一级的东西,也不能谈论比数量低一级的东西。

如果小数名词短语指称数量,那么"5 个孩子"和"5 辆汽车"就是完全等同的,因为 5 个孩子的数量等于 5 辆汽车的数量。这里既有形而上的证据,也有语言上的证据。在集合论中,相同基数的两个集合是一一对应和可以互换的。当然这里并不是说这两个集合就是相同的,5 个孩子的集合和 5 辆汽车的集合不同,因为它们的元素不同。我们在考察集合本身时才说它们不同。但当我们只考察集合的基数时(即指称数量),它们确实是等同的,或者更正确的说法是一一对应的。这种一一对应也体现在语言上。下面的外延句例(66a)推理成立,因为已知金星又名启明星;但内涵句例(66b)的推理不成立,因为小明不一定知道启明星就是行星。

(66) a. 金星是行星。

　　　金星又名启明星。

　　　那么启明星必定是行星。

　　b. 小明知道金星是行星。

　　　金星又名启明星。

　　　那么小明必定知道启明星是行星。

例(67)和例(68)是数学语境下的例子。出乎意外的是,外延句例(67a)和例(68a)推理成立,内涵句例(67b)和例(68b)的推理也成立。

(67) a. 五个人的数量是很小的/是奇数/超过 4。

　　　五个人的数量等于五辆汽车的数量。

　　　那么五辆汽车的数量必定是很小的/是奇数/超过 4。

    b. 小明知道五个人的数量是很小的／是奇数／超过 4。

       五个人的数量等于五辆汽车的数量。

       那么小明必定知道五辆汽车的数量是很小的／是奇数／超过 4。

(68) a. 五个人加五个人等于十个人。

       五个人的数量等于五辆汽车的数量。

       那么五辆汽车加五辆汽车必定等于十辆汽车。

    b. 小明知道五个人加五个人等于十个人。

       五个人的数量等于五辆汽车的数量。

       那么小明必定知道五辆汽车加五辆汽车等于十辆汽车。

    "五个人"和"五辆汽车"在外延语境和内涵语境中都是可以互换的,根据莱布尼茨法则(Leibniz's law),它们是完全相等的。如果小数名词短语指称数量的话,那么"5 个孩子"和"5 辆汽车"是完全等同的,这就产生了错误的推理。我们的第二个结论是,平均句中的小数名词短语不指称数量。

4.3.3.3 "平均"的语义刻画

    综上所述,我们的结论是,平均句中的小数名词短语,既不指称个体也不指称数量。根据木桶原则(generalization to the worst case),我们进一步得出结论,平均句中,即使是整数名词短语也不能指称个体和数量。下例(69)中,"2 台车"既不是指称个体也不是指称数量。以此类推,我们认为平均句中主语位置如"每1.5 户家庭"类,也是既不指称个体也不指称数量。

(69) 平均每户家庭拥有 2 台车。

(70) 平均每 1.5 户家庭拥有 1 台车。

    如果这个结论是正确的,这将给语义学提出难题:它们到底指称什么,而一个名词词组是有所指的。这个问题必须得到合理解释,否则真值条件语义学的基础将会动摇:我们无法找到某类名词词组的客观世界对应物,这是不能接受的,也会使我们怀疑模型论语义学的基本假设。例如,乔姆斯基(Chomsky 2000:135)曾利用 average 来提出疑问:语义是否一定要定义成语言与世界的对应。

If I say that one of the things that concerns me is the average man... does it follow that I believe that the actual world, or some mental model of mine, is constituted of such entities as the average man...?(要是我关注的事物之一是平均人……那么是不是我就相信现实世界或我的心灵世界包含有平均人这种实体呢?)

下面我们介绍肯尼迪和斯坦利(Kennedy & Stanley 2009)的研究,他们为解决这个问题提出了非常好的思路。

要解决这个指称难题,需要从"平均"一词着手。肯尼迪和斯坦利(Kennedy & Stanley 2009)提出 average 类似于算术平均算子,需要三个量,即需要三个语义论元:一个加合出来的总量、一个个体域数量和一个平均量。他们把 average 定义成如下:

(71) $[\![average]\!] = \lambda f \lambda S \lambda d [\sum_{x \in S} f_{meas}(x) / |S| = d]$

其理论核心是,计算加合出来的总量论元必须由含有数量意义的成分承担,这样一来,下面例(72a)中的 have 2.3 children 就必须指谓一个程度关系,即必须有自由的数量论元。但是 have 2.3 children 本身并不指谓一个程度关系,它指谓一个从个体到真值的特征(类型为⟨e,t⟩),没有自由的数量论元。为了解决这个问题,他们采用了弗雷格的观点,认为数字除了作量化词以外还可以是单称词项,能够满足一个数量论元。具体做法是,用逻辑式提升数词以满足 average 的数量论元,这样数词不在原位解释,见树形图(73)。这样一来,have *n* children 就变成了一个程度关系:λnλx. x have n children(类型为 $\langle d, \langle e, t \rangle \rangle$),一个度量函数把它转换成从个体到数量的特征(类型为 $\langle e, d \rangle$),max 算子得出各个数量,然后这些数量Σ相加得出一个总量。——代入后,例(72a)的最终语义表达式就是例(72b),用自然语言转述就是:所有美国人拥有孩子的数量之和除以美国人数等于 2.3。

(72) a. Americans have 2.3 children on average.

b. $\sum_{x \in \text{Americans}}.\max\{d | x \text{ has d children}\} / |\text{Americans}| = 2.3$

(73)

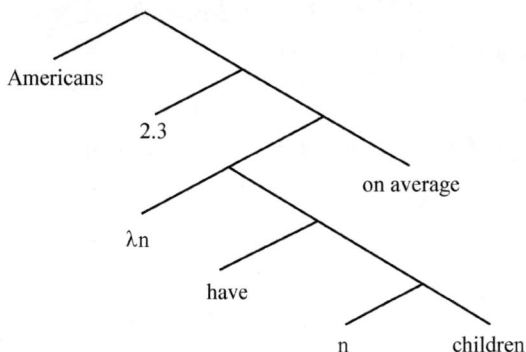

这种处理方式的好处是,排除了 2.3 children 之类的小数名词短语。前面我们已经详细论证了这种小数名词短语,既不指称个体也不指称数量,因此很有可能这个数词不是在原位解释,必须移走;在逻辑式中,它们并不存在。

我们认为平均句中的数量词不能在原位解释,必须移走并不只是因为小数的存在,也包括整数这种情况。例(74)中,主语位置的整数也不能在原位得到解释,因为语言必须是对世界的真实反映,而"3 个女人生 1 个孩子"不是对世界的真实反映,因为不可能有 3 个女人共同生 1 个孩子。

(74) 这个村,平均 3 个女人生 1 个孩子。

把平均句刻画成一种表达计算过程的数学除法句,这种处理也符合一些语义选择要求。例如,前面我们提到平均句可以作为"计算"的定语从句,见例(75)。这充分(但不是必要)说明平均句表达了某种计算的含义。

(75) a.【平均每个学生拥有 3.5 本课外书】的这个计算是错误的。
   b.【2 加 2 等于 5】的这个计算是错误的。

平均句不能是"看见"类动词的从句,这也充分(但同样不是必要)说明平均句表达了某种计算的含义,因为我们看不见一个抽象的计算。

(76) a. *我看见平均每个学生吃了 3 碗饭。
   b. *我看见 2 加 2 等于 5。
(77) 我看见每个学生吃了 3 碗饭。

我们认为这种处理方法是平均句研究的一个正确方向,但这种处理方式是纯数学的:将平均句完全等同于数学除法句。这种纯数学的处理方式也会遇到一些困难。

主要的困难来自语义选择。如果平均句是数学除法句,那么我们可以直接用"是一个除法公式"来述谓平均句,正如我们可以用它来述谓一个真正的数学句一样。例(78a)和例(78b)都非常自然,但例(78c)却难以理解。

(78) a. 10 除以 5 等于 2 是一个除法公式。
   b. 印度妇女生育孩子总数除以妇女人数等于 7 是一个

除法公式。

c. ♯印度妇女平均生育 7 个孩子是一个除法公式。

数学句代表抽象命题，不能被时空副词修饰。例如，我们不能说"*去年／在这个国家，2 加 2 等于 4"。如果将平均句完全当作数学句，那么平均句也应该不能被时空副词修饰。但平均句却可以被时空副词修饰，见例(79)。若按照肯尼迪和斯坦利(Kennedy & Stanley 2009)的分析，例(79)的最终语义表达式是：♯去年，这个国家的所有妇女生育孩子的总数除以妇女总数等于 2.3。这句话的意思是：这个国家所有妇女生育孩子的总数除以妇女总数等于 2.3，是发生在去年。这是不正确的意义，这句话是告诉我们去年这个国家所有妇女的生育情况，而不是告诉我们对此进行除法计算是发生在去年。

(79) 去年，这个国家妇女平均生育 2.3 个孩子。

再看例(80)，肯尼迪和斯坦利的分析会把它解释成例(81)。但这种释义不符合事理。我们一般不会说所有妇女生育孩子总数除以妇女总数等于 7 是很久很久以前的事情。

(80) 妇女平均生育 7 个孩子是很久很久以前的事情。

(81) 所有妇女生育孩子总数除以妇女总数等于 7 是很久很久以前的事情。

再看某些心理类动词、能愿动词和祈使类动词，如"痛恨／抱怨／称赞／担心／嫉妒／赞成""乐意／情愿／希望／准许／批准／同意""命令／强迫／鼓励／号召／要求／规定"等。根据肯尼迪和斯坦利的分析，例(82a)会被解释成例(82b)，例(83a)会被解释成例(83b)，例(84a)会被解释成例(84b)。然而例(82b)、例(83b)和例(84b)都是非常奇怪的语句。我们怎么能够痛恨、同意或者命令"一个除法"?

(82) a. 我痛恨我们平均要修 15 门课。

　　 b. #我痛恨我们修课的总数除以我们的人数等于 15。

(83) a. 老师同意我们平均要修 15 门课。

　　 b. #老师同意我们修课的总数除以我们的人数等于 15。

(84) a. 老师命令我们:平均修 15 门课!

　　 b. #老师命令我们:修课总数除以人数等于 15!

再看某些认知动词,如"学会":"10 除以 5 等于 2,学会了吗?"若根据肯尼迪和斯坦利(Kennedy & Stanley 2009)的分析,例(85b)会被解释成例(85a)。尽管例(85a)可以说,然而例(85b)则难以理解。

(85) a. 印度妇女生育孩子总数除以妇女人数等于 7,学会了吗?

　　 b. #印度妇女平均生育 7 个孩子,学会了吗?

尽管这种纯数学的处理方式存在以上问题,但是它的优点也是显而易见的。因此有效的办法是,在他们的基础上更加准确地刻画出"平均"(average)的全部语义。不管是什么处理方式,可以肯定的是,"平均"有算术除法的意义,且数词不能在原位解释。

我们认为"平均"可以处理成一个全称量化算子,内含算术除法的意义("均"就是除的意思)和一一对应的意义。在具体分析之前,我们先介绍李临定、范方莲(1960)最早所研究的数量结构对应式。这种结构要求有数量词的对应关系,并且数量既可以是名量,

也可以是动量和时量,也可以有三个量,如下所示:

(86) a. 四张纸糊一个窗户。　　　b. 一盆水养三条金鱼。

c. 一个人一天翻译五千字。　d. 一个人一天节约一斤粮。

他们详细讨论了这种句式的句法语义特征,认为这种数量结构对应式都是在表示数的分配**或**计算的情况下说的,表示"每"的意义。这种"每"的意义不是通过"每"这个词表现出来的,句中并不一定出现"每"字,而是通过这种句式表现出来。我们觉得平均句与这种句式存在可比性,在这类句子上加上"平均"就可以构成平均句。

(87) a. 平均【每】四张纸糊一个窗户。

b. 平均【每】一盆水养三条金鱼。

c. 平均【每】一个人【每】一天翻译五千字。

d. 平均【每】一个人【每】一天节约一斤粮。

我们认为平均句也属于表"每"的数量对应句,但区别在于,平均句**既**表数的分配**又**表数的计算(受"平均"这个词的影响),而李临定、范方莲(1960)所研究的数量结构对应式仅表示数的分配(李、范的原话:"表示数的分配或计算")。鉴于此,我们提出"平均"的语义定义如下:

(88) $[\![平均]\!] = \lambda f \lambda X \lambda d \, \forall x [x \in X \rightarrow \exists y [\mathrm{quantity}(y) \, \& \, \mathrm{Map}(x, y) \, \& \, y = f_{\mathrm{meas}}(f)/|X| = d]]$

从这个定义中可以看出,"平均"需要三个论元,即树形图(90)中圆形里面的成分。一个是表示数量关系的函项 f,一个是复数个体 X,另一个是数量词 d。正是"平均"这种论元结构驱使各个成分发生逻辑式移位。

下面看一个典型的平均句,例(89):在语义部门,先是"学生"进行逻辑式提升,留下变量 X;然后两个数量词进行逻辑式提升,第二个数量词提升到第一个数量词的位置,形成分数关系,再一起提升到句首位置,在第二个数量词的位置留下数量变量 n,由于这两个数量是分数数量关系,第一个数量词的位置不能留下变量。提升后的成分指谓一个数量关系,具有如下形式:f＝λnλX[X 拥有 n 本课外书]。公式(88)中的度量函数 f_{meas} 相当于关系化算子,抽取其中的数量 n,其数值是由语境提供的。全称量词作用于复数个体 X,存在量词引入一个变量 y,映射函数 Map 把语境中的个体 x 一一匹配到一个数量上,该数量是由除法得出的。需要注意的是这里的 λ 插入不是紧跟着移位的成分,而是位于"平均"之后。

(89) 平均【每】1 个学生拥有 3.5 本课外书。

(90)

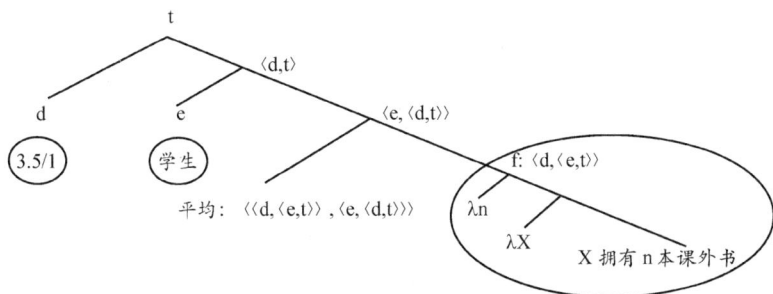

(91) a. $\forall$ x[x$\in$学生 $\rightarrow$ $\exists$y[quantity(y) & Map(x, y) & y＝f_{meas}(λn[学生拥有 n 本课外书])/|学生|＝3.5]]

   b. 每一个学生对应一个数量,这个数量是全体学生拥有课外书总数除以他们人数的值,即 3.5。

例(89)的分析见例(90)和例(91)。由于平均句已经不是数学句而是量化句,所以能够满足上面讨论的选择限制。例如:这种处理预测平均句可以作为"计算"的定语从句,见例(92a);平均句不能是"看见"类动词的从句,见例(92b);平均句不能用"是一个除法公式"来述谓,见例(92c);平均句可以被时空表达式修饰,见例(92d);可以和"已经一去不复返了"之类的谓词性成分共现,见例(93);可以和心理类动词、能愿动词和祈使类动词共现,见例(94a);不能与认知动词共现,见例(94b)。

(92) a.【每一个学生对应一个数量,这个数量是全体学生拥有课外书总数除以他们人数的值,即3.5】的这个计算是错误的。

　　 b.♯我看见【每一个学生对应一个数量,这个数量是全体学生拥有课外书总数除以他们人数的值,即3.5】。

　　 c.♯【每一个学生对应一个数量,这个数量是全体学生拥有课外书总数除以他们人数的值,即3.5】是一个除法公式。

　　 d.去年/在这个国家,【每一个学生对应一个数量,这个数量是全体学生拥有课外书总数除以他们人数的值,即3.5】。

(93)【每一个学生对应一个数量,这个数量是全体学生拥有课外书总数除以他们人数的值,即3.5】已经一去不复返了。

(94) a.老师痛恨/同意/命令【每一个学生对应一个数量,这个数量是全体学生拥有课外书总数除以他们人数的值,即3.5】。

　　 b.♯我学会了【每一个学生对应一个数量,这个数量是全体学生拥有课外书总数除以他们人数的值,即3.5】。

肯尼迪和斯坦利(Kennedy & Stanley 2009)分析中的一个要点是,被除数是由各个个体拥有的数量——相加而来,所以需要加法算子Σ。例如,"生育n个孩子"所指谓的量是每个个体所生育孩子的数量之和。这种处理在大多数情况下是可行的,但是有时候却不

能。例如,有 5 个人一起抬起一架钢琴,这时候我们可以表述为例
(95)。我们不能用 λnλx. x lifted n piano 来得出被除数,因为不是一
个人抬起一架钢琴,并且 n 也不能是 0.2。因为这样我们仍然要承
认有小数个体的存在。在我们的分析中,没有加法算子 Σ,因为度
量函数能够直接得出一个最大值,该最大值是针对复数个体的。这
种处理能够很好地解释有时候语境中被除数是 1。

(95) 平均每个人抬起 0.2 架钢琴。

形容词用法的"平均"也可以作类似分析,如下所示。"身高"
之类的功能性名词本身表示程度关系,类型为 $\langle e, \langle d, t \rangle \rangle$,作形容
词的"平均",其类型是 $\langle\langle e, \langle d, t \rangle \rangle, \langle e, \langle d, t \rangle \rangle\rangle$,它同样选择三
个论元。由于"身高"的论元结构在词库中就被定义为 λXλn[身高
(n)(X)],这三个论元正好在句法上与"平均"的论元结构相匹配,
所以这里不需要移位。

(96) 这些学生的平均身高是 1.75 米。

(97) a. $\forall x[x \in$ 学生 $\rightarrow \exists y[\text{quantity}(y) \,\&\, \text{Map}(x, y) \,\&\, y = f_{\text{meas}}(\lambda n[\text{身高}(n)(\text{学生})]) / |\text{学生}| = 1.75$ 米$]]$

   b. 每一个学生对应一个数量,这个数量是全体学生的身
      高总数除以他们人数得到的值,即 1.75 米。

(98)

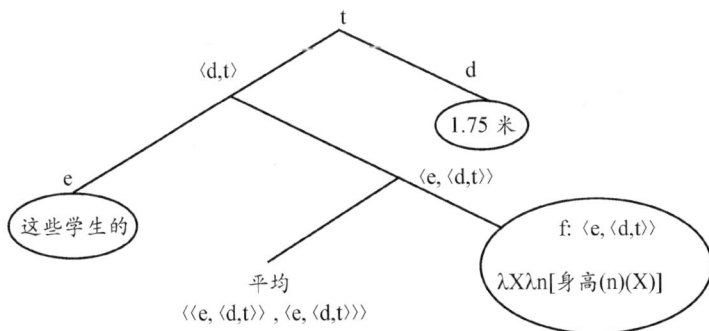

4.4　概数助词"多"的形式句法和形式语义

汉语数词和数量词后面可以黏附上一些表达大概数目的助词,如"多、来"等。它们有一些独特的句法语义表现。文献中对概数助词"多"的分布作了比较详尽的研究,主要考察的是简单系位结构,如"五十多、一百多、五千多、一万多":"多"能够黏附的数词短语还有分数、小数等各种各样的数词,但以前的研究缺乏一个统一的形式理论来解释各种分布和各种取值情况。本节提出"多"的一种句法语义界面分析,覆盖文献中讨论过的和我们所能想到的多种类型的数词短语,力求解释以前没有解释过或者缺乏重视的多个语言事实(本节以下内容请参见:贺川生等2020)。

4.4.1　"多"的形式句法和组合语义

学界一般认为黏附在数词或数量词后面的"多"是一个表示大概数目的助词,不能看成是数词。作语法分析时,"数词+多"可以看作一个数词,正如"你们、我们"可以看作代词一样(张谊生2001;邢福义2003:101—102)。"多"不是真正的数词,这个观点还有很多事实可以佐证。例(99a)表明"多"不能独立成词,不能出现在位数词前面,不能出现在占位词"零"的后面;例(99b)则表明真正的数词(例如"四")均能出现在以上位置。同时例(99c)表明"多"不能出现在以上位置,并不是因为"多"代表了一个大概数目,因为表示大概数目的数词"几"是可以出现在这几个位置的。

(99) a. *二加二等于多　　　*多百　　　*一百零多

　　　b. 二加二等于四　　　四百　　　一百零四

　　　c. 二加二等于几?　　　几百　　　一百零几

所以当"多"黏附在一个系位数词"九十"的后面时,"多"和"九十"不是并列数词关系,"多"只是一个黏附的助词。但只说"多"黏附在"九十"后面,在句法上太笼统,这个助词是黏附在整个数词后面,还是只黏附在位数词后面呢?对于"九十多",只有两种分析可能,如下所示(每个节点上的名称没有实质意义,这里重要的是各个节点之间的结构关系):

(100)

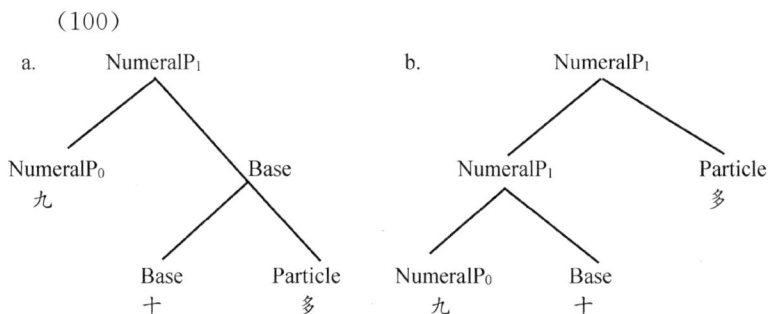

要确定哪一个是正确的句法分析,我们可以从"多"的语义入手。"多"的语义取值在于它前面的位数词,跟位数词前面的数词并没有关系,不管是"一"还是"九",例如:"十多"意思是 11~15 之间,"二十多"意思是 21~25 之间,"三十多"意思是 31~35 之间,"八十多"意思是 81~85 之间,"九十多"意思是 91~95 之间,等等。这些数词中的"多",语义取值是位数词"十"的 10%~50%,即 10%×10~50%×10=1~5。这样一来,"多"似乎是和位数词"十"组合在一起的,和系数词没有关系,即投射树形图(100a)这样的结构。但如果"九十多"投射树形图(100a)这样的结构,那么它的意思是 9 个"十多","十多"是 11~15,总共是 99~135,这并不是"九十多"要表达的意思。因为如果数值是 135,我们会说"一百多"。对于其他的例子,可以很容易验证除了"十多"碰巧能够得出正确的数值范围,其他的如果按照树形图(100a)这样的结构作语义分析,都会得出错误的取值。

这说明对"九十多"的合理分析,应该是树形图(100b),"多"这个助词是黏附在整个数词短语后面的,是类似于"们"的后缀成分。这意味在语义诠释中,"多"是和前面的数词短语整体发生语义组合的,而不是与其中的位数词。以"九十多"为例,"多"和"九十"这个短语组合,由于"九十"已经产生了语义取值,即"90 这个数目"(为了讨论方便,我们假设数词指称数。如果数词指称集合,道理也是一样的。参见第六章),那么"多"就是和 90发生语义关系,而不是 10,因为 10 在"九十"这个短语节点上已经是"看不见的了"(opaque)。现在的问题是如何使"多"在语义诠释中和整个数词短语组合,且只和其中的位数词所代表的数目发生语义关系。这个问题可以通过对"多"作恰当的语义刻画来解决。一种可能的语义如公式(101)所示,其中的"50%",我们依据的是赵元任(1979)的判断,可能最大是 100%,但这个因素不影响论点。

(101) $\llbracket$ 多 $\rrbracket = \lambda n \lbrack n + (10\% \times 10^{\text{MINexponent}(n)} \sim 50\% \times 10^{\text{MAXexponent}(n)}) \rbrack$,n 是数目(number)

符号 n 代表与"多"组合的数词数目,指数函数 MINexponent(n)得出数目 n 的最小幂,MAXexponent(n)得出最大幂。例如,对于个位数(n=1~9),指数函数只得出 0,因为个位数只有一个幂 0,没有最大最小。十位数(n=10~99)只得出 1,因为十位数也只有一个幂 1,没有最大和最小。百位数(n=100~999)得出 1~2,千位数(n=1 000~9 999)得出 1~3,万位数(n=10 000~99 999)得出 1~4,亿位数(n=100 000 000~999 999 999)得出 1~8。公式(101)中的底数 10 表明汉语是十进制语言,$10^{\text{MINexponent}(n)}$ 和 $10^{\text{MAXexponent}(n)}$ 这两个条件确保获得数目 n 的最小幂和最大幂,对应于最小和最大计数单位,即位数词。这样一来,公式(101)的意思是说,如果"多"和一个数词短语组合,会得出该数目和它的最小计数单位的 10% 到最大计数单位的 50% 之和,这样就确保了"多"在语义诠释中是和整个数词短语组合,但是只和其中的位数词所代表的数目发生语义关系,"多"的取值范围取决于它前面的位数词。

纯粹从数学角度看,指数函数 exponent(n) 可以得出任何数值的幂(······-4、-3、-2、-1、0、1、2、3、4、5、6、7、8······),但实际上有的幂和特定的语言数词系统不匹配。例如,汉语中数值为"-4、-3、-2、-1、0、1、2、3、4、8"的幂对应的表达计数单位的位数词是:"丝、毫、厘、分、个、十、百、千、万、亿",数值为"5、6、7"的幂在汉语中没有对应的位数词,它们是用组合形式来表达的,即:"十万、百万、千万",它们并不是汉语数词系统的计数单位(朱德熙1958),因而指数函数 exponent(n) 也得不出数值为 5、6、7 的幂。这是语言本身的因素在起作用,因此公式(101)另有一个语言制约,见例(102):

(102) 对于给定数目,指数函数 exponent(n) 得出的幂必须符合语言位数词系统。

对于汉语来说,指数函数可以得出"0、1、2、3、4、8"的幂,对应于位数词"个、十、百、千、万、亿"。这个语言制约说明数学符号系统和语言符号系统的不一致。例如,数学符号 2 000 000 的最大计数单位就是 1 000 000;但是它的语言符号"二百万"的最大计数单位是"万"(200 个"1 万",而不是 2 个"100 万")。"多"作为语言符号系统内部的成员只能作用于系统内的计数单位,所以"多"无法得出"百万"这个计数单位的 50%。

4.4.2 对语言事实的检验和解释

上节提出了"多"的一种句法语义界面分析,在句法树的基础上建立了一一对应的语义诠释步骤。对于其中的句法部分，我们有很好的理由认为这种直接成分分析是正确的，即"多"只能黏附在整个数词短语后面，不会只黏附在位数词后面。就语义方面来看，容易看出语义公式(101)对能够选择的数词短语没有任何限制。但有的数词短语不可以黏附"多"，情况大致如下所示：

(103) a. 五十多、一百多、五千多、一万多　（简单系位结构）

　　　 b. 九千九百多、九千零九十多　 （多项系位结构）

　　　 c. 二分之一多、十分之一多、　 （分数）

　　　　　 八成多、一半多

　　　 d. 三点多、三点一多、三点一四多　（小数）

　　　 e. *四多、*八多　　　　　　　（简单数词）

　　　 f. *八十万多、*一百万多　　　 （乘法式复杂系位结构）

　　　 g. 十二万多、四十三万多　　　 （加法式复杂系位结构）

　　　 h. 四点三万多　　　　　　　　 （小数式复杂系位结构）

　　下面我们利用前面提出的句法语义界面分析来论证所有数词短语在句法上都可以被"多"修饰，不被修饰的情况可以通过"多"的语义本身得到解释，一些复杂的情况则是因为类推和重新分析的作用。

　　简单系位结构是指"十、二十、一百、九万"这种数词短语。例(104)是举例说明"多"作用于前面的数词短语时能够得出正确的结果。

(104) 〚十多〛 $= \lambda n [n + (10\% \times 10^{\text{MINexponent}(n)} \sim 50\% \times 10^{\text{MAXexponent}(n)})](10)$

　　　 $= 10 + (10\% \times 10^{\text{MINexponent}(10)} \sim 50\% \times 10^{\text{MAXexponent}(10)})$

$$=10+(10\%\times10^1\sim50\%\times10^1)$$
$$=11\sim15$$

"十多"的意义是 11 到 15 之间的任何数目,理论上包括所有实数。对于单纯的数目"11、12"等,我们完全可以用"十多"来概括,这时候"十多"是计数数词(counting numeral)。当"十多"是量化数词(quantifying numeral)时,情况各有不同。如果"十多"后面是度量量词,"十多"的意义可以是 11 到 15 之间的任何实数。例如,"十多斤大米"可以指"11.7、12.3"这些数量,"十多块钱"可以指"十三块三角四分钱"(13.34 元)。由于实际运用的因素,小数点后面一般只精确到两至三位。这里的形式刻画排除了"十多"指代 10.1 这种数目的可能性。"十斤大米和 0.1 斤大米"根据我们的语感不太可以说成"十多斤大米",而"十多块钱"不太可以指代十块一角(10.1 元)。汉语有另外的表达式即"十斤多大米""十块多钱"。对于纯粹的计数数词来说也是一样,汉语发展出另一种表达式,如"十点多"等。

度量的数目可以是非整数,但是个体数数时只能是自然数出现,所以如果"十多"后面是个体量词,"十多"只能是 11 到 15 之间的自然数,例如"十多个学生",因为个体只能数不能量。这是客观世界的因素在起作用,和"多"的语义无关。

利用例(104)中的步骤,可以得出"一百多"的取值范围是 101~150,"一千多"的取值范围是 1 001~1 500,"一万多"的取值范围是 10 001~15 000。理论上"一万多"的取值范围是 10 001~15 000,但实际上我们概括"一万多"时,取值范围越靠近 15 000 越符合预期。如果只有一万零几元钱,不太可以说"我有一万多元钱",必须有一万零几百或一万几千元钱时说"我有一万多元钱"才比较合适。如果零头太小,我们会有另一种说法,如"一万零几、一万零几十"等。

多项系位结构是指"九千九百"这样的并列数词短语。当"多"

黏附在"九千九百"后面时,只能认为是最后一个数词短语"九百"的后缀,而不是整个数词短语的后缀,如树形图(105a)所示,数值只能取自最后一个并列数词短语,即"九百多"意思是 901～950,于是整个数词短语"九千九百多"意思是"9 000＋(901～950)＝9 901～9 950"之间。

(105)

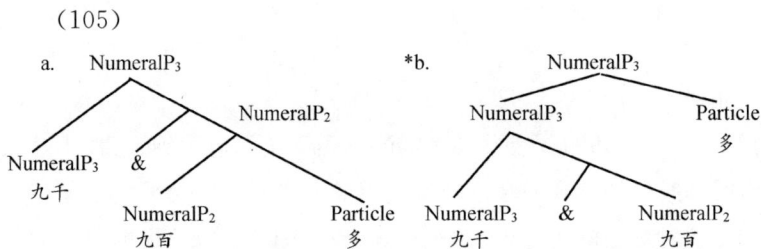

但上文公式(101)中的定义并没有规定"多"不是整个数词短语的后缀,这种情况可以通过公式(101)本身得到解释。如果"多"是黏附在整个复杂数词短语上,那么指数函数 exponent(9 900)得出最大幂 3,根据公式(101)的推演,"九千九百多"的指谓是9 901～10 400,而不是 9 901～9 950,如下所示。如果数目是10 400,则不说"九千九百多",而是说"一万多"。"多"的语义,自动排除了"多"和"九千九百"组合的可能性。

$$(106)\ [\![[九千九百]多]\!]=\lambda n[n+(10\%\times10^{\text{MINexponent}(n)}\sim$$
$$50\%\times10^{\text{MAXexponent}(n)})](9\ 900)$$
$$=9\ 900+(10\%\times10^{\text{MINexponent}(9\ 900)}\sim$$
$$50\%\times10^{\text{MAXexponent}(9\ 900)})$$
$$=9\ 900+(10\%\times10^{1}\sim50\%\times10^{3})$$
$$=9\ 900+(1\sim500)$$
$$=9\ 901\sim10\ 400$$

多项并列数词短语表示数目相加,一般是大数目在小数目之前,要符合数数原则。"多"表示大概的零数,只能是多项并列数词短语中最小数词的零数,不可能是整个数目或者前面较大数目的零数。因为较大数目的零数会和后续较小数目冲突,既然出现了模糊的大概数目,后面就不可能再有精确的较小数目,它们已经互相包含。

汉语有"二分之一多""三分之一多""十分之一多"等说法,如下所示。

(107) 但目前滩涂养殖面积仅利用 14%,大陆架海水养殖基本没有开发,海水养殖产量仅占全国水产品总量的十分之一多。(《发展养殖潜力大》,《人民日报》1985 年 9 月 21 日)

"十分之一"是 0.1,小数 0.1 的幂是 -1,不论最大最小,而 $10^{-1}=0.1$。根据公式(101),"十分之一多"的语义结果是 $0.11\sim0.15$。例(107)中的 14% 正好符合取值范围。下例中分数形式如"八成多"和"一半多",也可作类似分析:

(108) a. 全国持枪、爆炸犯罪案件从 2012 年的 311 起、161 起下降至 2017 年的 58 起、58 起,分别下降了八成多和六成多。(《持枪犯罪五年下降八成多》,《人民日报》2018 年 2 月 9 日)

　　　 b. 9 月工资单上显示代扣税是 2 722 元,10 月只扣了 1 312元,减少了一半多。(《为改革开放提供法治动力》,《人民日报》2018 年 11 月 20 日)

在不要求精确的情况下,圆周率可以说成是"三点多、三点一多、三点一四多、三点一四一多、三点一四一五多",等等。如果把

"多"附加在整个数词短语上，会得出例(109)这样的语义，明显不是我们需要的结果。"三点一多"只能指 3.11 到 3.15 之间的数值。

$$(109)\ [[三点一]多] = 3.1 + (10\% \times 10^{\text{MINexponent(3.1)}} \sim 50\%$$
$$\times 10^{\text{MAXexponent(3.1)}})$$
$$= 3.1 + (10\% \times 10^{0} \sim 50\% \times 10^{0})$$
$$= 3.1 + (0.1 \sim 0.5)$$
$$= 3.2 \sim 3.6$$

我们认为"多"在这时候，只黏附在小数点后面的数词上，不是黏附在整个数词短语上。如前所述：并列数词结构中，"多"只能是多项并列数词短语中最小数词的零数。所以"三点一多、三点一四多"有如下结构：

(110)

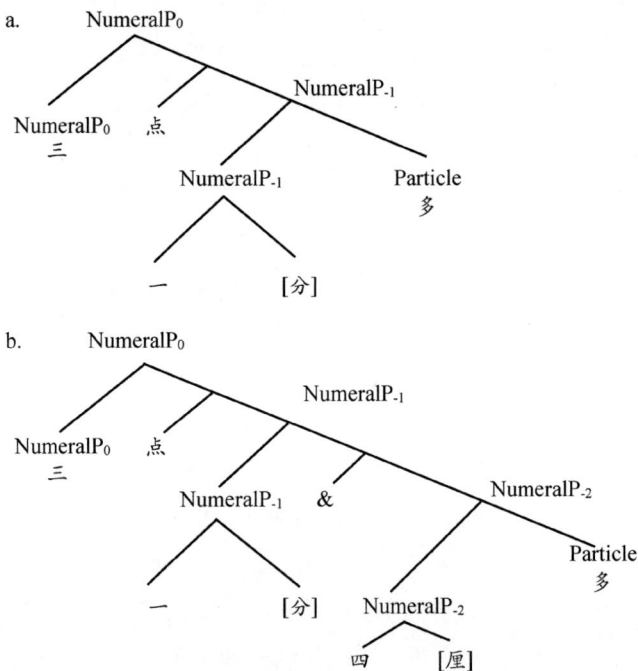

在例(110a)中,"多"只和"一[分]"组合,根据公式(101)中的推演,"一[分]多"的取值是 0.11～0.15,"三点一多"的意义是3.11～3.15。在例(110b)中,"多"只和"四[厘]"组合,"四[厘]多"的取值是0.041～0.045,因此"三点一四多"的意义是 3.141～3.145。

"多"不能附加在简单数词上,例如"*三多"。公式(101)的语义定义能够解释为什么,其原因是 3 的幂是 0,且 $10^0=1$,于是"三多"就有如下取值:

(111) 〚三多〛$=3+(10\% \times 10^{\text{MINexponent}(3)} \sim 50\%$

$\times 10^{\text{MAXexponent}(3)})$

$=3+(10\% \times 10^0 \sim 50\% \times 10^0)$

$=3+(0.1 \sim 0.5)$

$=3.1 \sim 3.5$

"*三多"得出小数。对于小数,现代汉语还有另一种表达方法,即中间加"点",这是受阿拉伯数字计数法的影响,如例(112):

(112) a. 政府投资将近 3 点多个亿,在今年年底都能完成。(《呼和浩特数万群众受惠"安居工程"》,中国广播网 2011 年 11 月 9 日)

b. 据台湾《联合晚报》报道……平均每名陆生约填 3 点多个志愿……(《台湾陆生联招会酝酿降低陆生报名费》,中国新闻网 2013 年 2 月 28 日)

这应该是一种新的发展,并且这种表达式接受度不是很高,现代汉语最自然的表达是采用数量词后加"多"。我们认为"多"是可以黏附在简单数词后面的,但是受到外部力量的干预。以前的研究没有重视这个问题,公式(101)的语义定义能够解释为什么"多"

不能黏附在简单数词上。

概数助词"余"可以出现在简单数词后面,而不需要加"点"。"余"作为概数助词的历史早于"多",表示"余数、零数"。例如:"五余斤"大概指 5.1～5.5 斤。向熹(1993:201)认为:"数量形容词'余'置于数词之后表示成数后的不定零数,上古已广泛应用,直到现代。"

(113) a. 即转终日及一余秒,然后减之。(《旧唐书》)

b. 又尽力一下,石上只陷得二三余寸深。(《隋唐演义》)

c. 凡十五余里,复合于河,以分水势。(《宋史》)

d. 铜火一千万磅,各项铜管火十七余万件。(《清史稿》)

e. 一长夫折金十四余两,胥役携之入署。(《广东新语》)

"余"不需要"点",是由于古代汉语中没有阿拉伯计数法。以下语料来自北大语言学语料库,可见现代汉语继承了这一用法。但这种表达式带有古文特征,口语中最自然的表达仍然是采用数量词后加"多"。例如"九余斤"和"九斤多"的不同语体区别。

(114) 江西波阳县一农民在掘土时挖出北宋铜钱九余斤。
(汪有民《波阳出土崇宁元宝银质小平钱》,《西安金融》
1995 年第 9 期)

4.4.3　类推和重新分析

4.4.3.1　类推

朱德熙(1958)提到"多"可以黏附在简单系位结构上(如"二十多"),不能黏附在乘法式复杂系位构造上(如"*二十万多"),但他没有解释为什么。我们认为原因不在于"二十万"这个数目太大,因为"一亿多"是可以说的。上文我们提到指数函数 exponent(n)的应用受制于语言本身,所得出的幂应该对应于表达计数单位的位数词,如"个、十、百、千、万、亿"等。而对于 200 000 这个数目来说,"多"的指数函数应该得出最大的幂为 5,但是汉语没有对应 5 的位数词,所以不能说"二十万多"。

"多"并不是完全不能黏附在乘法式复杂系位构造上(宗世海、张鲁昌 2008)。以下语料均来自《人民日报》:

(115) a. 唐山市的二十二万户居民中已有二十万多户住进新居。(《唐山今日》,《人民日报》1985 年 7 月 29 日)

b. 种绿篱十万五千米,七十四万多株,种草坪三十万多平方米。(《城市需要美化》,《人民日报》1984 年 9 月 29 日)

我们认为这是类推的结果。类推是语言演化的重要因素和产生新形式的语言创造机制。可以设想人们会在"一万多、两万多"的规律下类推产生"二十万多"这种形式。这时候原有的语法规律会让步于新的规律,即不再遵守指数函数得出的幂必须符合汉语位数词系统的规律,只遵守指数函数所应用的纯数学规律。于是指数函数强制得出最大的幂为 5,那么就会有例(116)这样的取值。

$$(116)〚二十万多〛= 200\,000+(10\% \times 10^{\text{MINexponent}(200\,000)} \sim$$
$$50\% \times 10^{\text{MAXexponent}(200\,000)})$$
$$= 200\,000+(10\% \times 10^1 \sim 50\% \times 10^5)$$
$$= 200\,000+(1 \sim 50\,000)$$
$$= 200\,001 \sim 250\,000$$

为什么"二十万多"的接受度比较低呢?这是因为新旧语法规

律尚处于竞争中。索绪尔(Saussure 1999：232，237)说过："作为类比结果的创造，它是孤立的说话者的偶然产物……另外一些人模仿它,反复使用,直到成为习惯。并不是任何类比创新都会有这样的好运气。我们每时每刻都会碰到一些也许不被语言采用的没有前途的结合。""二十万多"这种形式出现的时间并不长,是新近的产物,新的语法规律还处于受检验阶段,而古汉语语料中我们也没有发现此种格式。

需要注意的是,"二十万多"的取值是 200 001～250 000,然而我们对它的直觉判断是只能取 200 001～205 000,即"多"的取值只能是 1～5 000 之间。原因是 200 001～250 000 中的 210 000～250 000 这个数值,已经有一个完全符合汉语数词系统的合理表达式,即"二十多万",见例(117)：

$$(117)\ [\![二十多万]\!] = (20 + (10\% \times 10^{\text{MINexponent}(20)} \sim 50\%$$
$$\times 10^{\text{MAXexponent}(20)}) \times 10\ 000$$
$$= (20 + ((10\% \sim 50\%) \times 10^1)) \times 10\ 000$$
$$= (20 + (1 \sim 5)) \times 10\ 000$$
$$= 210\ 000 \sim 250\ 000$$

同样的道理,对于"十万多",指数函数也不能得出最大的幂:5,因为汉语没有对应于 100 000 的最大计数单位,所以"十万多"也是类推的产物。但"十万多"比"二十万多"的接受度高很多。原因可能是"十万多"这种形式出现的时间较长,类推发生的时间较久,且因为"十万多"和"一万多"在形式上比较一致,大家更容易接受这种形式。我们在北大语言学古代汉语语料库中找到了少数几例用法,都是出现在近代汉语中,见例(118);现代汉语中的"十万多"就更多了,例(119)均取自《人民日报》：

(118) a. 三载赃私十万多。(《醒世姻缘传》)

b. 晁奶奶也没收,就舍在那寺里买谷常平粜籴,如今支生的够十万多了。(《醒世姻缘传》)

c. 逸秉节怀远,不辱君命,胜于元朝水犀十万多矣。(《殊域周咨录》)

(119) a. 三地交界的万米石头岭上,想绿化全覆盖,就得先在石头上凿出十万多个坑来!(《太行喊山》,《人民日报》2019 年 7 月 10 日)

b. 扩种基地十万多亩,还将亩产量从之前的三千斤提高到现在的两万斤。(《鄱阳春不老》,《人民日报》2018 年 7 月 2 日)

c. 15 年来,杜申在大庆眼科医院诊治患者十万多人。(《俄罗斯"光明使者"扎根大庆》,《人民日报》2015 年 5 月 11 日)

根据"多"的定义,"十万多"理论上指代 100 001～150 000,但是 110 000～150 000 已经有一个更加合理的表达式,即"十多万",所以"十万多"只能取 100 001～105 000。而我们没有找到"十万多"能够指代 110 000～150 000("十多万")的情况,或说明"十万多"这种形式已稳定下来,形成了确切的语义取值。

4.4.3.2 重新分析

朱德熙(1958)认为,加法式复杂系位构造"十二万"也不能接受"多"的黏附。但现在,"十二万多"已变成一种较常见的表达式,例如:"你一年工资多少?十二万多。你的车多少钱?十二万多。炒股亏了十二万多。"例(120)均引自《人民日报》:

(120) a. 一九八七年,他与另外三位中青年学者合著的四十二万多字的《中华法苑四千年》问世。(《孜孜不倦》,《人民日报》1994 年 10 月 12 日)

b. 投入劳动日近三十万个,动用兵力三十二万多人次。(《武警西藏总队拥政爱民传佳话》,《人民日报》2002年8月6日)

c. 江西省万载县为培植新税源,大力发展冬瓜、百合等具有地方特色的经济作物的生产,种植面积已达十二万多亩。(《冬瓜增税》,《人民日报》2003年8月11日)

d. 截至五月二日十六时,世博会开园第二天迎来二十二万多位游客。(《图片报道》,《人民日报》2010年5月3日)

我们认为"十二万多"出现的原因,可能是重新分析。重新分析是一种常见的句法结构重新排列组合现象。和"二十万多"一样,"十二万多"也是在"一万多、两万多"等规律下类推出来的。但和"二十万多"不同的是,"十二万多"在重新分析下成为合法形式。由于"十二万"在意义上等同于"十万+二万",所以这时候人们会把"十二万"重新分析成"十万+二万",如树形图(121b)所示;由于它是多项并列数词结构,"多"只附加在"二万"上,再重新分析成树形图,如例(121c)所示:

(121) a.

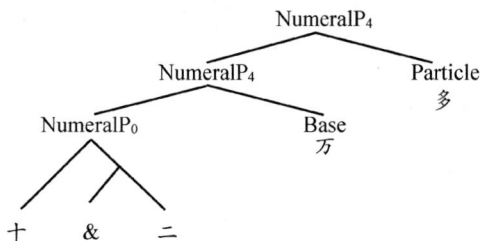

b.

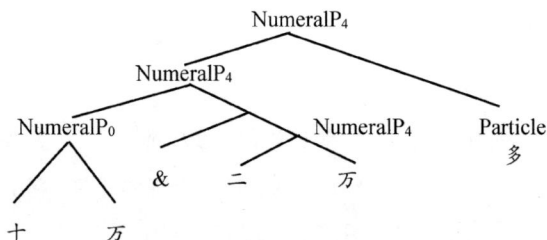

c.

```
                                    NumeralP₄
                          ┌────────────┴────────────┐
                    NumeralP₄                    NumeralP₄
              ┌────────┴────────┐         ┌────────┴────────┐
        NumeralP₀              &     NumeralP₄          Particle
           十                          ┌──┴──┐             多
                        Base    NumeralP₀  Base
                         万         二      万
```

$$NumeralP_4$$

NumeralP₄ 下分 NumeralP₄（NumeralP₀ 十、& Base 万）和 NumeralP₄（NumeralP₄ 为 NumeralP₀ 二、Base 万；Particle 多）

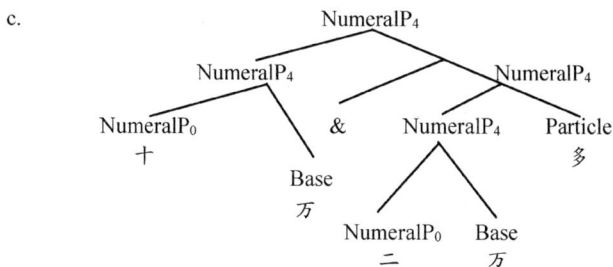

"多"作用于"二万"，可得出 20 001～25 000 的取值范围，"&"代表加法，于是整个数词短语"十二万多"的取值范围是 120 001～125 000，结果正符合我们对"十二万多"的理解。下面这些数目都发生了重新分析，例如"[一百二十一万]多"重新分析为"[[一百万][二十万][一万多]]"。类似例子比比皆是，说明重新分析在当代汉语数词中是很普遍的。

(122) a. 据统计，一九九〇年至一九九一年榨季全区蔗糖总产量达一百三十二万多吨（《广西蔗糖再次获得增产》，《人民日报》1991 年 6 月 28 日）

b. 这部包孕一万四千八百七十二个单字、九万一千七百零六条词目、一千三百四十二万多字的综合性辞书，在我面前展示了浩渺深邃瑰丽的辞的海洋！（《〈辞海〉游记》，《人民日报》2000 年 2 月 19 日）

c. 八十年，从五十三到六千四百五十一万，中国共产党党员增长了一百二十一万多倍。（《从五十三到六千四百五十一万》，《人民日报》2001 年 6 月 18 日）

重新分析作为语言创造机制受制于语言本身的约束。例如，"二十万"不能重新分析成"十九万一万"或别的形式，尽管它们意义相等，因此"二十万多"也就不能重新分析为"[十九万][一万多]"。

重新分析还会发生在其他一些数词结构中。杨德峰(1993)研究了如下这些句子中的数词：

(123) a. 中国现已探明矿区 4.3 万多处。

　　　b. 工程耗资 3.6 万多元。

　　　c. 要充分利用 1.3 亿多公顷的宜林地。

"4.3 万多"的结构,如树形图(125a)所示,"多"黏附在整个数词后面,于是有如下结果,见例(124),但这个结果明显不是"4.3 万多"的意思,如果数值是 48 000,不可能说"4.3 万多"。"4.3 万多"的意思是"四万三千"后面有零数,这个零数最大只能是百位数,不可能是千位数。

$$(124)\ [\![4.3\ 万多]\!] = 43\,000 + (10\% \times 10^{\mathrm{MINexponent}(43\,000)} \sim 50\%$$
$$\times 10^{\mathrm{MAXexponent}(43\,000)})$$
$$= 43\,000 + (10\% \times 10^1 \sim 50\% \times 10^4)$$
$$= 43\,001 \sim 48\,000$$

我们认为这也是重新分析的结果。由于"4.3 万"在意义上等同于"4 万 0.3 万"或者"四万三千",所以人们会把"4.3 万"重新分析成"四万三千",如树形图(125b)所示。由于它是多项并列数词结构,"多"只附加在"三千"上,再重新分析成树形图(125c)"三千多"可得出 3 001～3 500,"4.3 万多"的意义是 40 000＋(3 001～3 500)＝43 001～43 500。这里的分析再一次证明"多"不是直接黏附在位数词上的,因为这里"多"取值是 1～500,而不是 1～5 000。如果"多"是和"万"结合的,取值应该是 1～5 000。

（125）a.
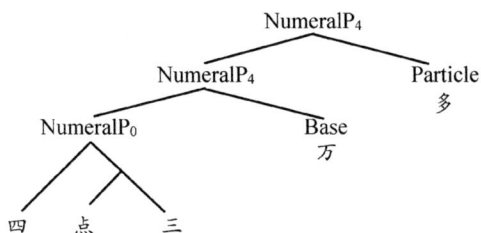

b.
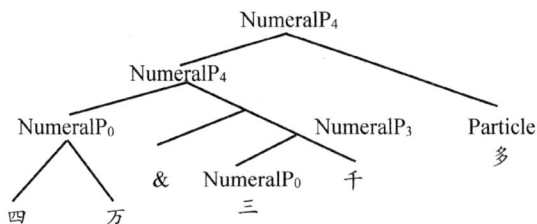

c.
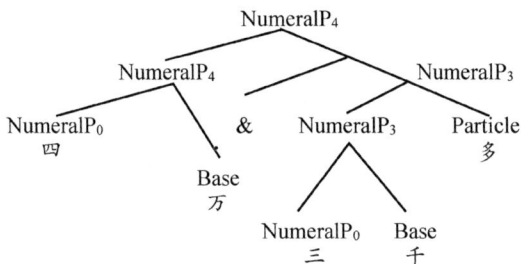

4.4.4　数量词后面的"多"

　　"多"还可以黏附在数量词后面,这时候量词可以是度量单位,如"五斤多大米、五亩多地、两里多路、五尺多长、一寸多厚"等;可以是临时性度量单位,如"一包多烟、一人多高、吃了两条多鱼"(应学凤、王晓辉 2014);也可以是特殊的度量单位,如"一倍多"。放在数量词后面的"多"对前面的数词结构没有限制,可以是简单的,也可以是复杂的,例如:"二十亩多地""十二亩多地"。基于同样的道理,"多"是黏附在整个数量词上的而不是量词身上,即对"十亩多地"的正确结构分析见树形图(126b),因为树形图(126a)中"亩多"构成一个复合中心词,但这个结构不能获得正确的语义。按照这个结构,它的意思是 10 个 1 亩多地,设 1 亩多是 1.3 亩,那么总共有 13 亩。而"十亩多地"意思是 10.1～10.5 亩地,"多"取值范围是一亩的 10%～50%,并不是 10 亩的 10%～50%。

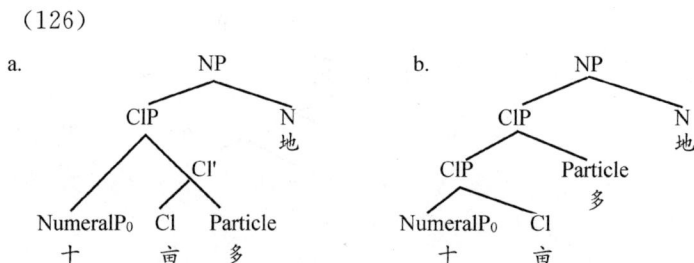

(126)

a.

b.

没有理由认为这个"多"和数词后面的"多"不是同一个词。现在的问题是"多"的语义如何适用于"十亩多地"且获得正确的解读。我们认为,只需增加一个选项即可,把公式(101)扩展为:

(127) $[\![多]\!] = \lambda n[n+(10\% \times 10^{\text{MINexponent}(n)} \sim 50\% \times 10^{\text{MAXexponent}(n)})]$,n 是数(number)或量(magnitude)

如果 n 是数目,指数函数 exponent(n)可得出数目 n 的最大、最小幂,且要符合汉语位数词系统。但对于量(magnitude)而言(十亩、一百亩、一千亩,等等),它的单位却是"亩",是度量单位,不是计数单位,因为这个量是计量的而不是计数的,是以"1 亩"为单位的,"十亩"是十个一亩,"一千亩"是一千个一亩,于是"多"的指数函数只能得出一亩的幂,永远是 0 亩,而不会是其中数词的幂,10^0 亩得出 1 亩。"十亩多"和"一千亩多"的推导如下:

(128) $\llbracket 十亩多 \rrbracket = \lambda n[n + (10\% \times 10^{MINexponent(n)} \sim 50\%$

$\times 10^{MAXexponent(n)})](10\ 亩)$

$= 10\ 亩 + (10\% \times 10^{MINexponent(10亩)} \sim 50\%$

$\times 10^{MAXexponent(10亩)})$

$= 10\ 亩 + (10\% \times 10^{0亩} \sim 50\% \times 10^{0亩})$

$= 10\ 亩 + (0.1\ 亩 \sim 0.5\ 亩)$

$= 10.1 \sim 10.5\ 亩$

(129) $\llbracket 一千亩多 \rrbracket = \lambda n[n + (10\% \times 10^{MINexponent(n)} \sim 50\%$

$\times 10^{MAXexponent(n)})](1\ 000\ 亩)$

$= 1\ 000\ 亩 + (10\% \times 10^{MINexponent(1\ 000亩)} \sim$

$50\% \times 10^{MAXexponent(1\ 000亩)})$

$= 1\ 000\ 亩 + (10\% \times 10^{0亩} \sim 50\% \times 10^{0亩})$

$= 1\ 000\ 亩 + (0.1\ 亩 \sim 0.5\ 亩)$

$= 1\ 000.1 \sim 1\ 000.5\ 亩$

这种解释意味着量词前面可以出现任意数词,简单的复杂的都可以。以下语料说明了这一点:

(130) a. 3 亩多地产出的粮食和临时务工的收入就是一家人的生活来源。(《乌蒙山下有新家》,《人民日报》2019 年 10 月 16 日)

　　b. 他们经过一个星期的激烈奋战,终于开出了一块十亩多的良田。(《井冈山的红小兵继承革命传统》,《人民日报》1970 年 6 月 1 日)

　　c. 家里有 13 亩多地,大多是岗上旱地。(《咬住目标,好好干》,《人民日报》2018 年 2 月 11 日)

　　d. 1 000 亩多水稻早被预订了。(《种地走出新路》,《人民日报》2019 年 4 月 19 日)

4.4.5　中国南方民族语言概数助词"多"的特殊句法分布

上节是对汉语概数助词"多"的形式句法语义研究,我们做了两点探讨:一是,我们认为"多"是一个表示大概数目的助词,黏附在整个数词短语上,不是黏附在位数词上;二是,给出了"多"的形式语义刻画。我们认为上一节的结论,也适用于中国南方民族语言的概数助词,例如下面引自羌语的例子 dio'多':

(131) a. ɳisie tɕaifaŋtɕyn a tʂhi dio na kuətii.
　　　　昨天　解放军　一　百　多　来
　　　　'昨天来了100多个解放军。'

　　　b. tsəthya siatue sau xtʂu tʂhi dio na ʒi.
　　　　我们　小队　羊　六　百　多　　有
　　　　'我们小队有600多只羊。'

（引自:孙宏开 1981:90）

以下表 4.2 是我们从文献中获得的更多语言的相关语料。

表 4.2　中国南方民族语言概数助词"多"的句法分布

语言	示　　　例		资料来源
白马语	(i) tʃanba reɳa 　　十　多 　'10 多'	(ii) ŋa tʃo reɳa 　　五　十　多 　'50 多'	孙宏开、齐卡佳、 刘光坤(2007:65)
拉祜语	te xɑ phɑ 一　百　多 '100 多'		张蓉兰、马世册(2007:297)
柔若语	(i) sɛ tshe ia tɯtə 　　三　十　个　多 　'30 多个'	(ii) nɛ tɕye ia tɯtə 　　二　千　个　多 　'2 000 多个'	孙宏开、黄成龙、 周毛草(2002:62)

续　表

语言	示　例		资料来源
怒苏语	(i) thi tshe dza madi 　　一　十　双　不止 　　'10 多双'	(ii) thi ɕha tɕi madi 　　一　百　斤　不止 　　'100 多斤'	孙宏开、刘璐 (1986：41)
阿侬语	(i) thi tsha kathaŋ io? 　　一　十　余　个 　　'10 多个'	(ii) thi ɕa kathaŋ io? 　　一　百　余　个 　　'100 多个'	孙宏开、刘光坤(2005：73)
浪速语	ʃik tshɛ mjik 二　十　余 '20 多'		戴庆厦(2005：61)
仙岛语	ta sau mɛt 一　二十　多 '20 多'		戴庆厦、丛铁华、蒋颖、李洁(2005：39)
木雅语	mɔni ŋæ tɕuə qatʂo 人　五　十　多 '50 多个人'		黄布凡(1985：68)
尔龚语	z̞ɣɯ z̞gɯu mɯtshɛ 百　个　余 '100 多个'		孙宏开(2007b：937)
尔苏语	nbo nɛ tshɿ nbo mazɛ 马　二　十　匹　余 '20 多匹马'		孙宏开(2007c：958)
史兴语	sɑzɯ ɦɑ qɛ zɯ meza 树　五　十　棵　多 '50 多棵树'		孙宏开、徐丹、刘光坤、鲁绒多丁（2014：94)
贵琼语	(i) te sɿ pi ɬaɬa 　　一　十　个　多 　　'10 多个'	(ii) dʑø ɬa 　　百　多 　　'100 多'	宋伶俐(2011：97)
德昂语	(i) tɔ:r kɤ:r loi 　　六　十　多 　　'60 多'	(ii) pu:r kɤ:r loi snam 　　七　十　多　岁 　　'70 多岁'	陈相木、王敬骝、赖永良(1986：50)

语言	示　例		资料来源
莽语	(i) gi dɔ 十　多 '10 多'	(ii) tɕaɯ dɔ 二十　多 '20 多'	高永奇（2003：86）
布兴语	sau pi pai 二十 岁 多 '20 多岁'		高永奇（2004：100）
布朗语	kul pai pɤi 十　多　人 '10 多个人'		李道勇、聂锡珍、邱锷锋（1986：36）
克蔑语	hok sip nɤm pai 六　十　岁　多 '60 多岁'		陈国庆（2005：90）
阿昌语	sɿ tʂhɿ n̠a 二　十　多 '20 多'		时建（2009：70）
苗语	(i) a kaŋ ʑaŋ 一　斤　多 '1 斤多'	(ii) ɯ pa ʑaŋ 二　百　多 '200 多'	向日征（1999：51-52）
布依语	(i) tsip la:i pu 十　多　个 '10 多个'	(ii) suaŋ ziaŋ la:i 二　千　多 '2 000 多'	喻翠容（1980：29）
基诺语	(i) sø ɕɔ tsɛ 三　百　余 '300 多'	(ii) sø tshə ʑɛ tsɤ 三　十　余　棵 '30 多棵'	盖兴之（1986：41）
独龙语	ɑni tsa ɑklɑi gɯ nuŋŋɯ 二　十　余　头　牛 '20 多头牛'		孙宏开（1982：59）
毛南语	pɛk tɔ zɔn 百　多　人 '100 多个人'		梁敏（1980b：49）

语言	示　　　例	资料来源
仓洛语	jintɕa tɕama se saŋkin 盐　　斤　十　多点 '10 多斤盐'	张济川（1986： 46）
佤语	(i) ti? mhɯɯn hauh 　　一　万　　多 　'10 000 多'	(ii) kau kaɯ? hauh 　　十　人　　多 　'10 多个人'	黄同元（1994： 148）
拉基语	m qei ʑi afu 五　百　多　人 '500 多个人'	李云兵（2000： 100）
普标语	ʐa:n la:i niŋ 百　多　家 '100 多个家庭'	梁敏、张均如、 李云兵（2007： 47）
侗语	(i) ȵi ɕəp ʈuŋ pən 　　二 十 多 天 　'20 多天'	(ii) ʑin ʈuŋ lji khən 　　千 多 里 路 　'1 000 多里路'	梁敏（1980a： 47）
傣语	sa:u kun pa:i 二十 人 多 '20 多个人'	喻翠容、罗美 珍（1980：43）
勒期语	səʒa ta ʃo ju? mjɛt 老师 一 百 个 剩余 '100 多个老师'	戴庆厦、李洁 （2007：93）
炯奈语	ʃen kwa laŋ nai 千 过 个 人 '1 000 多个人'	毛宗武、李云 兵（2002：50）
仡佬语	pan ɛ sen 十 多 日 '10 多天'	张济民（2013： 124）
木老语	(i) ɬu ve a 　　二 十 多 　'20 多'	(ii) mu ze a 　　五 百 多 　'500 多'	薄文泽（2003： 63）

语言	示　　　例	资料来源
莫语	pek　kuŋ　ja:n 百　多　户 '100 多户家庭'	杨通银（2000：88）
毕苏语	(i) sum tɕhe tsan　　　(ii) ni tɕhe tap tsan 　　三　十　余　　　　　　二　十　支　余 　　'30 多'　　　　　　　　'20 多支'	徐世璇（1998：103）

从这些民族语言概数助词的分布中可以看得更加清楚："多"黏附在整个数词短语上，不是黏附在位数词上。很多南方民族语言中，位数词是在基数词的前面，而表示类似"多"的助词却是出现在整个数词短语的后面，明显不是黏附在位数词后面。例如：达让语"一万"的顺序是"万一"，maluɯdɯi'多'黏附在整个数词短语后面，见例（132a）。格曼语也类似，见例（132b）。

(132) a. ʂejin　lɑɯ　k'ɯn　mɑluɯdɯi
　　　　社员　万　一　　多
　　　　'10 000 多社员'
　　　b. tʂ'ɯtsɯ　waje　mu　kɯglɑt
　　　　尺　　　　百　　一　　多
　　　　'100 多尺'

（引自：孙宏开等 1980：194,255）

下面是其他语言的例子，其中"多"黏附在整个数词短语上，不是黏附在位数词上，因为"多"和位数词不在一起。

(133) khjiŋmǎ　ŋa　tʃan
　　　千　　　五　多
　　　'5 000 多'

景颇语（引自：刘璐 1984：48）

(134) tɕa   ɹendzoŋ kɑni luɯ
　　　蛋   千   二   余
　　　'2 000 多个蛋'

义都语(引自：江荻 2005：61)

(135) te   chɛʔ nai tsen
　　　马   二十 二   多
　　　'40 多匹马'

门巴语(引自：陆绍尊 1986：34)

(136) a. me   mɑlɯŋ kɯ mɑlɯ
　　　　人   百   一   多
　　　　'100 多人'

　　　b. tɕɑ ɹɑdzɯŋ kɯ dɯ
　　　　斤   千   一   多
　　　　'1 000 多斤'

达让语(引自：江荻、李大勤、孙宏开 2013：85)

　　我们对"多"的语义定义没有限制数词与"多"的前后顺序。汉语的"多"黏附在数词短语的后面,是因为"多"是一个后缀性助词,不是前缀,类似汉语中的"们"之类。别的语言中类似成分,可能是前缀,如京语对应的概数助词"多",或放在数词的前面,如例(137)所示。这说明本节对"多"的语义刻画具有普遍性。

(137) lə:p tsuŋtoi kə hə:n bon mɯəi ŋɯəi
　　　班   我们   有   多   四   十   人
　　　'我们班有 40 多个人。'

(引自：欧阳觉亚等 1984：76)

4.5　"半"：数词、量词、数量后缀

　　汉语的"半"也是一个值得深入研究的词。它的用法多样,容

易被认为是同一个词素。本节我们将提出汉语存在三个"半",它们属于不同的词类,具有不同的语法功能,即:数词"半"、量词"半"、数量后缀"半"。本节将从民族语中找出证据支持这种三分法。

4.5.1　作为数量后缀的"半"

邢福义(1993)认为"半"既可以是数词,也可以是量词。当它同量词结合时,它是数词,表示 0.5,例如"半斤、半个";当它同数词结合时,是量词,表示二分之一的量,这时只有"一半、两半"的说法。在《词类辨难(修订本)》中,邢福义(2003:73)继续讨论了数量词后面的"半"(如"三尺半、五斤半"等),认为它是和"半斤"中的"半"是一样的数词,"三斤半"是由"三斤+半斤"凝固而成。这种分析表明"三斤半"这个量是由两个量相加而来的,即"三斤"和"半斤"。邢福义没有说明"凝固"的所指,或是指通过省略或者隐含后面的"斤"而形成,"三斤半"其实就是"三斤半斤"。注意这里的要点是,说"三斤半"中的"半"是数词,必须假设"半"后面有一个量词,否则"三斤"这个量和"半"这个数结合在一起,是一个不符合事理的结构。

邢福义对汉语数量系统的诸多研究事实详尽、逻辑严密、理论深刻、令人信服。但我们就"三斤半"中"半"的词性提出疑问,我们认为"三斤半"中的"半"是数词这种观点似有不妥之处。这个观点也见于刘月华等(2004:127)、赵元任(1979:260)。下面我们从汉语内部提出几个论据认为"三斤半"不是来自"三斤+半斤"。

汉语中有"离天三尺三"这个说法。"三尺三"的意思是"三尺三寸",当这个短语后接名词时,省略或者隐含的量词必须出现,如"给我扯三尺三寸棉布",而不是"给我扯三尺三棉布"。因此,如果"三尺半"涉及省略或者隐含,那么它应该和"三尺三"具有相同的句法表现。但在"三尺半棉布"中,不能补出来什么量词。若补上

"尺",会导致不合格的"三尺半尺棉布";而补上"寸",则是"三尺半寸棉布",但它表示的是一个不同的量:3.05尺,而不是3.5尺。

邢福义提到,"半"可以放在绝大多数表示度量衡的物量词前面,例如:"半斤、半两、半吨、半磅、半钱、半厘、半亩、半斗、半升、半里、半米、半寸、半尺",等等。但也有一个例外,"半丈"不能说。邢福义认为,"这也许是习惯使然,说不出为什么",但"一丈半"等说法却是恰当的。按照凝固的分析,"一丈半"是"一丈半丈"来的,但"半丈"本身也不是很合适的。

(138) a. 宜每隔一丈半到二丈远做一个。(《霜冻的危害及其预防》,《人民日报》1954年10月9日)

b. 那一丈半宽的壕沟,有八、九尺深。(《董存瑞的战友——郅顺义》,《人民日报》1954年10月9日)

c. 艺华乐器商行,是一个资金九千万元,门面仅有一丈半宽的铺子。(《"五反"运动后北京街头二三事》,《人民日报》1952年5月13日)

再如我们可以说"两点半",用以表达时刻。若根据凝固的说法,这应该来自"两点半点",但"半点"本身不合法,例如:"现在几点? 两点半/*半点。"当"半"修饰量词时,"半"的前面可以加修饰成分"大、小"。如"大半斤肉、小半斤肉",表示略超过或略少于0.5斤肉。如果我们想表达5斤肉再加略超过或略少于0.5斤肉,那么按照凝固的分析,我们应该有"五斤大半肉",它来自"五斤大半斤肉"。但"五斤大半肉"是完全不合格的说法,而"五斤+大半斤肉"是合格的说法。

同样的,我们可以说"五斤多肉再加半斤肉",于是语言形式"五斤多+半斤肉"就会得出"五斤多半肉"。若按照凝固的分析,"五斤半"这个量是由两个量相加而来的,这两个量之间并不存在必然的数值包含关系。甚至我们可以说五斤半肉再加半斤肉,于是语言形式"五斤半＋半斤肉"就会得出"五斤半半肉"。"五斤半"是五斤半,"半斤"是半斤,在这个形式里并没有包含关系。

说"三尺半"是由"三尺＋半尺"凝固而成的需要另外的解释机制来说明为什么"半尺＋三尺"不能得出"半尺三"或"半三尺"? 也就是说,不同的量排列在一起为什么一定是大量在前小量在后? 这里似乎没有顺序上的限制,比如说"三尺＋半尺"和"半尺＋三尺"都是可以的。人为规定只能是"三尺＋半尺"纯粹是为语法增添了一个硬性规定。

即使说"三尺半"是由"三尺＋半尺"凝固而成,因为"尺"(连续量)可以论"半"。但是对于"三个半"之类的说法就不合适了,见以下例句。按照凝固的分析,"一个半"是"一个半个"来的,但是"半个"不能表达生物个体,不存在半个孩子。

(139) a. 一个工作人员平均服务不到一个半孩子的惊人浪费现象。(《幼儿园也要比先进》,《人民日报》1958 年 3 月 7 日)

b. 今后每对育龄夫妇平均生一个半孩子,全国人口到 2000 年是 112 500 万。(《二〇〇〇年和一〇〇〇美元》,《人民日报》1980 年 9 月 7 日)

c. 如果平均每对夫妇生一个半孩子,人口自然增长率达到零要五十年以后(《为什么要提倡一对夫妇只生一个孩子》,《人民日报》1980 年 4 月 15 日)

综合上面的讨论,我们认为"三尺半"不应该来源于"三尺半尺",即"三尺半"中的"半"和"半尺"中的"半"不一样。后者是表示 0.5 的数词,前者是表示数目的助词,不是数词,类似于"三尺多"中的"多"。"三尺半"是一个完整的句法成分,其后没有"尺","半"是后缀性助词黏附在数量词上。其实邢福义(2003:101—102)认为"三尺多"中的"多"是一个表示数目的助词,不能看成是数词。"三尺半"看上去与"三尺多"是完全一样的结构,具有相同的句法分布,所以"半"和"多"是一样表示数目的助词,这样理解显得更加合理。如果这里的分析成立,就意味着汉语有三个"半":一个是数词(如"半斤"),一个是量词(如:"一半、两半"),一个是表示数目的助词(如:"九斤半")。于是作为数量助词的"半"可以定义如下,见公式(140)所示,例(141)是"三尺半"的语义推导。

(140) 〖半〗$=\lambda n[n+50\% \times 10^{\text{exponent}(n)}]$,n是数目或数量

(141) 〖三尺半〗$=\lambda n[n+50\% \times 10^{\text{exponent}(n)}](3')$

$\qquad\qquad = 3'+50\% \times 10^{\text{exponent}(3')}$

$\qquad\qquad = 3'+50\% \times 1'$

$\qquad\qquad = 3'.5'$

4.5.2　中国南方民族语言的佐证

有些民族语言中的"半"类似汉语的"半",可以出现在三个不同位置,例如优诺语的 nən,如下所示:

(142) a. nən tjuŋ　　　b. nən nu　　c. nən faŋ

　　　　半　　年　　　　　　　半　　个　　　　半　　碗

　　　　'半年'　　　　　　　'半个'　　　　　'半碗'

(143) ʑe nən

　　　一　　半

　　　'一半'

(144) a. pi tɕhe nən　　b. pje kaŋ nən

　　　　五　尺　　半　　　　三　斤　　半

　　　　'五尺半'　　　　　　'三斤半'

（引自:毛宗武、李云兵 2007:73—74)

有的语言借用汉语的"半",所以其分布和汉语相同。木佬语 pə 是借用汉语的"半",分布与汉语相同,如:pə keŋ'半 斤'、tsi pə '一 半'、ɬu keŋ pə'两 斤 半'(薄文泽 2003:63)。

汉语"一半"中的"半"是量词,反映在民族语言中,这个"半"具有类似于量词的选择限制。毕苏语:thi kho'一 半'用于抽象概念或不可数事物的一半,thi pha'一 半'用于可分可数事物的一半,thi pak'一 半'用于一个整体切开或剖开的一半,thi paŋ'一 半'用于液体的一半(徐世璇 1998:103)。

汉语"半斤"中的"半"是数词,这种分析得到了民族语言的佐证。很多民族语言中,量词前面的"半"和"一半、两半"的"半"也是不同的词素,如下表 4.3 所示。

表 4.3 中国南方民族语言"半"的句法分布

语言	数词的"半"		量词的"半"		资料来源
	词汇	例子	词汇	例子	
纳西语	phu⁄ kho	tɕi phu'半 斤'、khua kho'半 碗'	ŋgɯ	dɯ ŋgɯ'一 半'、n̩i ŋgɯ'两 半'	和即仁、姜竹仪(1985:61)
仡佬语	men	men sen '半 天'、men tsi'半 斤'、men zau'半 升'、men tu '半 月'、men plei'半 年'	pei	sŋ pei'一 半'	贺嘉善 1983:33;张济民(2013:125—126)
苗语	pɛ	pɛ kaŋ '半 斤'、pɛ nhe'半 天'、ɯ kaŋ pɛ'二 斤 半'	naŋ	a naŋ kɯ'一 半 路'	向日征(1999:53)
佯僙语	lon	lon ʔme '半 年'、lon van '半 天'、lonthɔŋ '半 桶'	tiŋ	to tiŋ'一 半'	薄文泽(1997:69,71)

把"三斤半"中的"半"独立出来,也有民族语言的佐证。京语中有两个表示"半"的数词,一个是 nɯə,一个是 jɯəi,用法不同。nɯə 放在量词之前,如 nɯə năm'半 年'、nɯə kən'半 斤'、nɯə

ŋai'半 天'。juɯəi 只放在数量词之后,如果数词是 mot'一',往往
省略,如 kən juɯəi'斤 半'、ŋai juɯəi'天 半'、bat juɯəi'碗 半'、
ha:i bə juɯəi kui'两 捆 半 柴'。"一半"中的"半",京语也是用
nuɯə,如 mot nuɯə(欧阳觉亚等 1984:71)。拉祜语也区分数量助
词的"半",例如:te sa ʁu'一 半 天'、ni pui pha'两 倍 半'(常竑恩
1986:33)。畲语有 tan 和 pan,tan 用在量词前面,pan 用在数词
"一"或量词后面。

(145) a. tan　ŋjɔ　　　　　b. tan　naŋ　nenɔ
　　　　半　年　　　　　　　半　个　月
　　　　'半年'　　　　　　　'半个月'

(146) a. i　pan　　　　　　b. i　kjuŋ　pan　kwei
　　　　一　半　　　　　　　一　斤　半　肉
　　　　'一半'　　　　　　　'一斤半肉'

(引自:毛宗武、蒙朝吉 1986:47—48)

第五章

数词、量词和名词的句法语义互动关系

本章研究数词在名词结构中的句法语义,涉及数量名结构的句法分析和各个成分之间的语义组合问题。要研究数词在名词结构中的句法语义,先要弄清楚数量名结构的句法分析。例如:在典型的汉语数量名结构"三个人"和"三次去北京"这样的表达式中,常见的分析是数词和量词组合成数量结构,然后和其他成分组合。传统语言学一直是这个观点(Greenberg 1975;Li & Thompson 1981),邢福义(1993:55)指出,数量词系统的基本面貌是"数不离量,量不离数"。马庆株(1990:162)也有如下概括:"量词的意义往往须在量词与它前面成分组合的时候,或者在数量结构与后面的成分组合的时候才能充分地显示出来。量词与数词的关系最密切。"

然而生成语言学中有相当一部分研究提出了层级投射结构。例如:"三个人"不是分析成[[三个]人],而是分析成[三[个人]];而"三次去北京"也不是分析成[[三次]去北京],而是分析成[三[次[去北京]]]。成分结构分析是句法语义界面研究的第一步,正确的语义分析取决于正确的句法分析。本章的主要目的是对这种层级投射结构提出不同的意见。本章将提出系列证据论证数词和量词一起组合成完整成分的观点,并且将对数量名结构中的各个成分给出形式语义定义以及组合程序。

5.1 论汉语数量组合的成分完整性:数词+名量词

汉语语法界对于汉语数量名短语(例如:"三个学生"等)的层

次划分，主流意见是"三个"构成一个完整的句法语义单位（constituent），然后以一种左分支结构和名词组合成数量名短语。这可以从很多教科书和论著在语法体系上把数词和量词合称为数量词（或称数量结构、数量词组或数量短语）这一点中看出。把数词和量词合称为词或短语，也表明它们是构造成分且不可分割。

生成语言学界有很多学者也持上述观点（Wu & Bodomo 2009；Bale & Coon 2014；李亚非 2015；贺川生 2016；Her 2017；Her & Tsai 2019）。但也有学者提出，汉语数量名短语中量词和名词构成一个句法成分，即右分支结构（Li 1998，2014；Tang 1990；Cheng & Sybesma 1999）。提出右分支结构的一派，大部分是出于理论上的考虑，比如符合 DP 假说（Abney 1987），但没有提出语言事实上的论证。直到最近，张宁（Zhang 2011）论证了左右分支结构在汉语中同时存在，但不同的数量名短语投射不同的层次结构。具体地说，个体量词、个体化量词具有右分支投射，容器量词、度量量词、集体量词和部分量词具有左分支投射，如下所示。李旭平（Li 2013）也论证了汉语中容器量词左右分支结构同时存在：计数（counting）解读投射右分支结构；度量（measuring）解读投射左分支结构。

（1）

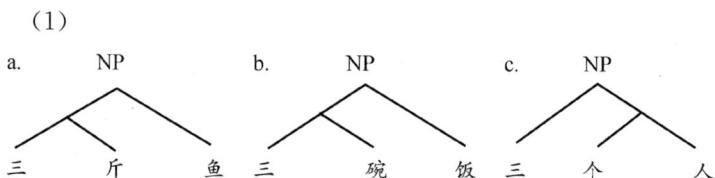

a. NP 三 斤 鱼　　b. NP 三 碗 饭　　c. NP 三 个 人

树形图（1a）和树形图（1b）是左分支结构，符合一般的意见，树形图（1c）是右分支结构，不符合汉语语法学界的主流意见。主流意见一般认为"三个人"也是左分支结构，"三个"构成一个句法成分，但主流意见没有提出实在的证据说明这一点，或认为凭语感来说，"三个"关系紧密，用不着专门讨论。张宁认为语感上的因素不能拿来判断句法成分。我们不能说数词和量词的关系紧密就认为它们一定构成一个句法整体,这也可能是语音层面的操作。张宁类比说,英语助动词可以黏附在前面的主语上面,而它们明显不是一个句法成分。类似例子包括法语的 aux(＝à les 'to the')和德语的 beim(＝bei dem 'at the')。张宁指出数量组合可能属于音系短语,类似于英语短语 a big house 中,big house 当然可构成一个句法成分,但是在语音层面,a big 构成一个音系短语,读起来是 [a big] [house]。

这种回答当然是正确的,但这是一个否定性论证,并不能说明数量组合不是一个句法短语,只表明它不能用来证明这一点。张宁也提出了五条肯定性证据认为不同的数量名结构投射不同的分支。我们认为这些证据不足以论证不同的数量名结构投射不同的分支,特别是不足以论证个体数量名结构投射右分支结构,因为甚至可以得出相反的结论。我们将提出三条积极证据论证个体量词同样具有左分支投射,由此可得出所有数量名结构都投射左分支结构,所有数量组合都是语义完备的句法单位(参见:贺川生2016)。

5.1.1　层级分析的论证

5.1.1.1　左边界的修饰成分

张宁(Zhang 2011)观察到当量词是容器量词、集合量词时,可以出现两个语义不匹配的形容词分别修饰量词和中心名词。例如:

(2) a. 大大的一碗小樱桃　　　b. 方方正正的一包三角饼干

　　c. 圆圆的一罐方糖　　　　d. 很大的一桌小客人

　　e. 大大的一堆小樱桃　　　f. 很长的一排超短的小汽车

(引自:Zhang 2011)

由于语义相容涉及成分内部的关系,所以它们只能有左分支的结构,即"大大的一碗"与"小樱桃"形成附加关系,这样一来就没有成分统制的关系。这样,只有树形图(3a)才是例(2)这些句子合理的句法结构。

(3)

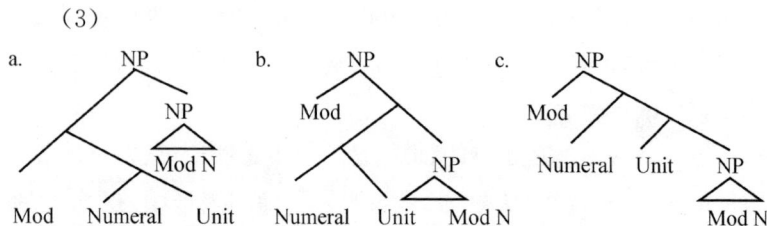

而其他量词,它们一般都不可以这样用,如例(4)所示,所以这些结构不是投射树形图(3a)或(3b)的左分支结构,而是投射树形图(3c)的右分支结构。

(4) a. *大大的一粒小樱桃　　　b. *很大的一滴小水珠

　　c. *很大的一片小橘子　　　d. *很重的一公斤轻木料

　　e. *很矮的一栋高楼　　　　f. *很高的一栋矮楼

（引自：Zhang 2011）

形容词"大大的"也可以认为是和数量词"一粒"组成一个句法单位,投射树形图(3a)类结构。这样不管什么量词都能投射为同样的结构。例(2)和例(4)的区别在于量词和名词之间的语义关系。例(4)的量词是名词的天然单位,所以量词所指就是名词所指,"*大大的一粒小樱桃"中,一粒是大大的,这个"一粒"是樱桃,所以樱桃不能是小的。例(2)的量词不是名词的天然单位,它们有着自身特点,它们的所指是名词所指的集合,和名词所指的特征不相关,可以有意义相反的形容词出现。前者是一体关系,后者是组成关系(参见:宗守云 2009)。

5.1.1.2　修饰词的句法依存

汉语数量词之间有时可以插入形容词,特别是一些表示尺寸形状的形容词。张宁(Zhang 2011)认为,个体量词前面加形容词,意思等于名词前面加形容词,但容器量词和集合量词不等于名词前面加形容词,这意味着个体量词统制名词,所以修饰词在语义上和名词相关,而容器量词和集合量词不统制名词,修饰词和名词没有语义上的关系。

(5) a. 一长条项链＝一条长项链

　　b. 一薄片树叶＝一片薄树叶

　　c. 一厚本教科书＝一本厚教科书

　　d. 一圆顶帽子＝一顶圆帽子

(6) a. 一大箱项链≠一箱大项链

　　b. 一大堆苹果≠一堆大苹果

　　c. 大瓶药片≠一瓶大药片

　　d. 一大碗葡萄≠一碗大葡萄

(引自: Zhang 2011)

对于容器量词而言,这个事实是合乎逻辑的。"大"修饰量词时和后面的名词没有语义关系,构成左分支结构。"一大／小碗饭"不可能是"*一碗大／小饭",说明"大、小"只和量词发生关系。值得注意的是,这里的"大"有两种意义,一种是指容器大,另一种是说容器中的大部分。

(7) a. 手里拿着一大瓶药片(瓶子是大瓶)。

　　b. 嘴里喝着一小瓶可乐(瓶子是小瓶)。

(8) a. 不知不觉喝完了一大瓶可乐(瓶中大部分)。

　　b. 只喝了一小瓶可乐(瓶中小部分)。

当涉及个体量词时,同样如此。"一大张纸"的意思也有两个,一是指纸本身是大的,如例(9);另一个意思是指一张纸的大部分,至于纸的大小,则不在讨论的范围(孟葆淑1997),参见例(10)—(13)。

(9)我不需要这么一大张纸,一小张纸就够了。

(10) a.一会儿工夫就写完了一大张纸。(纸可能很小一张)

　　　b.磨磨蹭蹭才写完了一小张纸。(纸可能很大一张)

(11) a.一会儿工夫就看完了一大本书。(书可能很小一本)

　　　b.磨磨蹭蹭才看完了一小本书。(书可能很大一本)

(12) a.一会儿工夫就画完了一大幅画。(画可能很小一幅)

　　　b.磨磨蹭蹭才画完了一小幅画。(画可能很大一幅)

这意味着这里也不可能投射右分支结构,因为会发生语义矛盾,而这正是张宁所力求避免的。当涉及个体量词时,以上事实说明它们只能投射左分支结构,正如容器量词一样。因此张宁的这个论证反而支持了左分支结构,而不是右分支结构。至于为什么"一长条项链"只能指一条长项链,"一薄片树叶"只能指一片薄树叶,是因为形容词"长、薄"等只能形容事物本身的尺寸特征,"长、薄"没有"大、小"那种指示部分的用法,例如"长条"没有"一条的长部分"的意思。

5.1.1.3　形容词的顺序

当表示尺寸和形状的形容词修饰同一个名词时,形状形容词要更靠近名词,例如 big square table/ *square big table。如果没有"的",汉语也遵循这一规则,例如"一个小方花瓶/ *一个方小花瓶"。张宁(Zhang 2011)的例子是"一片小圆树叶/ *一片圆小树叶"。当形容词被量词隔开,个体量词同样遵守这一规则,而容器量词、集体量词和部分量词不遵守这一规则。

(13) a. 一小个方花瓶/*一方个小花瓶

　　 b. 一小条长茄子/*一长条小茄子

　　 c. 一小片方饼干/*一方片小饼干

(14) a. 一小盘圆饼干/一圆盘小饼干

　　 b. 一大堆长茄子/一长排小茄子

　　 c. 一大块长茄子/一方块大番茄

　　张宁(Zhang 2011)认为以上对立表明在数量名结构中,个体量词及其修饰语成分统制(c-command)相关名词的修饰语,因此处于同一成分统制区,遵守以上顺序。在容器量词、集体量词和部分量词中,它们的修饰语和名词的修饰语不处于同一成分统制区,所以不需要遵守以上顺序。

　　这个论证的出发点是认为形状形容词"圆、方"可以插入到量词前面,但是根据我们的语感,似乎没有"圆、方"加在量词前面这种用法,能插入的形容词只有"大、小、满、整、长、厚、薄"(陆俭明1987)。张宁认为"一圆顶帽子"等同于"一顶圆帽子",因为修饰成分"圆"统制"帽子"。我们认为这里并没有必然的语义等同关系,这里的"等同"只是碰巧而已,因为帽子通常是圆的。这里的"圆顶"可看成是临时组合的复合词,"一圆顶帽子"意思是"一顶圆顶帽子"。类似的"方片"也是复合词的一部分,例如"方片小抓夹、方片大框"。

　　根据陆俭明(1987),插入的形容词表示量或程度的多少。例如"仅仅吃了 *小/*大个馒头"。如果名词本身没有量多量少的区分,那么是不能用的,例如"一大件行李/*事情""一大张地图/*扑克牌"等。就形容词"长、厚、薄"而言,其后面的量词本身应具有尺寸形状方面的意义,与形容词应匹配。如果修饰的事物没有厚薄方面的特征,则不能插入,如"*一厚/薄个学生"。当然这些形容词也可以表示量或程度的多少,例如"*仅仅记了一厚本日记""仅仅看了一薄本书"等。

下面我们重新梳理张宁(Zhang 2011)的论证,以"大、小、长、厚、薄"为例。不管它们被称为"尺寸形容词"还是"形状形容词",它们一起出现时的顺序是:"大、小"在前,"长、厚、薄"在后。陆俭明(1987)提到,量词前面能够插入两个形容词的情况只限于"大长/厚;小薄"(如:"一大厚本书、一大厚沓钞票、一大长串糖葫芦、一大长条鱼、一小薄本书、一小薄片面包")。修饰名词时也是这样,如:"小薄雪片/*薄小雪片、大厚嘴唇/*厚大嘴唇、大长脸/*长大脸"。

按照张宁(Zhang 2011)的解释,右分支结构不能有"长、厚、薄"在前,"大、小"在后,但是下例(15)完全合法:"一厚本小书"表示书的尺寸小但是厚度大;"一薄片小饼干"表示饼干面积小厚度也小。这些例子中,若是两个形容词直接修饰同一个名词,则只能是相反的顺序,如"小薄饼干/*薄小饼干、小厚书/*厚小书"。这和张宁的分析发生了矛盾。例(16)是一些选自 CCL 语料库中的例句。

(15) 那么长的作品,一厚本小书装下,音符跟一般书上的逗号似的。

(16) a. 里边有一只很大的人参,还有两厚本小书。

　　 b. 目测一中又要发两厚本大试卷。

　　 c. 说着李阳从自己怀里拿出一薄本小册子。

张宁认为"一长条小茄子"不可以说,"一小条长茄子"可以。首先,根据我们的语感和理解,它们都是成立的。下面是一些实际语料。

(17) a. 左侧口腔黏膜有一长条小疙瘩。

　　 b. 一长条小桌子旁坐着一妇人和两个小孩。

　　 c. 小屋炕小,中间放一长条小木箱当书桌。

其次,我们认为这种语料不能用来判断句法结构,因为这里的例子也可以解释为复合词。"一长条桌子"分析为"一/长条桌子",真正的量词没有出现,当然也可以补出来,如"一条长条桌子"。并且在这种语料中,数词一般是"一",如果是比较大的数,接受度则变低,如"?? 画面上有三长条桌子。"

5.1.1.4　补语和谓语身份

张宁(Zhang 2011)的另一个论证是数词和度量词或部分量词组合可以作度量形容词的补足语,而数词和个体量词不能作度量形容词的补足语。如下所示:

(18) a. [[三寸]长]的棍子　　　　　b. [[三两]重]的胆结石

　　　c. [[三段]长]的课文　　　　　d. [[三层]高]的楼房

(19) a. [[三根*(筷子)]长]的棍子

　　　b. [[一个*(鸡蛋)]大]的胆结石

　　　c. [[三滴*(水)]大]的油

　　　d. [[三种*(水)]大]的橘子

(20) a. 那张桌子长两米。　　　　　b. *那个桌子长两张。

　　　c. 宝玉比黛玉高三寸。　　　　d. *宝玉比黛玉高三根。

(引自:Zhang 2011)

张宁(Zhang 2011)认为,只有完整成分才可以作补足语或谓语,数词和度量词(或部分量词)可构成一个句法成分,而数词和个体量词不能构成一个句法成分。这个论证同样没有说服力。它们能否与度量形容词结合是一种语义选择上的要求。"三根长"中的"三根"并不能构成长度的度量单位,它只是计数单位,而"三根筷子长"中的"三根筷子"能构成长度的临时度量单位。度量词或部分量词本身就是度量单位,表示一个量。

集合量词和容器量词按照张宁的观点是左分支结构,但是同样不能与度量形容词结合。例如"*三堆大的橘子、*三瓶高的鸡窝"。问题的关键是看数量词能否构成一个度量单位,个体量词只能形成计数单位而不是度量单位。张宁(Zhang 2011)认为数词和容器量词组合可以独立作补足语,举的例子是"三瓶容量的酒精",但这是另一种结构,不能用作证据。并且按照这种推理,我们同样可以说"三根数量的棍子",于是"三根"是一个句法成分,和张宁的初衷相矛盾。

个体数量词也可以作谓语,如下所示。注意这里数量词后面补不出什么词来。特别是例(21b),最有可能补出的是"东西"或者"机器"这样的词。但是这种解释办法有逻辑漏洞。这意味着当一个人说出"电脑和手机一起是十台"时,这个人的语言中一定是有"东西"或者"机器"这样的词,因为这种解释蕴含说话人已经有了这些词。但是很明显这种蕴含逻辑上并不成立。如果一个人的语言中由于某种原因没有"东西"或者"机器"这样的词,那么他永远说不出"电脑和手机一起是十台"这样的句子,这无疑是不合理的结论。

(21) a. 我们是十个,他们是五个。

b. 电脑和手机一起是十台。

5.1.1.5　语义选择

一般认为,个体量词、个体化量词和所修饰的名词之间存在较强的语义选择关系,其他量词则没有很强的语义选择限制。

(22) a. 三匹[马 /*猪]　　　　b. 三盏[灯 /*蜡烛]

c. 三艘[船 /*飞机]　　　　d. 一剂[药水 /*汤]

e. 一泡[尿 /*鸡汤]　　　　f. 一匹[布 /*纸]

(23) a. 三车厢[马 / 猪]　　　　b. 一碗[药水 / 鸡汤]

c. 一升[药水/鸡汤]　　　 d. 一堆[书/手绢]

e. 一片[汽车/蚂蚁]　　　 f. 一片[西瓜/橘子]

（引自：Zhang 2011）

张宁（Zhang 2011）认为例（22）中，名词是受量词成分统制的，所以有语义选择关系；例（23）中，名词和量词处于不同的成分统制区，没有语义选择关系。我们认为这个论证非常弱。尽管我们可以认为是量词选择中心名词，反过来我们也可以认为是中心名词选择量词（参见：邵敬敏 1993）；或者认为二者存在语义匹配关系（Tang 1990）。这种情况是很普遍的，类似于形容词修饰名词。在形态丰富的语言中，形容词和名词有性数格的一致关系，这种情况一般认为是名词的形态控制形容词的形态。又如在动量词中，量词的选择取决于动词，而不是相反，并且在这种结构中，动词并不直接成分统制数量词，"踢了他"与"三次"构成附加语的关系（参见§5.2）。

（24）我踢了他三次/三脚/三遍/三回/三下/*三眼/*三口/*三趟。

5.1.2　个体数量词构成完整句法成分的积极证据

5.1.2.1　独立的数量短语

按照个体数量词投射右分支结构的这种观点，一个重要后果是个体数量词"三个"之类永远不能独立出现，因为它们不是一个构造成分。这意味着当有个体数量词独立出现时，其实它们后面总是有名词在支撑，这个名词由于某种原因被省略了或是隐含的。

(25)

```
              NP
            /  |  \
           /   |   \
          三   个   [N]
```

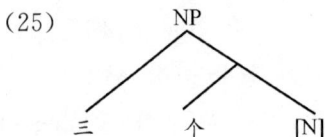

但汉语中数量词可以在多种环境下独立出现,如下所示。这种例子非常多,它们是非常能产的,所以不会是词库中的词,而是句法中的短语,有着内部的句法语义推导关系。

(26) a. 不论戏曲、舞蹈、音乐还是其他艺术形式,都是通过一个一个的人,一个一个明星走进观众的内心。(《中国戏曲,海外这样觅知音》,《人民日报》2015 年 10 月 29 日)

b. 空中盘绕的则是一根一根的电线,东一段、西一段。(《灯》,《人民日报》2010 年 12 月 15 日)

c. 在墙缝里从上到下依次插着一把一把的笤帚。(《乡愁的模样》,《人民日报》2015 年 10 月 5 日)

为了维护右分支结构,有必要假设数量词后面省略或是隐含有相应的名词。但是以上例句中补不进什么名词,也补不进概括性的名词如"东西"。再看下面数量词作副词的情况,如例(27)所示。注意例中"两个两个"可以换成"三个三个""四个四个",等等,说明它们也不会是词库中的词,而是句法中的短语。这里也补不了什么名词进去。若补上短语,句子反而变得不太合法了,如例(27b)所示。

(27) a. 孩子们排着队,两个两个地走进教室。
b. *孩子们排着队,两个孩子两个孩子地走进教室。

当然我们可以认为以上例句涉及特别的结构。比如,例

(26a)中的"一个一个的人"只能用"一"。它是形容词性成分,有可能在结构上和语义上需要另外的分析,这里的"一个"能够构成一个句法单位。尽管逻辑上不能否认这种可能,但是很明显这从理论来说是非常不经济的。如果所有个体量词都能出现在"一个一个的"这种结构中,这意味着所有个体量词都有两套用法。另外其他类型的量词也能出现在这种结构中,如下所示。

(28) a. 从他们的屋子里走出来,并把一箱一箱的书籍、体育用品和乐器装上卡车。(《拒绝遣返的三百多名前美方战俘到达开城》,《人民日报》1954 年 1 月 29 日)

b. 最后再一箱一箱地码好。(《故宫文物的典守者》,《人民日报》2015 年 4 月 27 日)

(29) a. 他们就用肩扛扁担挑,把一吨一吨的炸药和器材运到工地。(《战斗在苏南煤田的英雄战士》,《人民日报》1972 年 1 月 19 日)

b. 钢材在一吨一吨地增重。(《扇》,《人民日报》1960 年 8 月 7 日)

(30) a. 商品的消亡是随着一种一种的产品退出等价交换的领域而逐步实现的。(《关于社会主义制度下商品生产和价值规律问题的讨论》,《人民日报》1959 年 6 月 1 日)

b. 复杂繁重的筛选工作开始了,他们一种一种地挑,一样一样地选。(《默默的奉献最宝贵》,《人民日报》1986 年 5 月 18 日)

下面的例句进一步说明个体数量词不可能有两套用法,因为这时候数量词的作用完全相当于名词性成分。

(31) a. 太阳系的行星一共有八颗。

  b. 苹果比橘子多十个。

  c. 我今天买了书五本。

  很明显上面例句中的数量词可以单独出现,并且有理由认为它们只是数量词本身,后面并没有省略或隐含着什么东西,因为我们同样补不出什么东西。例(31a),我们不能补出前面的名词,否则就成了"*太阳系的行星一共有八颗行星",也不能补出一个宽泛的"东西"或小代词、大代词。例(31a)也不能认为是来自"一共有八颗太阳系的行星","太阳系的行星"移到了句首。这完全是事后补救的做法,并且也不合理,因为"这些行星一共有八颗"不可能来自"*一共有八颗这些行星"。例(31b)也是如此,如果要补出一个名词,当然是"苹果",于是我们有"*苹果比橘子多十个苹果",如果是另一句话"苹果比橘子少十个",那么就成了"*苹果比橘子少十个橘子"。这些都是莫名其妙的句子。对于例(31c),汤志真(Tang 1996)论证了这里的数量词构成谓语,是完整成分,属于主谓结构[N [Num-Cl]]。这种结构应该是古汉语的遗留,今天仍然可用。

  我们不得不承认个体数量词如"三个"可以构成完整的句法成分,语义上也是独立完整的,不需要其他东西的支撑。出于经济性考虑,它们在其他环境下也可以构成完整的句法成分,否则我们不得不假设个体数量词如"三个"在结构上是有歧义的,语义上也是有歧义的。但由于所有个体量词和个体化量词都可以出现在例(31)中,由此推出这些量词都应是有歧义的,但实际是并没有歧义,因为例(31a/b)中个体数量词的作用完全相当于名词性成分,语法功能也是指称事物的,"有八颗"和"八颗行星"中的"八颗"是相同的,不管句法上还是语义上。

  由于所有类型的数量词都能出现在"一共有……""比……多……"和"书五本"结构中,所以这些结构中的数量词就是数量词本身,它们构成完整的句法语义单位。

(32) a. 平假名、片假名加起来一共有 100 个。

　　 b. 这些袜子一共有 20 箱。

　　 c. 这些玻璃一共有 50 片。

　　 d. 这些猪的重量一共有 300 斤。

　　 e. 世界上的所有语言一共有 6 809 种。

(33) a. 杨树苗比榆树苗多 40 棵。

　　 b. 比牛奶多 20 箱。

　　 c. 这种维生素产品有 300 片,比那种产品多 100 片。

　　 d. 这次他进的菜有 3 000 斤,要比往常多 1 000 斤。

　　 e. 这里的鱼类资源近 600 种,比那里的鱼类多 50 种。

5.1.2.2 "多、半"

　　前面§4.4 我们研究了数量词后接"多、半"的情况,其中清楚显示了数量词的结构完整性。对于"十亩多地"这个短语,我们可以测试它的各种可能结构分析。如下,右分支结构树形图(34a)可以排除,因为"多地"不可解。假设"亩多地"是指 1.5亩,那么按照这个结构,它的意思是 10 个 1.5 亩地,得出 15 亩地的错误解读。右分支结构树形图(34b)中"亩多"构成一个复合中心词,但是这个结构同样不能获得正确的语义,按照这个结构,它的意思是 10 个 1 亩多地,设 1 亩多是 1.5 亩,那么总共有15 亩。左分支结构树形图(34c)也不能获得正确的语义,理由同树形图(34b)。在这四种结构分析中,只有左分支结构树形图(34d)是合乎逻辑的结构,"十亩"和"多"构成姐妹节点关系,"多"的释义只取决于"亩",假设"多"是指 0.5 亩,那么通过加合得出 10.5 亩。"半"也是一样。

（34）

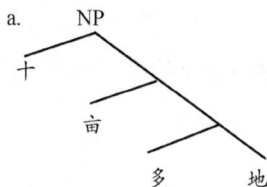

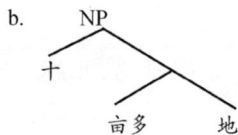

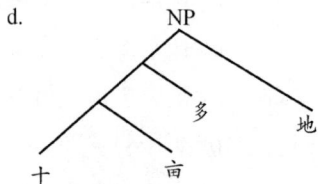

5.1.2.3　数量词可以进行逻辑式移位

由于客观世界的制约,我们没有办法有"三个半人"的说法来表示 3.5 个人。贺川生和潘海华(2014)研究了平均句中允许出现的小数名词短语,论证小数名词短语中的小数(包括整数)必须进行逻辑式移位。如果这是正确的,那么下面例子中的"三个半"必须进行逻辑式移位,因此必须构成一个成分,并且"三个"也必须构成一个成分。左分支结构树形图(36c)是合乎逻辑的结构。如果按照右分支结构,不但语义上不能解读,也不能移位,因为它们不是一个成分。"多"也是一样。

（35）a. 平均每个中国女人生育三个半孩子。

　　　b. [三个半$_i$]平均每个中国女人生育 n$_i$ 孩子。

（36）

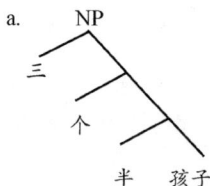

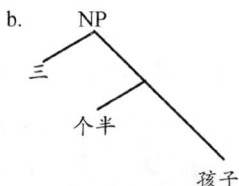

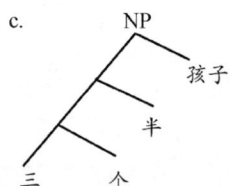

下面是一些实际语料。

(37) a. 一个工作人员平均服务不到一个半孩子的惊人浪费现象。(《幼儿园也要比先进》,《人民日报》1958 年 3 月 7 日)

　　 b. 如果平均每对夫妇生一个半孩子,人口自然增长率达到零要五十年以后(《为什么要提倡一对夫妇只生一个孩子》,《人民日报》1980 年 4 月 15 日)

(38) a. 据初步统计,去年全厂职工生的小孩上八百个,平均每天两个多。(《职工宿舍为什么紧张?》,《人民日报》1957 年 11 月 19 日)

　　 b. 山西、河北、浙江、福建、河南、湖北、湖南、江西、广西、陕西等省平均一个多乡就有一个信用合作社。(《全国信用合作社超过十万个》,《人民日报》1955 年 2 月 6 日)

　　 c. 目前在小学和初中学习的共有六百多人,每户平均有一个多。(《昔日"文盲里"》,《人民日报》1961 年 1 月 20 日)

5.2　再论汉语数量组合的成分完整性:数词十动量词

　　汉语数词还可以和动量词一起使用,可以出现在不同环境中。文献中对动量词结构的不同研究尽管在细节方面有不同的分析方法,但是同样都认为数词和动量词构成一个句法整体,在具体结构中作状语、宾语等。生成语言学者大部分也是把数词和动量词构成一个句法整体,也有生成语言学者不把数词和动量词构成一个句法整体,而是投射层级结构。

下面§5.2.1介绍张宁(Zhang 2017)的动量词非成分分析，§5.2.2指出张宁提出的5个事实概括并不只支持层级分析，§5.2.3论证张宁提出的两个佐证也不支持动量词的层级分析，甚至得出相反的结论，§5.2.4提出动量词层级分析会导致多个难以解释的句法语义方面的困难，§5.2.5得出结论，认为数词和动量词构成一个整体成分，传统的观点更加合理(参见：贺川生、谭丹丹2019)。

5.2.1 动量词非成分分析

非成分结构分析的核心是，动量词是功能性中心语，投射一个UnitP，数词是这个UnitP的标示语(specifier)，补足语(complement)是动词性的短语。根据这种结构分析，数词动量词组合不再是一个结构，而是处于层级关系，如下所示。

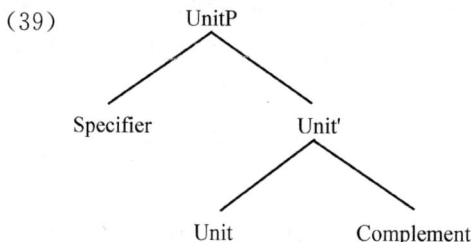

(39)

```
                UnitP
               /     \
       Specifier      Unit'
                      /    \
                  Unit      Complement
```

张宁区分了两类动量词。一类表示事件外部的(event-external)，一类表示事件内部的(event-internal)。前者包括"次、回"等，后者包括"拳、眼、嘴巴"等表示工具意义的动量词。表示事件外部的动量词描绘事件的次数，例如"打了他三次"表示发生了三次打的事件；表示事件内部的动量词描绘动作的次数，例如"打了他三拳"表示打的动作次数是三次，但是只发生了一次打的事件。张宁提出这些动量词都是投射层级结构的(下面称为"动量词非成分分析"），借此对动量词在句中比较自由的分布作出解释。例如："次"类动量词可以有三个位置。

(40) a. 大林曾经看过那部电影**三次**。

　　 b. 大林曾经看过**三次**那部电影。

　　 c. 大林曾经**三次**看过那部电影。

动量词非成分分析提出"次"类动量词投射较高位置的 UnitP,高于 vP,所以例(40c)是基础式,如下例(41)所示。为了把握该分析的要点,这里忽略了一些细节,例如主语"大林"可以认为是 vP 内主语(Huang 1993),然后发生提升。这个问题不影响这里的讨论。

(41) 大林曾经[$_{UnitP}$三[次[$_{vP}$看过那部电影]]]。

这种分析认为动量词其他两个位置都是在例(41)的基础上经过一系列移位生成的。例(40a)是由于整个 vP 发生移位提升到 UnitP 之前,如下例(42a)所示。例(40b)是宾语发生了提升之后整个 vP 发生残余移位(remnant movement)提升到 UnitP 之前,如下例(42b)所示。

(42)

a.

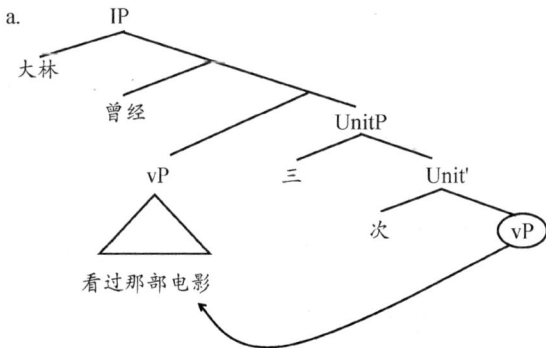

b.

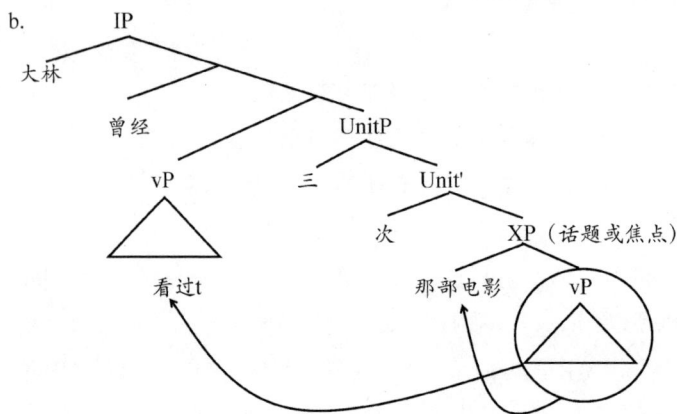

这种分析认为"拳"类动量词只能有一个位置,如下所示:

(43) a. 大林曾经打过玉如三拳。

　　b. *大林曾经打过三拳玉如。

　　c. *大林曾经三拳打过玉如。

"拳"类动量词投射较低位置的 UnitP,低于 vP 但高于 VP,所以例(43c)是基础式,但是它并不合法,原因是"拳"是名词性的动量词(可以加"大",例如"一大拳"),出现在两个动词性语段 vP 和 VP 之间时,VP 必须提升以避免出现不恰当的语段(这里动量词非成分分析做了一个假设,一个合适的语段不能有语类特征矛盾的中心语插入,例如 D 语段中,所有 NP 投射都是[−V,＋N]),所以 VP 要移出到 vP 之前,推出例(43a)。为什么例(43b)也不能说是因为这时候要提升宾语"玉如",而在 VP 题元区不能投射一个表示话题或焦点的 XP。两种推导的树形图分别见例(44a)和例(44b)。

（44）

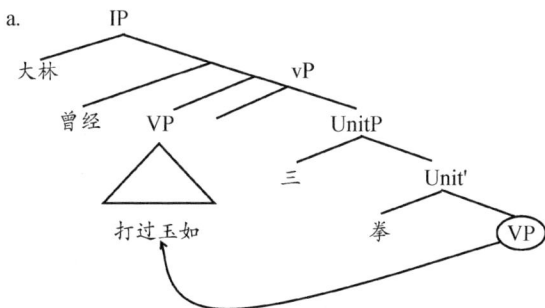

a.

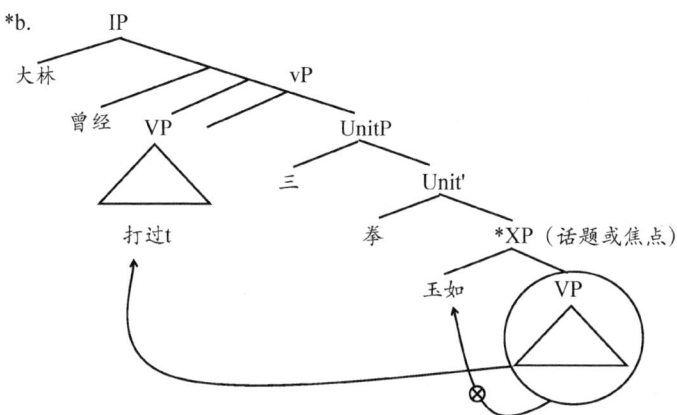

*b.

5.2.2 五个事实概括不支持层级结构分析

动量词非成分分析认为动量词的层级分析可以解释很多事实。这一节我们认为这些事实不唯一支持这种结构分析,把数词和动量词看成是完整成分同样可以解释这些事实。

5.2.2.1 与名量词形成统一的结构分析

动量词非成分分析认为动量词的层级分析可以和文献中对名量词的层级分析保持一致(Cheng & Sybesma 1998;Zhang 2011;

Li 2014),区别只是在于补足语是动词性的还是名词性的。这种
依据是基于名量词同样投射层级结构的分析。但如果我们把数词
和名量词、动量词都看成是构成完整成分也能达到分析一致性。
目前专门论证汉语中数词和名量词构成完整性成分的研究见吴义
诚和亚当斯·博多莫(Wu & Bodomo 2009)、李亚非(2015)、贺川
生(2016)、何万顺(Her 2017)等。这些研究从不同角度论证了汉
语中诸如"三个人"之类的短语应该分析成"[[三个]人]"而不是
"[三[个人]]"(见§5.1)。

5.2.2.2 数词在动量词之前

　　动量词非成分分析认为,动量词投射的层级结构中的标示语-
中心语(spec-head)关系,解释了为什么数词在动量词之前(如:三
头猪/*头三猪、打了他三次/*打了他次三、打了他三拳/*打了他
拳三)。如果我们把数量结构当作一个成分也能解释为什么数词
在动量词之前,即认为量词是中心语,并且中心语在后。这个中心
语并不是选择动词短语作补足语,而是选择数词作补足语或者标
示语,即[NumeralP Cl]。这是汉语本身的特点决定的,汉语有中
心语在后的情况。所以数词在动量词之前并不能说明数量结构一
定是[NumeralP [Cl Complement]]的关系。

5.2.2.3 动量词和动词之间的语义选择关系

　　动量词非成分分析认为,动量词和动词短语之间的中心语-补
足语(head-complement)关系解释了它们之间的语义选择关系。
中心语-补足语关系当然可以解释它们之间的语义选择关系,但是
语义选择关系并不是只存在于中心语和补足语之间,它也存在于
其他结构关系中,比如中心语与附加语之间也存在语义选择关系。
在乔姆斯基用于说明语义选择限制的著名例子:"Colorless green
ideas sleep furiously."中, green 是 ideas 的附加语, furiously 是
sleep 的附加语。它们都不是中心语和补足语之间的关系,而是附

加语与中心语之间的关系。另外 Colorless green ideas 和 sleep furiously 也存在语义限制上的矛盾,但是它们明显不是中心语-补足语关系,而是主语谓语之间的关系,特别是 ideas 和 sleep 都是内嵌很深的词,它们本身之间没有明显的结构关系。语义选择(semantic selection)只是语义的,不需顾及句法类别,句法类别之间的选择关系属于语类选择(categorial selection),这两种选择关系并不相同(Odijk 1997)。

动量词的选择和动词无关,和副词有关。邵敬敏(1996)提到"番"和"通"都可以用于言说动词如"研究",如果没有什么特别的表达,二者都可以用,比如"研究了一番、研究了一通"。但是"番"含褒义,表示尽心尽力去做,"通"含贬义,表示行为比较随便。以下例子充分表明动量词的选择是受到动词前副词的影响。

(45) a. 仔仔细细地研究了一番/*仔仔细细地研究了一通

  b. *无精打采地研究了一番/无精打采地研究了一通

5.2.2.4 动量词是中心语可以解释动词省略现象

动量词非成分分析认为,动量词是中心语可以解释动量词允准动词短语省略结构(VP ellipsis),因为只有中心语才可以允准动词短语省略(Lobeck 1995);相反,频率副词"经常、偶尔"之类由于它们的句法地位是附加语,而非中心语,所以不能允准动词短语省略。

(46) a. 大林曾经三次迟到,玉如两次。

  b. *大林经常迟到,玉如偶尔。

按照这种观点,例(46a)中的"迟到"没有发生提升,所以可以认为省略是由中心语"次"允准的。但是省略是表层结构中的句法操作,下例(47)按照这种观点是"迟到"发生了提升,第二句话中的"两次"后面也应该有"迟到"发生了提升并且在提升的位置上又被省略了,但是这里的省略却不是由"次"允准的,如例(48)所示。

(47) 大林曾经迟到三次,玉如两次。

(48) 大林曾经[迟到$_i$]三次[t$_i$],玉如[迟到$_+$]两次[t$_i$]。

如果假设动词短语省略发生在动词短语提升之前,我们不得不假设只有第一分句中的动词短语发生了提升,如例(49)所示。但是这样会违反并列结构的平行原则,而独立证据显示不能只提升其中的一个动词短语,如例(50)和例(51)所示。

(49) 大林曾经[迟到$_i$]三次[t$_i$],玉如两次[迟到]。

(50) a. 大林曾经三次迟到,玉如两次迟到。

    b. *大林曾经三次迟到,玉如迟到两次。

(51) a. 大林曾经迟到三次,玉如迟到两次。

    b. *大林曾经迟到三次,玉如两次迟到。

另外有很多汉语所谓的"省略"现象并不被认为是属于省略,比如汉语中的动词空缺现象(gapping)是由于动词跨界移位引起的,如例(52a)所示(Tang 2001);汉语中的截省现象(sluicing)不是省略,而是涉及空代词,如例(52b)所示(Wei 2004)。

(52) a. 老师[送了$_i$][t$_i$]张三一支笔,[t$_i$]李四一本书。

    b. 我看见了一个人,但是不知道[pro 是谁]。

如果动量词构成一个完整成分,我们同样可以认为这里其实并没有省略。如上文例(46),数量结构"两次"本身可以作谓词,而副词"偶尔"不可以。它们在其他方面也有区别:"两次"可以修饰名词,但"偶尔"不可以,例如"两次事件/ *偶尔事件";"两次"可以加体标记,"偶尔"也不可以,例如"两次了/ *偶尔了"。而修饰名词和可以加体标记是谓词的典型特征。详细解释例(46)中的对立并不是本节的主要目的,这里我们想说明的是假设动量词是中心语并且中心语才可以允准省略,并不是对例(46)中对立的唯一解释,甚至还会遇到潜在的问题,如上所述。

5.2.2.5 动量词不能和未完成体共现

一个句子有一个体投射(AspP)投射在动词短语之上(Travis 2010)。动量词非成分分析认为,由于动量词投射的 UnitP 位于体投射的下面,所以可以解释为什么动量词不能和"着、在、起来、下去"等未完成体共现,因为动量词的词汇意义表示完成。如例(53)所示:

(53) a. *大林打着玉如三次。　　　　*大林打着玉如三拳。

　　　b. *大林在打玉如三次。　　　　*大林在打玉如三拳。

这个语言事实和这里的特定分析并没有必然联系。如果我们把"三次"或者"三拳"看成是一个句法成分,作为宾语或者补语,黏附在动宾结构上,它同样是位于体投射的下面。另外动量词本身并不是一定表示动作已经完成,它们只是表达事件或动作的次数,例如:

(54) a. 我想打他三次,但是一次都没打成。

　　　b. 我想打他三拳,但是一拳都没打到。

5.2.3 佐证不支持动量词非成分分析甚至得出相反的结论

动量词非成分分析涉及动词短语和宾语在句法中发生了显性

移位提升。为了论证动量词非成分层级推导分析的合理性,张宁(Zhang 2017)提出了以下两个佐证:

5.2.3.1 代词宾语提升

第一个佐证是:动量词结构中的宾语提升与其他情况下的宾语提升有同样的制约条件。这种宾语提升是由于信息焦点方面的因素促使的,所以不会是代词,因为代词代表已知信息,如例(55)。动量词结构中也不能有代词在数量词后面,如例(56)所示,说明动量词结构中有宾语提升,因为提升的宾语不能是代词。

(55) a. 大林那本书看过了。　　　 b. *大林它看过了。

(56) a. 大林曾经看过三次那本书。　 b. *大林曾经看过三次它。

这个佐证不能支持非成分分析,甚至可得出相反的结论。即使我们把"它"当作没有宾语提升也可以有多种解释。因为例(56b)不能用"它"可能有多种原因,比如无生命的事物在汉语口语中一般不用"它"或者"它们"表达。文献中对于动量词结构,如例(56b)中为什么代词不能出现在句尾有过研究,吴怀成(2011)认为与宾语的性质有关,因为宾语是代词时,它的有定性强,通常不能成为语义的焦点,这时候数量成分就有可能成为语义的重心,增强了述谓性,因此宾语为代词时动量词常常置于宾语后。王静(2001)认为是个别性因素在起作用。这些研究并没有假设发生了代词宾语提升。

反身代词"自己"完全可以出现在动量词结构的句末,如例(57)所示。若按照张宁的分析,这里是发生了代词"自己"的提升,然后是"梦见"的残余提升,例(57)应该也不能说。更能说明问题的是"自己"也不能发生正常的代词提升,如例(58)所示。这里的事实说明动量词结构中没有发生代词宾语提升,甚至得出了相反的结论。

（57）大林曾经梦见过三次自己。

（58）＊大林曾经自己梦见过。

5.2.3.2　"V 不 V"结构

第二个佐证是：动量词结构中的动词提升与其他情况下的动词提升也有同样的制约条件，如例（59a）是提升了动词短语的结构，但是例（59b）中提升了的动词却不会形成"V 不 V"结构。张宁指出动量词结构中的动词也不能形成"V 不 V"结构，如例（60）和例（61）所示，所以这里也发生了动词提升。

（59）a. 大林责备孩子不愿意。←大林不愿意责备孩子

　　　b. ＊大林责不责备孩子不愿意？

（60）a. ＊大林去没去过巴黎三次？

　　　b. ＊大林去没去过三次巴黎？

（61）＊大林打没打过玉如三拳？

张宁认为其原因是句法上的，即都归于动词提升，因为"是不是"在这两种结构中都是可以用的。例如：

（62）a. 大林是不是责备孩子不愿意？

　　　b. 大林是不是去过巴黎三次？

　　　c. 大林是不是去过三次巴黎？

　　　d. 大林是不是打过玉如三拳？

这个佐证不能支持非成分分析，甚至得出相反的结论。例（60）和例（61）的问句不合适是因为倾向性预设的问题。"V 不 V"问句没有倾向性预设，例如我问你："你喜不喜欢我？"我并没有事先假设你喜欢我或者你不喜欢我。但"是不是"类问句有倾向性预

设,例如我问你:"你是不是喜欢我?"我已经预设了你喜欢我,但是又有点不相信,想确认一下。学术界很早就有这个观察(Li & Thompson 1981:541—550; Schaffar & Chen 2001;刘月华等2004)。这个差别可以从例(63)和例(64)的对立中看得更清楚。

(63) a. *你喜欢我,喜不喜欢?

　　　b. 你喜欢我,是不是?

(64) a. 有人说你喜欢我。*你真的喜不喜欢我?

　　　b. 有人说你喜欢我。你是不是真的喜欢我?

上文例(60)的不合适是因为提问人并不知道大林去没去过巴黎,既然连这个都不知道,就更不可能知道大林去过巴黎的次数了,这违反了语用学中的"梯级准则"(scale principle, Horn 1984)。这种情况类似于例(65),该句子中没有动词提升,问句同样不合适。它们都是属于语用限制。而语用限制也可以取消,比如加上"到底"一词,表明我已经知道某个情况已经发生,需要进一步确认。这时"到底"一词起到了强制预设的产生。比如我听说大林去了巴黎三次,但我不相信他有那么多钱去巴黎三次,例(66)和例(67)都是非常自然的问句。"是不是"问句有预设,上文例(62)也都是自然的问句。

(65) *你读没读过三本书?

(66) a. 大林到底去没去过巴黎三次?

　　　b. 大林到底去没去过三次巴黎?

(67) 大林到底打没打过玉如三拳?

5.2.4　问题

前面我们讨论了一些张宁认为能够支持动量词非成分分析的

证据,经过仔细分析,我们认为这些证据并不能唯一支持这种分析,有的事实甚至还会与这种分析相违背,比如上文提到的两个佐证。这一节我们继续提出几个句法语义方面的事实,反对这种分析法。

5.2.4.1 句法问题

张宁认为"拳"类动量词只能有一个位置,不能出现在动词和名词之间。例如:*大林曾经打过三拳玉如。我们觉得这句话并不是那么不能说,如下例中数量词可以放在名词前面。

(68) a. 那老爸打了一拳那小偷。
　　　b. 我用手打了一拳那男的。
　　　c. 小伙子打了一拳那个混混。

我们认为对于"拳"之类的动量词,有两个合法的位置。这些事实不再支持这种句法推导式生成分析,例如内部发生了名词提升,名词提升的落脚点不能在题元区投射。这种句法推导反而不能解释这类事实,除非修改观点,认为名词提升能在题元区投射。

此外,这种分析认为"拳"类动量词也不能出现在动词短语之前,如上文例(43c)所示("*大林曾经三拳打过玉如")。原因在于"拳"是名词性的动量词,不能出现在两个动词性语段 vP 和 VP 之间,并且正是这个原因促使 VP 必须提升以避免出现不恰当的语段,从而生成例(43a)("大林曾经打过玉如三拳")。"拳"类动量词也不是绝对不能出现在动词短语之前,如下所示:

(69) 我要三拳打他,两拳打你。

我们认为,为什么例(43c)不能说而例(69)能说,这可能和信息结构有关。数量词放在动词前面不合适是因为这个位置是次话题,表达旧信息(徐烈炯 2002),而数量词天然地带有新信息,适合放在动词后,不适合放在话题位置。但如果把它们放在对仗式句中,又变得比较自然了,如上所示。因为这时候它们成为对比焦点,成为旧信息的携带者。这也是为什么例(69)这种句子一般先要把总数量说出来才合适,例如:

(70) 我要打你们五拳。我要三拳打他,两拳打你。

因此我们认为"拳"类动量词可以出现在动词短语之前,但是会受到语用因素的制约。这样关于"拳"类动量词强制提升动词短语的假设就会存在问题。

也许有人会说例(69)和例(70)中的动量词是直接作主语的,因为"拳"可以直接作主语("三拳打死镇关西"),这样"我要三拳打他"可分析为嵌套句:[$_{IP}$我要[$_{IP}$三拳打他]]。但例(71)充分说明这种质疑是不成立的,因为"会"选择的子句不能有显性的主语,如例(72)所示。

(71) 我会打你们五拳。我会三拳打他,两拳打你。

(72) a. 我要张三打你。

　　 b. *我会张三打你。

动量词后面可以有表示大概数量的副词"左右、以上、以下"。先看"左右",如下所示:

(73) a. 一年多内找我八次左右。

　　 b. 我一个月看电影两次左右。

　　 c. 我因为工作原因,每年都去北京十次左右。

按照动量词非成分分析,例(73b)的底层形式是例(74),但是这并不是自然的汉语表达,所以这里应该有一个制约以解释当数量词后面有表示大概数量的副词时,动词短语必须提升;而当数量词后面没有表示大概数量的副词时,动词短语可以提升也可以不提升。

(74) ?? 我一个月两次左右看电影。

这种制约理论上也许是可能的,就像张宁解释"大林曾经打过玉如三拳"来源于"*大林曾经三拳打过玉如"时所提出的制约一样。问题在于表示大概数量的副词"左右、以上、以下"的句法位置以及它们的语义作用。按照这种分析,例(73b)中的"左右"只能有四种位置:一种是黏附在"次"上面,第二种和第三种是分别作为附加语黏附在 vP 上面,第四种是作为附加语黏附在 UnitP 上面,如树形图(75)所示:

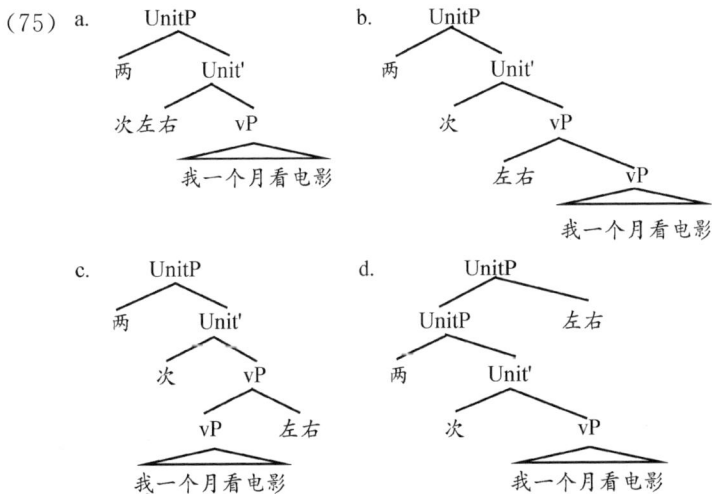

(75) a.

```
        UnitP
       /    \
     两     Unit'
           /    \
      次左右     vP
              /    \
         我一个月看电影
```

b.

```
        UnitP
       /    \
     两     Unit'
           /    \
         次       vP
                /    \
            左右      vP
                   /    \
              我一个月看电影
```

c.

```
        UnitP
       /    \
     两     Unit'
           /    \
         次       vP
                /    \
              vP      左右
             /  \
        我一个月看电影
```

d.

```
            UnitP
           /    \
        UnitP    左右
       /    \
     两     Unit'
           /    \
         次       vP
                /  \
           我一个月看电影
```

第一种位置是不合法的,因为"次左右"没有意义。强迫设定它有一个意义也会得出错误的语义,例如"次"是一次的意思,那么

"次左右"就是"一次左右",于是可能会是两次,也可能少于一次,但在本句中,"少于一次(比如0.5次)"也是没有意义的。

第二种和第三位置也是不可能的,因为"左右"和"我一个月看电影"发生意义组合关系是无法解读的。深层结构是表达语义关系的,即使深层和表层变化很大,"左右"与"我一个月看电影"在深层结构中也不会形成合理的语义关系。第四种位置也是不可能的,因为"左右"和"两次我一个月看电影"发生意义组合关系也是无法解读的。我们认为这种例句中,真正可行的分析是"左右"直接修饰"两次","两次"是一个完整性成分。这里的"左右"只能修饰表示数量大小的成分,比如"100左右、100个左右、100次左右、100个人左右",不能修饰一个表达命题的句子。

动量词后加"左右"还可以出现在名词短语前面、动词后面,如例(76)所示。上面的问题同样也适用于这种句子。

(76) a. 我一个月看两次左右电影。

b. 我因为工作原因,每年都去十次左右北京。

例(77)表明,"n次以上"类结构可以出现在三个位置:

(77) a. 拨打骚扰电话三次以上就属违法。

b. 一周打两次以上麻将易心理成瘾。

c. 两次以上引用同一篇文章。

把"以上"换成"以下",语句也同样成立,如例(78)所示。只是这些语句在语用上不太适合,不合常理,因为这种例句主要是强调一个最低数量,超过该数量就会引起一定的后果。

(78) a. 拨打骚扰电话三次以下就属违法。

b. 一周打两次以下麻将易心理成瘾。

c.两次以下引用同一篇文章。

当我们有意强调一个数量间距时,"m 以上 n 以下"就可以同时出现。如例(79)所示:

(79) a.拨打骚扰电话三次以上五次以下就属违法。

b.一周打两次以上五次以下麻将易心理成瘾。

c.两次以上四次以下引用同一篇文章。

再看动量词"拳"。这类动量词后接表示大概数量的副词在句末位置比较自然,如例(80)所示:

(80) a.打他十拳左右/以上/以下。

b.每天打沙袋一百拳左右/以上/以下。

若是不在句末时,则需要加上一些其他辅助性成分语句才会自然,如例(81)所示。前面讨论的语义问题也适用于这些句子,不再赘述。

(81) a.那老爸打了大概十拳左右/以上/以下那小偷。

b.用手打了大概十拳左右/以上/以下那男的。

§5.1 利用可以独立出现的数量结构论证数词和名量词构成一个成分。这个论证同样适合于动量词。因为动量词可以独立出现在一些环境下,并且这时候看上去无法在动量词后面补出一个动词成分。张宁应该是意识到这个问题,所以排除了"有"字结构中的动量词,如例(82a)所示。张宁认为这时候"大林打玉如"已经是名词化作主语,"有"是谓语,于是"三次"只能是宾语,即一个完整成分。所以张宁又承认了"三次"有时候是成分。

(82) a. 大林打玉如已经有三次了。

　　b. *大林打玉如已经有三次[大林打玉如]了。

问题是,可以出现在动词"有"的位置上的还有很多其他存在类动词,比如"发生、出现、存在"等。

(83) 大林打玉如已经发生/出现/存在三次了。

动量词可以独立出现在"多、少"后面,如例(84a),这里看上去无法把动词短语补出来。特别是例(85a)更加无法补出动词性成分。另外例(86)这种结构也必须排除。如果把这些都排除在外,意味着这种分析的解释力大大减弱,并且理论后果是每一个动量词都有结构和语义上的歧义。

(84) a. 大林去北京比玉如多/少三次。

　　b. *大林去北京比玉如多/少三次[去北京]。

(85) a. 大林去北京比玉如去上海多/少三次。

　　b. *大林去北京比玉如去上海多/少三次[???]。

(86) a. 我看了几十遍的《红楼梦》(也没看到这个情节)。

　　b. (为了要这个指标)我去了十几次的校长室。

刘辉(2009：35)建议可以采用李艳惠(2007)的"真空位"来填补空缺。"真空位"有语义内容但是没有语音形式。刘辉认为既然名量词可以允准"真空位",那么可以推断动量词同样可以允准"真空位",如下所示：

(87) a. 他买了两本书,我也买了两本 e。

　　b. 他在我们这里演出过两次,我只看过最后一次 e。

按照刘辉的这种处理,以上讨论的例子似乎仍然可以维持层级结构,动量词后面存在着真空位 e,如下所示:

(88) a. 大林打玉如已经有/发生/出现/存在三次 e 了。

b. 大林去北京比玉如多/少三次 e。

大林去北京比玉如去上海多/少三次 e。

我看了几十遍 e 的《红楼梦》(也没看到这个情节)。

但是这种处理的问题前面已经指出了,即这种真空位是没有办法补出来的,而李艳惠(2007)的"真空位"是可以补出来,如例(89a)可以说成例(89b)。

(89) a. 我因为[张三不喜欢 e]有点儿失望。

b. 我因为[张三不喜欢李四]有点儿失望。

动量词结构中的这个"e",只能是任何时候都不能读出来的无语音形式的一个纯理论构造物,无法证实也无法证伪。这也会有儿童语言习得方面的困难,儿童如何从一个从未听到过的构造物中学会这种结构呢? 更为重要的是这种处理还有语义问题,详见§5.2.4.2。

5.2.4.2 语义问题

张宁提出,动量短语是层级结构并且它们灵活的位置是由移位造成的,如树形图(90)。这种句法分析在语义上会产生如下分析。由于"三次"不再是一个完整的句法成分,所以也不是语义完整的成分,在语义诠释部门,"三次"是得不出三次的意思的。只能是"次"先和 vP 组合,然后才和"三"组合,但是这里的 vP 已经移走了。

（90）

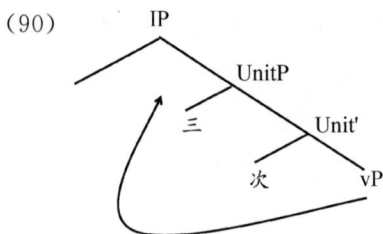

如果我们采取这种句法分析,在语义上我们能够想到有三种可能的解决办法,但这些解决办法都会导致各种语义困难。下面我们分别讨论每种方案会导致的语义问题。

第一种方案是"三次"先在语音部门发生黏合(cliticization),形成一个完整成分,然后在语义部门和移位后的其他成分组合。

（91）a. 大林曾经[~vP~看过那部电影][三[次 t~vP~]]。

   ↓

  b. 大林曾经[~vP~看过那部电影[三次]]。

（92）a. 大林曾经[~vP~看过][三[次[~NP~那部电影][t~vP~[t~NP~]]]]。

   ↓

  b. 大林曾经[~vP~看过[三次[~NP~那部电影]]]。

对于"三拳"之类的动量词也是如此,如下所示。由于张宁认为这类动量词只能出现在句末,所以这里只考虑处于句末的动量词。

（93）a. 大林曾经[~vP~打过玉如][三[拳 t~vP~]]。

   ↓

  b. 大林曾经[~vP~打过玉如][三拳]。

但这种分析其实又回到了传统分析:"三次"和"三拳"是成分。

既然如此,就没有必要使句法复杂化。并且这种解释的一个前提是移位后的语迹也必须没有语义内容,不能参与语义解读。如此这个语迹既无语音形式也无语义内容,那就是说是不存在的,是想象出来的。需要注意的是这里的空成分,和生成语言学提出的其他空成分(例如:PRO)不同。PRO尽管也没有语音形式,但是却有语义内容,也因此PRO的提出是有依据的。

第二种方案是假设移位后的语迹是一个"真空位",它的语义是指代某个事件。前面已指出这个"e"只能是在任何时候都不能读出来的无语音形式的一个纯理论构造物,无法证实也无法证伪,所以没有讨论的依据。另外这种分析会产生"次事件"这类奇怪的意义组合。即使[三[次 e]]是"三次事件"的意思,那么它如何和前面的成分发生有意义的语义组合也不清楚。下面例(94)衍生出的例(95)各句,按照这种处理最后的组合意义是"大林曾经看过那部电影三次事件""大林曾经看过三次事件那部电影"的奇怪意义。

(94)大林曾经三次看过那部电影。

(95)a. 大林曾经看过那部电影[三[次 e]]。

　　b. 大林曾经看过[三[次 e]]那部电影。

更为重要的是这种方案也存在逻辑漏洞。这意味着当一个人说出"大林曾经看过那部电影三次"时,这个人的语言中一定是有"事件"这个词的,因为这种解释蕴含说话人已经有"事件"这个词。但是很明显这种蕴含在逻辑上并不成立。如果一个人的语言中由于某种原因没有"事件"这个词,那么他永远说不出含有动量词的句子。但这是不合理的结论。

另外,[三[次 e]]中的空语类也不能解读为移位成分的语义内容。这样做在语义诠释部门会带来更大的困难。由于动词短语已经提升到别的地方,那么在语义部门它必须在别的地方得到诠释。如果空语类"e"的具体语义内容也是移位成分的语义内容的

话,那么会出现语义重复,即:

(96) a. *大林曾经看过那部电影三次看过那部电影。

   b. *大林曾经看过三次看过那部电影那部电影。

对于"三拳"之类的动量词也是如此,如例(97)所示。和前面讨论的"三次"一样,这里的空成分"e"也不能解读成指代某个事件或者动作,否则会带来一系列不合理的语言和逻辑后果,这里不再赘述。

(97) 大林曾经打过玉如[三[拳 e]]。

第三种方案是把移位的成分重新放回到原来的位置,即发生了重建(reconstruction)。除了在语法运作中多了一层步骤这个理论内部的考虑之外,这种办法也会有实证上的困难。比如这种办法会预测以下三句话是一模一样的意义,因为发生重建后,例(98a)和例(98b)在语义部门就完全等于例(98c)。

(98) a. 大林曾经看过那部电影三次。

   b. 大林曾经看过三次那部电影。

   c. 大林曾经三次看过那部电影。

对于例(98)的各句,它们应该语义相等,即"大林曾经看过那部电影"的行为是三次。但如果我们把有定的"那部电影"换成量化词"每一部不同的电影",那么情况会完全不同。例(99a)和例(99b)按照层级分析都是来源于例(99c)。由于要满足语义解读的要求,必须进行重建,所以在语义诠释部门,这两个句子应该和它们的源语句例(99c)有相同的语义解读。但是这两个句子有着不同的辖域关系,即有不同的真值条件。例(99a)的意思是每一部不同的电影都看了三次。例(99b)和例(99c)的意思都是只看了三次,每次都看了"每一部不同的电影"。

(99) a. 大林曾经看过每一部不同的电影三次。

b. ? 大林曾经看过三次每一部不同的电影。

c. ? 大林曾经三次看过每一部不同的电影。

例(99b)和例(99c)不是很自然,原因可能是语义理解上的困难,它们的意思是大林曾经看过三次电影,每一次都看了"每一部不同的电影"。如果我们把这种语义在语境中明确说出来,句子可以被理解。设想如下语境:大林是电影学院学生,读书时教授安排了100部不同的电影要学生看,并且每一部电影都要看三次。别的学生是每一部都看了三次,一共300次;大林只看了三次,但每次他都看完了这100部电影,所以也达到了要求。这种情况下,会有例(100)和例(101),如下所示:

(100) 别的学生曾经看过每一部不同的电影三次,大林只看了三次,但是每次他都看完这100部电影,所以大林曾经看过三次每一部不同的电影。

(101) ……,所以大林曾经三次看过每一部不同的电影。

这种辖域上的区别可以从"三次"前面加上分配副词"各"看出。只有例(102a)可以加"各",例(102b)和例(102c)都不可以,如下所示:

(102) a. 大林曾经看过每一部不同的电影各三次。

b. *大林曾经看过各三次每一部不同的电影。

c. *大林曾经各三次看过每一部不同的电影。

这个事实说明它们不是同一个来源，它们是不同结构的句子。把"三次"当作完整成分可以容易地解释这种语义差别。这里汉语量化辖域遵守表层的顺序关系，如树形图（103）所示（Huang 1982）：

（103）

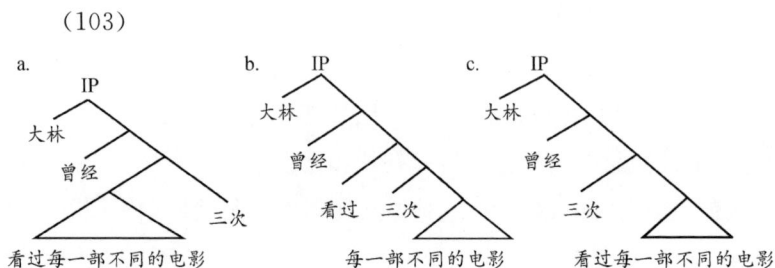

如果我们把"每"换成"所有"或者"很多"，上面谈论的情况也一样，如下所示：

（104）a. 大林曾经看过所有/很多不同的电影三次。

b. 大林曾经看过三次所有/很多不同的电影。

c. 大林曾经三次看过所有/很多不同的电影。

（105）a. 大林曾经看过所有/很多不同的电影各三次。

b. *大林曾经看过各三次所有/很多不同的电影。

c. *大林曾经各三次看过所有/很多不同的电影。

再看动量词"拳"。张宁认为这类动量词只能出现在句末，如例（106）。上文指出了，在第三种方案下为了满足语义诠释的要求，在语义部门动词短语"打了每一个不同的学生"要重建到原位获得解读。这样，"一拳"取宽域，"每一个不同的学生"取狭域，意思是一拳就打了所有的学生。但是例（106）的意思是每一个不同的学生都挨了一拳，而不是一拳打了所有的学生。

（106）我昨天打了每一个不同的学生一拳。

再看内涵动词选择子句的情况。例（107）和例（108）有两种解读：一是我曾经做了两次去北京的梦；一是我曾经做了一次梦，梦中我去北京两次。

（107）我曾经梦见去北京两次。【一次梦见去北京出差，一次梦见去北京游玩／在那次梦中，我去了北京两次，一次出差，一次游玩。】

（108）我曾经梦见两次去北京。【一次梦见去北京出差，一次梦见去北京游玩／在那次梦中，我去了北京两次，一次出差，一次游玩。】

但例（109）只有一种解读，即：我曾经做了两次去北京的梦。

（109）我曾经两次梦见去北京。【一次梦见去北京出差，一次梦见去北京游玩／*在那次梦中，我去了北京两次，一次出差，一次游玩。】

把"两次"当作一个完整的成分黏附在不同位置上，这可以容易地解释各种解读。例（107）和例（108）分别有两种句法分析，见树形图（110）和树形图（111）。这解释了为什么这两个句子分别有两种解读。在树形图（110a）中，"两次"修饰"梦见去北京"，所以做了两次梦；在树形图（110b）中，"两次"修饰"去北京"，所以梦中有两次去北京的行为，而做梦的次数只有一次。同理，在树形图（111a）中，"两次"修饰"梦见"，所以做了两次梦，每次梦中都去了北京；在树形图（111b）中，"两次"修饰"去北京"，所以梦中有两次去北京的行为，而做梦的次数只有一次。

（110）a. IP / 我 曾经 梦见去北京 两次

b. IP / 我 曾经 梦见 去北京 两次

（111）a. IP / 我 曾经 梦见两次 去北京

b. IP / 我 曾经 梦见 两次 去北京

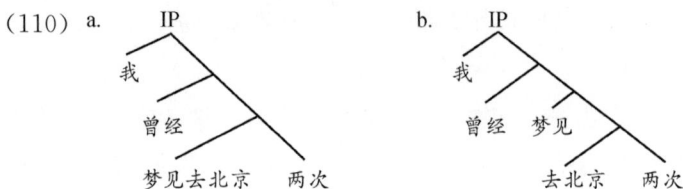

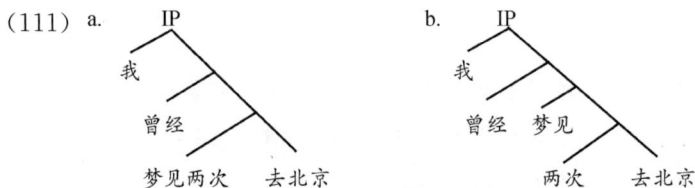

例(109)也有两种句法分析,见树形图(112)。在树形图(112a)中,"两次"修饰"梦见去北京",所以做了两次梦;在树形图(112b)中,"两次"修饰"梦见",所以仍然是做了两次梦。

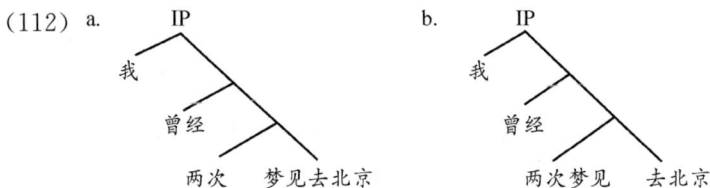

（112）a. IP / 我 曾经 两次 梦见去北京

b. IP / 我 曾经 两次梦见 去北京

这种解释看上去直观明了,达到了句法语义接口的整齐对应。下面我们讨论按照张宁的句法结构这三个句子应该如何进行语义分析。例(109)可以按照张宁的句法结构得出正确的语义,它是基础句式,不涉及移位,如例(113)所示。"次"表示一次,选择事件论元,事件论元是由"$_{vP}$梦见去北京"来表达的,意思是做了两次梦去北京。按照这种句法结构,例(113)在语义诠释过程中会出现"次梦见去北京"的奇怪语义组合。

（113）我曾经[两[次[$_{vP}$梦见去北京]]]。

例(107)按照张宁的句法结构也可以得出正确的语义。按照这种句法结构,它有两种推导生成方式:一是认为"次"选择"梦见去北京",二是认为"次"只选择"去北京"。例(107)可以有两个推导,如例(114a)和例(114b)所示。在动词性成分发生重建后,例(114a)获得"做两次梦"的解读,例(114b)获得"做一次梦去两次北京"的解读。

(114) a. 我曾经[$_{vP}$梦见去北京$_t$][两[次[$_{vP}$t]]]。

　　　 b. 我曾经梦见[$_{vP}$去北京$_t$][两[次[$_{vP}$t]]]。

按照张宁的结构分析,例(108)可以直接是源形式,没有动词成分的移位推导,获得"做一次梦去两次北京"的解读。但无法获得"做两次梦"的解读。要获得这种解读,我们只能把例(115)看成是它的源形式。从例(115)获得例(108)的表层结构,需要把"去北京"先提升到"次"下面某个位置,然后整个"梦见 t_{VP}"进行残余提升,如例(116)所示,树形图见(117)。

(115) 我曾经两次梦见去北京。

(116) 我曾经[$_{vP}$梦见 t_{VP}][两[次[$_{VP}$去北京$_t$][$_{vP}$t]]]。

(117)

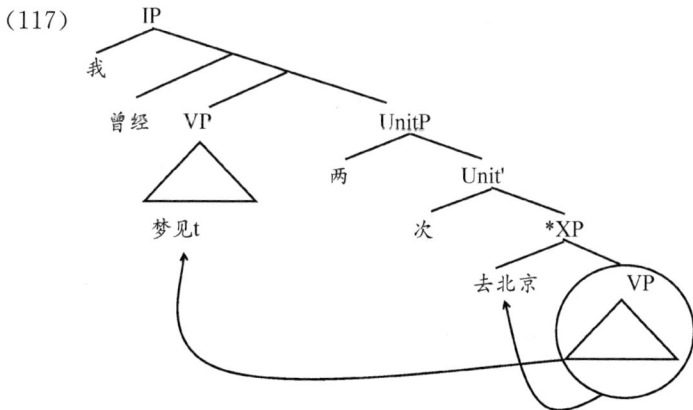

要获得"做两次梦"的解读,"梦见"又要"退回",但不能是原来的位置,否则就变得不合语法,如例(118a)。若退回到"去北京"上面的一个位置,如例(118b)所示。但这是不同的位置,违反了重建的机制(Huang 1993):"去北京"上面的那个位置和"梦见 t_{VP}"进行残余移位后留下的语迹没有关系,违反了结构依存原则(structural dependency)。除非我们又重新讨论重建和结构依存原则,这样一来在修补一个问题时又碰到新的问题,其合理性就没有保证。

(118) a. *我曾经[两[次[[去北京][$_{VP}$梦见]]]]。
　　　b. 我曾经[两[次[[$_{VP}$梦见][去北京]]]]。

5.3　数词、量词和名词的语义组合

在§5.1、§5.2中,我们花了很大的篇幅论证数量组合的成分完整性问题(constituenthood)。成分问题是语法研究的第一步,也是关键一步,因为它决定了后续语义研究的方向。单从句法上看,"三个学生"分析成"[三[个[学生]]]"还是"[[三个][学生]]",或许看不出有什么很大的区别,但是在语义上则有重大影响,因为这意味着量词会有不同的语义分析:它们是跟名词发生语义组合关系,还是跟数词发生语义组合关系。如果是"[三[个[学生]]]",量词只和名词发生语义组合关系,那么量词的功能作用于名词身上;如果是"[[三个][学生]]",量词只和数词发生语义组合关系,那么量词的功能作用于数词身上或被数词所作用。同样的道理,"三次去北京"分析成"[三[次[去北京]]]"还是"[[三次][去北京]]",在语义上也有区别。

确定了汉语数量名的结构层次划分之后,就可以探讨它们之间的语义组合程序了。具体地说,先是数词和量词组合构成一个

完整意义,然后数量结构和名词组合构成一个更大的完整意义(这里只举数词名量词结构为例)。第四章我们把数词短语当作直接指称数的单称词项,即使在非数学句环境也是如此(详见第六章),于是数词是 d(或 e)类型的实体。当数词和名词组合时,由于光杆名词是指称集合的,类型为⟨et⟩,所以它们发生类型不匹配,是不能直接组合的。另一种做法是把汉语光杆名词看成是指类的名词(kind-referring),那么 d 类型的数词同样不能和 e 类型的类指名词发生语义组合。汉语利用量词来协调数词名词之间的关系。汉语光杆名词到底看成是指类的名词,还是指集合的名词,这不是本书的重点,这两种办法都不影响本书对数词本身的研究。为了组合数词和名词,汉语利用量词来协调数词与名词之间的关系,或者说量词其实就是用于修补类型不匹配的。

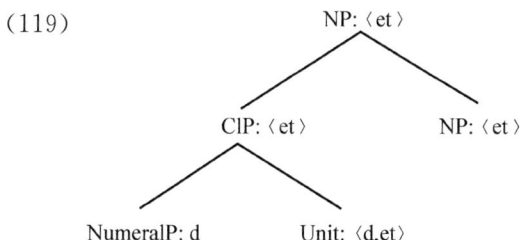

(119)

```
                        NP:⟨et⟩
                       /        \
                ClP:⟨et⟩          NP:⟨et⟩
                /      \
        NumeralP: d    Unit: ⟨d,et⟩
```

　　量词在语义上的功能是把 d 类型转换成⟨et⟩类型,起到类型转换的作用,语义类型是⟨d,⟨e,t⟩⟩。数量结构整体成为形容词,可以修饰名词。汉语量词系统发展到今天是非常丰富多彩的,多具有本身的词汇意义,例如形状方面的。以下公式(120)只是一个概括,其中的 A 特征含义纷繁,有时只能一一定义,如公式(121)。

(120) 〚个体量词〛$=\lambda n\lambda X[\,|X|=n \wedge \forall x[x\in X \rightarrow A(x)]]$

(121) a. 〚条〛$=\lambda n\lambda X[\,|X|=n \wedge \forall x[x\in X \rightarrow long(x)]]$

　　　 b. 〚张〛$=\lambda n\lambda X[\,|X|=n \wedge \forall x[x\in X \rightarrow rectangular(x)]]$

下例是"三条鱼"的语义组合示意图,可以看出各个成分的意义和意义生成方式。先是"三"和"条"得出含三个事物的集合,这三个事物的集合和鱼的集合相交得出只含鱼的集合,最后应用存在封闭(existential closure)得出复数个体:三条鱼。也可以不利用存在封闭,"三条鱼"直接指称复数个体的集合,这时候集合具有客观实在性。这个问题不影响这里的讨论。

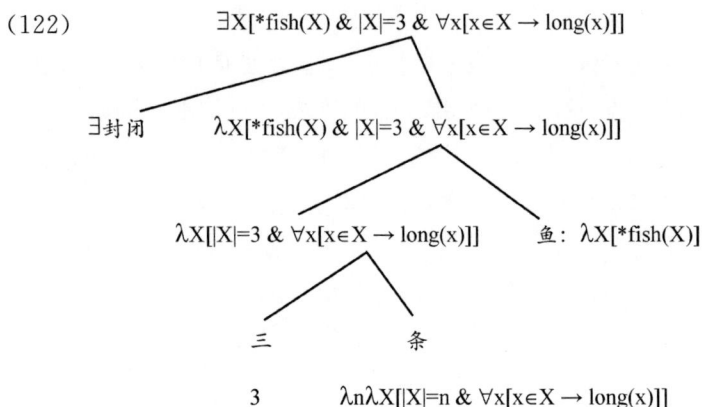

(122)

$$\exists X[*fish(X) \ \& \ |X|{=}3 \ \& \ \forall x[x{\in}X \to long(x)]]$$

∃封闭　　$\lambda X[*fish(X) \ \& \ |X|{=}3 \ \& \ \forall x[x{\in}X \to long(x)]]$

$\lambda X[|X|{=}3 \ \& \ \forall x[x{\in}X \to long(x)]]$　　　鱼:$\lambda X[*fish(X)]$

三　　　　条

3　　　$\lambda n\lambda X[|X|{=}n \ \& \ \forall x[x{\in}X \to long(x)]]$

我们可以据此生成更复杂的涉及并列名词的名词性结构的正确解读。如"一百零一个男人和女人",假设连词"和"定义为$\lambda P\lambda Q\lambda X \exists Y, Z[X{=}Y{\cup}Z \ \& \ P(Y) \ \& \ Q(Z)]$,我们得到以下的推导过程:

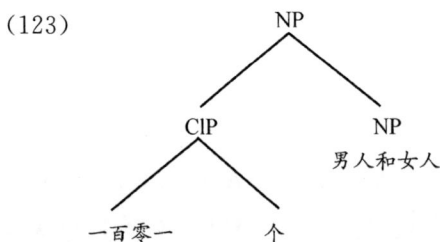

(123)

NP

　　ClP　　　　　　NP
　　　　　　　　　男人和女人

一百零一　　　个

(124) a. 〖一百零一〗＝101

b. 〚一百零一个〛＝λX[｜X｜＝101 ∧ ∀x[x∈X →
A(x)]]

c. 〚男人和女人〛＝λX∃Y, Z[X＝Y∪Z & 男人(Y) &
女人(Z)]

d. 〚一百零一个男人和女人〛＝λX∃Y, Z[X＝Y∪Z &
男人(Y) & 女人(Z) & ｜X｜＝101 ∧ ∀x[x∈X →
A(x)]]

通过进一步的存在封闭语义操作后,得出该名词短语表示一个复数个体,它是男性和女性集合,基数是 101,可能的内部组成是从$\{m_1, m_2, m_3, ..., m_{100}, w_1\}$到$\{w_1, w_2, w_3, ..., w_{100}, m_1\}$。

(125) 〚一百零一个男人和女人〛＝∃X∃Y, Z[X＝Y∪Z &
男人(Y) & 女人(Z) & ｜X｜＝101 ∧ ∀x[x∈X →
A(x)]]

第六章

从哲学本体论角度看数词的语义指称

在第二章和第三章中,我们主要是从汉语和我国南方少数民族语言数词出发,论证了复杂数词的成分完整性。数词在句法中是完整性成分,在语义中也是完整性成分,即通过语义组合程序能够得出它们的意义来,那么数词的意义是什么?我们可能会直观地认为数词的意义就是数,比如"三"这个数词的意义是 3 这个数,"三百"这个数词的意义是 300 这个数,"三十一"这个数词的意义是 31 这个数,如此等等。在第四章我们把数词看成是直接指称数的(reference to number),第五章讨论数词、量词和名词的语义关系时,我们也是把数词看成是直接指称数的。

这里其实比我们想象的要复杂得多,把数词看成直接指称数并不是随随便便说的,涉及语言哲学和数学哲学中的重大问题。说"三"这个数词的意义是 3 这个数,会遇到一个哲学本体论问题:数是什么?数存不存在?这个问题在历史上引发了很多的哲学探讨和相互对立的意见。本章从哲学本体论角度研究数词的语义指称问题,我们将提出语言学以及数学上的发现来论证数词可以指称数,数是存在的。我们将从羌语支史兴语中的数词"一"的形态句法特征出发论证数词指称数的合理性,同时也将论证自然语言存在指称集合(reference to set)的数词,尽管为数不多。

为了深刻理解数词的本体论指称问题,§6.1 我们将回顾数学哲学对数的不同本体论观点,这个问题是深入理解数词语义指称的必需基础知识。

6.1 自然数是否存在：唯实论和唯名论

说数词的意义是指称数,意味着我们在哲学上就承认了我们的本体(即我们谈论的客观世界)存在着数这种事物,即我们作出了"本体论承诺"(ontological commitment)。如果要在本体中加入自然数这种实体,需要先回答自然数是什么这个问题。我国著名数学家张景中院士(2003)对这个问题有非常清晰的概括。他说自然数是什么这个问题看起来简单,反而难以回答,因为事情已经简单得很难再简单了,只能用较复杂的概念来说明它。如果问复数是什么,那是容易回答的,因为复数可以用一对实数表示。问实数是什么,也不难回答了,因为实数可以用有理数的"戴德金分割"表示。有理数可以表示为整数之比。整数归结为自然数,再问自然数是什么,就不那么容易痛痛快快地回答了。这已不是数学问题了,它同时也是个哲学问题。历史上长期存在着实数是什么、复数是什么的哲学困惑。19 世纪这些困惑才在数学家的大量劳动成果中被逐步廓清,自然数是什么的问题也才终于被突出了。

问 1 是什么。这似乎最简单不过了,我们从牙牙学语时就知道了 1:一个皮球、一把椅子、一只白兔。但是 1 究竟是什么呢? 一个皮球、一把椅子、一只白兔吗? 当然不是。如果它是一个皮球,就不能又是一把椅子。皮球是看得见的,摸得着的,但是谁又看见摸着了 1 呢? 所以 1 只是一个概念。把一个皮球、一把椅子、一只白兔或者其他一个事物抽象一次,就得出一个赤裸裸的 1,它是纯粹的 1。我们对它的性质还可以有所了解,一只白兔和一只白兔在一起是两只白兔,一把椅子和一把椅子在一起是两把椅子。舍去白兔、椅子之后,我们就得到纯粹的 1 和纯粹的数学关系"1+1=2"。小学生的数学入门教育就是这么开始的。数学概念就是这样一层一层抽象出来的。各门学科都要进行抽象,但数学抽象得最厉害,一直抽象到"凡夫俗子"莫名其妙的程度。

　　除了自然数,其他数学概念如点线面都是这样抽象出来的。那么我们不禁要问这些抽象的东西是客观存在的吗? 它们是在人们认识它们之前就存在呢? 还是在人们认识它们之后才开始存在的呢? 这个问题引发了很大的讨论。一派以唯实论(realism)为代表,一派以唯名论(nominalism)为代表。19 世纪以来数学哲学的主流观点是唯实论,或者称为“柏拉图主义”,这种观点认为数尽管是抽象的,但却是客观存在的,而且不依赖时空、人类思维而永恒存在。柏拉图主张存在着两个世界,一是人们可以看到、听到、摸到的由具体事物组成的实物世界;另一个是理智才能把握的理念世界。数学概念属于理念世界。柏拉图的思想对后人有很大的影响,康托(Cantor, Georg)就认为数学概念是独立于人类思维的客观存在。

　　唯名论产生于中世纪,这种观点认为客观存在的事物只有具体的个别的东西。这个人、这把椅子等都是存在的,而一般的、抽象的人或椅子不过是记号,是词,是名称而已。这种观点认为数是纸上的符号或头脑中特定的概念。数不存在于客观世界,只存在于纸上或者思考它的人的头脑中。当人们把它写下来,它就出现了。当人们头脑中想到它,谈论它,它就出现了。这种观点有逻辑上的困难。如果数仅仅是符号,当不同时代、不同的人、不同的国家用不同的方式来写出表示 1 的不同符号时,我们有多少个 1 呢? 在数学中,只有一个唯一的 1。如果数是由于人的头脑里出现了它才存在的,那么尚未写下的符号或尚未发出的声音,比如有些很大的数无法记下来也没有说出来,甚至没有人具体想过它,它是不是存在呢? 唯名论者对数的认识带有机械唯物主义的倾向,数学家很难接受这种观点。但直到今天,仍有人在努力发展这一观点使之趋于更加合理。

6.2　数词的两种指称

　　在外延语义学中,一个语言符号的意义就是它的指称。例如专有名词 John 的意义就是约翰那个人。形容词、动词和名词的意义是集合,里面包含具有某种特征的个体,比如 beautiful 的意义是一个包含各个具有漂亮特征的事物的集合(当然也可以是一个什么都不包含的空集)。句子的外延指称是或真或假的真值。个体(object)、集合(set)、真值(truth value)都是本体论中认可的客观世界的实体。当我们说 John 指称个体,beautiful 指称集合,"It is raining."指称真或假,我们在哲学上就承认了我们的本体存在着个体、集合和真假这种事物。这些事物在经典语义学早期都是基本设定,是不会被怀疑的,借由历史上早期分析哲学家如塔斯基等人在创立经典语义学时引入模型(model)中,借此外延语义学试图为所有词类建立外延指称。

然而一涉及数词,问题就变得复杂了。自然语言中数词中能够出现的语法环境多样。以英语为例,它们可以出现在典型的形容词位置、限定词位置,还可以单独出现在典型的论元位置。

(1) the five apples   形容词位置

(2) We were two, now we are one.   形容词位置

(3) five apples   限定词位置

(4) a. Students, I taught seven.   论元位置

    b. Give me seven.

    c. Seven came.

    d. I ate seven of the apples.

(5) a. Two and two is four.   论元位置

    b. The square root of two is an irrational number.

    c. Seven is a prime number.

    d. The number of planets in the solar system is nine.

数词作为一个词类,在外延语义学中它们对应的指称到底是什么?这是一个争议很大的问题(参见:贺川生 2018a)。目前语言学和哲学界对数词的指称主要有两种观点:指称数本身(相当

于名词)、指称集合(相当于形容词或量化词)。例如对于 five apples 中的数词,最自然的处理是把数词当作形容词,指称集合。对于"Two and two is four."中的数词,最自然的处理是把数词当作名词,直接指称数目本身(numbers *per se*)。对于"Students, I taught seven."中的数词,最自然的处理是把数词当作限定词,指称集合,并且是一个内部结构比较复杂的集合,即从集合到集合的集合。如果按照严格的句法语义匹配关系,那么它们在外延语义学中有时候似乎是指称集合,有时候似乎是指称数本身。同一词类有这么多不同的句法位置以及由此而来的不同指称,这是数词区别于其他词类的一个显著特点(颜色词也有类似特征,但是仍然没有限定词如例(3)的用法)。目前的争论在于数词指称数还是集合?比如"五"这个数词就有可能指称数或者指称集合,如下图 6.1 所示。下面分别介绍这两种观点的本质以及动因。

图 6.1 数词的两种指称

6.2.1 数词指称数

第一种指称观点认为,发展出数的概念之后,人类语言相应地发展出数词系统,借此我们可以把"数"当作一个事物直接谈论。数词直接指称数这种抽象实体,例如 five 这个数词指称 5;five hundred twenty one 这个数词指称 521,语法上相当于名词,语义类型为 e 或 d。这种观点的哲学基础是数学哲学的主流观点——唯实论(柏拉图主义)。

最早把"数"引入本体作为语言符号指称的哲学家是弗雷格。

数词的句法语义界面研究

弗雷格(Frege 1974)在《算术基础》(*Foundations of Arithmetic*)中讨论了数词用作论元的情况,如例(6)所示。弗雷格认为这种用法的数词最好是看成直接指称数本身,我们可以把数当作一个事物直接谈论,如例(6d)是一个等同句(identity sentence),所以数词 nine 直接指称数目 9,语法上相当于名词,语义类型为 e。例(6c)说"七是一个素数",所以数词 seven 直接指称数目 7。又如我们可以直接说 the number five"五这个数"等,表明数词可以指称数。

(6) a. Two and two is four.

b. The square root of two is an irrational number.

c. Seven is a prime number.

d. The number of planets in the solar system is nine.[①]

动词"乘、除"选择的论元只能是数,下例表示数词是直接指称数的。

(7) a. Two multiplying two is four.

b. Twenty three cannot be evenly divided by any interger except one.

世界上绝大多数语言都有这种句式,比如汉语,如例(8)、例(9)所示。汉语中还有一类例子是数词前面可以加"个",表明"三"是一个个体,如例(10)所示。

(8) a. 二加二等于四。　　b. 二的平方根是一个无理数。

c. 七是一个素数。　　d. 太阳系行星的数量是八。

---

① 据最新研究,太阳系的行星数为 8。此处为引例,不作改动。下文相关例句同此,均不作改动。

（9）a.二乘二等于四。

　　b.二十三不能被一以外的任何整数除尽。

（10）四个三加起来是多少？

如果数词唯一指称数，并且在句法上相当于名词，那么对于"Two and two is four."这类例句中的数词来说是很容易解释的，但是需要解释修饰用法的数词（如：five apples）。如果数词唯一指称数，那么当数词修饰名词时，会出现语义矛盾，因为数词代表的数无法和名词代表的集合进行有意义的组合，因为数只是数而已，它是一个整体性的事物，不再是集合了，所以不能与其他集合进行有意义的集合相交。这样对于修饰用法的数词来说，就需要在数词上加上什么东西使之指称集合，从而使它们能够与名词进行顺利的语义组合。目前形式语言学通常认为数词后面有个看不见的语言成分，比如 five＋X apples。这个 X 的功能就是把一个数的概念转换为一个集合的概念，这个集合里面每一个成员的内部个体数量就是那个数（Krifka 1995；Hackl 2005）。

弗雷格并不认为数词只能指称数。他并不是语言学家，不会随便假设语言存在着看不见的成分。他认为数词本质上具有两种指称，后人称之为"弗雷格另一谜题"（Frege's Other Puzzle，参见：Hofweber 2005）。这也是弗雷格认为自然语言充满歧义不完美的一个地方。

弗雷格关于数词能够直接指称数的这种观点，从直觉上是很吸引人的，得到了很多语言学和哲学研究的支持（参见：Krifka 1995；Hackl 2001；Corver ＆ Zwarts 2006；Brogaard 2007；Brendan Balcerak 2013）。最近，埃里克·斯奈德（Snyder 2017）把数词能够指称数这个问题的研究推进了一步。他研究了英语数词在以下环境中的语义指称问题：

（11）a. Four is a number.

　　b. The number four is even.

c. Jupiter's moons are four (in number).

d. The number of Jupiter's moons is four.

e. No four moons of Jupiter orbit Saturn.

f. Jupiter has four moons.

斯奈德提出了一个统一的语义理论来解释以上句法分布中数词的指称。他认为以上句法分布中的数词都是直接指称数的,区别在于句法有时候只是表面现象,我们说出来的语言形式不一定就是它们的深层逻辑表达式。具体来说,例(11a)和例(11b)中的数词 four 就是它本身,指称数目 4。但是在其他情况下,数词 four 处于一个更大的隐形投射中。该投射称为"度量短语"(measure phrase),其中心词是一个看不见的度量词。当然叫什么名称并不重要,关键是数词处于一个更大的隐形投射中,如下所示。

(12)

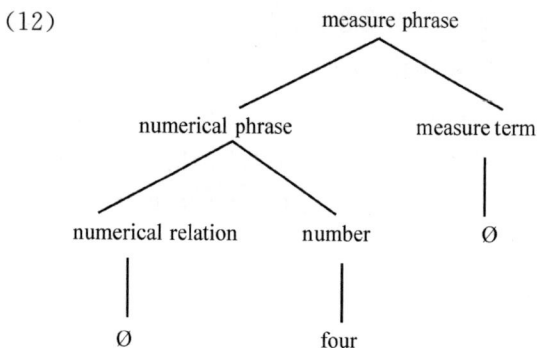

下面是文献中研究最多的三种典型的数词用法,其中的数词都是直接指称数的,区别在于例(13a)和例(13b)中的数词是一个更大投射的一部分;而例(13c)中的数词只投射数词短语,数词直接指称数。

(13) a. The number of Jupiter's moons is [$_{\text{MeasureP}}$ four Ø].

b. Jupiter has [$_{\text{MeasureP}}$ four Ø] moons.

c. The number Mary is researching is [$_{\text{NumeralP}}$ four].

对于例(13b)中的数词,它是一个更大投射的一部分,整个投射指称一个关于数量的特征,即 $\lambda x.\ \mu \# (x) = 4$。对于例(13a)这种意见分歧最大的句子,斯奈德认为它们不是弗雷格所认为的等同句,而是规定句(specificational sentences)。规定句系词的左右成分都是指称性语词,但是短语 the number of Jupiter's moons 指称一个程度而不是数,后面的 MeasureP("度量短语")的语义指称也是数量特征,即 $\lambda x.\ \mu \# (x) = 4$,在这里经过名词化之后,指称一个程度,或者说指称一个数量而不是数。例(13c)是一个等同句,其中的数词只投射数词短语,数词直接指称数。

以往的文献总是把例(13a)和例(13c)等同起来,这是因为没有注意到 number 这个词本身有歧义。例(13a)中的 number 解读为一种数量关系,而例(13c)中的 number 则解读为数目本身。这种歧义在下面例句中可以看得更清楚:

(14) a. The number of children is {expanding rapidly /?? irrational}.

b. The children are four in number.

c. The children number four.

(15) a. The number Mary is researching is {?? expanding rapidly / irrational}.

b. The number four is even.

c. There are lots of numbers between 5 and 100.

斯奈德进一步观察到数词 four 也有类似歧义现象。例(16)中的数词是形容词用法,它告诉我们数量是多少,而例(17)中的数词是名词用法,它告诉我们一个特定的数目。

(16) a. What's the number of children? (Almost) Four.

b. How many of these eight numbers are even? [Let's see. 2 is even and 6 is even ...] Four {?? is/are}.

c. The number of children is four. The number of women is the same (?? one).

(17) a. What's the number Mary is researching? (?? Almost) Four.

b. Which one of these three numbers is even? [Let's see. 1 isn't, and 3 isn't...] Four {is/?? are}.

c. The number Mary is researching is four. The number John is researching is the same (one).

综上所述,这种分析的要点是提出了两个歧义假设:一是,数词在结构分布上有歧义,有时它们单独出现,有时是处于更大投射中;二是,number 这个词有词汇上的歧义,有时指数量,有时指数目。如下所示:

(18) two-Ø apples

(19) a. The number.degree of planets in the solar system is nine-Ø.

b. The number.number Mary is researching is four.

6.2.2 数词指称集合

数词能够直接指称数的这种观点有一个不利因素,即需要对"数"作出本体论承诺,即承认数是存在的实体(唯实论)。哲学家一般不愿意轻易作出本体论承诺,以免带来意想不到的困惑甚至悖论,特别是针对抽象实体。例如历史上集合这种抽象实体的引入曾经就带来了极其深刻的后果,即罗素悖论引发的"第三次数学危机",但罗素悖论今天已经通过公理系统解决了,所以集合是一种实体已得到了广泛的承认,尽管其地位的确立经历了艰难的过程。弗雷格的观点尽管能够方便地处理某些语言事实,如例(6),但谁也不能保证以后不会出现有关"数"的悖论。而对数词采取只能指称集合的途径就不会有这个担心和困扰,因为集合已被完全认可。正如罗素(Russell 1919:14—15)所言:

> "我们会自然地想到,对子的类和 2 这个数不同。关于对子的类我们没有疑问:它是毋庸置疑的,也不难定义。但是对 2 这个数,无论如何是个形而上学的东西,关于这样的东西,我们绝不能确定它是存在的,或者我们绝不能捉摸到它。因此不去追求一个成为问题的、总是不可捉摸的 2 这个数,而满足于我们能够确定的对子的类,这种态度是更加谨慎的。"(笔者自译)

由于数学哲学上的这种影响,同时考虑到尽管数已经是一个高度抽象的概念,但并不是一个基本概念,在罗素和皮亚罗的公理系统中,数的概念最后归于更基本的概念——集合,于是出现了数词指称集合的观点。哲学上这种观点也称为"达米特论题"(参见:Dummett 1995),认为本体中没有数这种实体(唯名论),但是有集合这种实体,所以数词的外延是集合。这种处理也符合"奥卡姆剃刀原则"(即"如无必要,勿增实体")。

支持数词指称集合的学者对集合内部的结构也有不同意见。一种观点认为集合内部的成员是复数个体(Rothstein 2013;Felka 2014;Knowles 2015;等等)。根据这一派观点,数词 five 指称一个集合,这个集合内部的复数个体只需具有一个共同特征即都是由五个元素组成。这些元素包罗万象,无所不包。这时候数词 five 相当于形容词,语义类型为 $\langle et \rangle$,表达一个数量上的特征,即 $[\![five]\!] = \lambda X [|X| = 5]$。注意公式 $|X| = 5$ 属于元语言,里面出现的数学符号 5

不是说预设有 5 这个数目的存在，|X|＝5 意思是指集合的大小，书写形式|X|＝5 是最方便的，直观的书写形式是{●●●●●}。

　　这样一来，短语 five apples 的语义可以通过谓词修饰规则得出，如例(20)，意思是所有复数"苹果"的集合与所有 5 个元素事物的集合的交集。这种处理需要假设名词词组上面有一个存在封闭(existential closure)的操作，如例(21)所示。这并不是一个缺点，因为存在封闭操作已经独立地证明是存在的(Heim 1982)。

(20) ⟦five apples⟧＝λX[|X|＝5 ∧ apples(X)]

(21) ⟦∃ five apples⟧＝∃X[|X|＝5 ∧ apples(X)]

　　这看上去同样清楚而明显。数词的一个重要功能是修饰名词(如：five apples)，并且数词可以直接用作谓词。如下所示：

(22) We were two, now we are one.

　　集合论内部另一种观点认为集合内部的成员是集合。这是把数词当作限定词的做法，这时候数词在句法上相当于限定词(如"the、every")，语义类型为⟨et, ⟨et, t⟩⟩。这种观点最早见于广义量词理论(参见：Barwise & Cooper 1981)。这样一来 five 定义为 λPλQ|P ∩ Q|＝5，five hundred twenty one 定义为 λPλQ|P∩Q|＝521，类似于量化词 every 的定义，于是 five students 这个名词短语可以用函数应用规则得出，如例(23)。这里对数词的形式定义做了简化，但是不影响理解。

(23) ⟦five students⟧＝λPλQ|P∩Q|＝5 (λx.student(x))＝
　　　λQ|λx.student(x)∩Q|＝5

数词和限定词的句法分布有相同的地方。把数词当作限定词的好处是能够解释数词和"many、all、some"等限定词有相同的句法表现,比如可以单独出现表示个体的意义。如下所示:

(24) a. Students,I taught seven/many.

b. Give me seven/some.

c. Seven/Several came.

但数词和量化词也有一些区别。量化词前面不可以有限定词,而数词前面可以。数词可以直接作谓词,但量化词不可以。这些区分在很多语言中都是如此。

(25) a. *the every student/the three students

b. We are four./*We are every.

(26) a. 这五个学生/*这每一个学生

b. 我们是五个。/*我们是每一个。

此外,数词和限定词的句法分布也不同(参见:Hurford 1975:3)。比如有时候数词可以出现的环境,量化词不能出现,反之亦然。当然这些区别并不能说明数词一定不是量化词。

(27) a. Too many/very many/how many

b. *Too six/very six/how six

(28) a. Exactly six/less than six/almost six

b. *Exactly many/less than many/almost many

如果数词唯一指称集合(相当于形容词或限定词),那么像"the five apples、be five、five apples、give me seven"中的数词是很容易解释的,因为指称集合的形容词、限定词同样可以出现在这些位置并且具有相同的语义功能。但这需要解释纯数目用法的数词。文献中讨论很多的是例句(6d)"The number of planets in the solar system is nine."这类句子中的数词。这是弗雷格把数引入模型中的关键证据。弗雷格认为,例(6d)是一个等同句(identity sentence),由于等同句两边的名词短语必须是指称性短语,所以数词 nine 是指称性短语,直接指称数 9。如果坚持数词只能指称集合,那么必须对例(6d)以及其他类似句子如例(6a)—(6c)中的数词有一个合理解释。很多学者提出,例(6d)这类句子并不是等同句,而是通过焦点移位产生的(参见:Hofweber 2005);或者来源于规定句(specificational sentence),是通过省略一些成分产生的,如例(29)所示(参见:Moltmann 2013;Felka 2014;Knowles 2015)。表面上处于论元位置的数词其实还是处于修饰位置,这维护了数词只能指称集合的观点。

(29) a. There are nine planets in the solar system.

b. [~~What~~ the number of planets ~~is~~] is [~~There are~~ nine ~~planets~~.]

但是上面这种做法也受到质疑和批评(参见:Brogaard 2007;Brendan Balcerak 2013;Schwartzkopff 2016)。其中之一是关于真值条件。这两种做法的前提条件是,例(6d)(即:"The number of planets in the solar system is nine.")和例(29a)的真值相同,只是不同的说话方式。批评者提出它们真值条件并不相等,所以没有转换关系,是不同的句子。如例(29a)的语义其实是"至少存在九个行星",因为 nine planets 在这里相当于存在量化成分,而存在量化在语义上具有"至少 n"的含义,平时人们理解例(29a)的意思是"正好存在九个行星"只是由于语用推理所致(Bultinck 2005)。但是语句"The number of planets in the solar system is nine."的语义却是"行星的数量正好是九个"。这个区别可以从下面对立中看得更清楚。例(30a)听上去并不矛盾,而例(30b)听上去是矛盾的。

(30) a. There are nine planets in the solar system. In fact there are ten.

b. The number of planets in the solar system is nine. ♯ In fact the number is ten.

c. The number of planets in the solar system is nine.

另外有研究也提出语句"The number of planets in the solar system is nine."来源于例(29a),但没有句法转换,而是通过语义联系的(参见:Kim 2013)。这种观点认为 nine 并不修饰 planets,而是和 There are 发生语义关系,于是例(29a)进一步分析为例(31)。这种情况类似于 occasional visitor,其中 occasional 并不直接修饰 visitor,而是修饰动词成分。根据这种观点,数词的语义是表示存在的方式或模式(manner or mode of existence),所以这种分析没有句法转换带来的真值不等问题,因为数词 nine 是独立的副词性成分,并不和名词组成量化短语,从而避免了量化短语带来的真值不等问题。

(31) Planets exist nine-wise in the solar system.

对于"Two and two is four."这类句子中的数词,有研究认为这里的数词是光杆限定词(bare determiner),类似于"many、several"这种词,语义类型为$\langle et\langle et, t\rangle\rangle$,发生了认知类型转换(cognitive type coercion),成为 e 类型,即转换为个体了(参见:Hofweber 2005)。这种分析有认知心理学方面的证据,即:我们的大脑不擅长处理$\langle et\langle et, t\rangle\rangle$这样复杂的类型,一有机会就会强迫把它转换为 e 这样的简单类型。这种分析也有着语言上的理

由,比如数词与限定词有相同的句法表现。如例(32)所示:

(32) a. Two or three is a lot better than none.

b. Few or many,I don't care,as long as there are some.

6.3 数词指称数的语言事实

数词的语义指称问题非常重要,涉及语言学问题,更涉及数学哲学和本体论的核心问题,比如是不是真的存在"数"这种东西。如果数词不能指称数的话,那么整个数学基础就要重新定义了。当然凭空争论数到底存不存在只能陷于"公说公有理婆说婆有理"的思辨怪圈。对于一个抽象事物来说,证明其存在必须基于具体事实,空洞的说教是没有用的。语言上的事实是其中最靠得住的,西方语言哲学界也是从具体语言事实出发论证抽象事物的本体地位。本节我们将提出语言事实和数学发现来论证数词是可以直接指称数的,从而间接证明数是存在的。

6.3.1 句型"Seven is a prime number."

在坚持数词只能指称集合的文献中,目前尚无对"Seven is a prime number."之类语句中的数词的研究。那么在坚持数词只能指称集合的前提下,有没有可能的解释?

一方面,不能把它们看成是光杆限定词发生了认知类型转换,因为限定词不能出现在这类句子中,例如,"*Several is a prime number.",而数词与限定词有相同的句法表现是这种处理的先决条件,否则任何理论解释都会变得廉价没有意义。另一方面,很难设想这句话有另一种表达形式,通过转换而来,类似于例(6d)和例

(29a)之间的转换关系。也许可以认为这句话来自"Seven things is a prime number.",通过省略 things 而来。但这是自相矛盾的,事物并不是数(参见:Hurford 1987:159)。这种处理同样存在逻辑漏洞,即当说话人说出"Seven is a prime number."的时候,这种解释蕴含说话人已经有了 thing 这个词。也可以对这里的数词施加类型转换机制,将其变成数,即把语义类型从〈et〉变为了 e,发生了名词化(Partee 1987)。这种做法表面上给语法带来了简洁性,其实不然,因为需要类型转换机制,并且多数情况下这种类型转换机制没有形态上的证据,只能是隐性的。更为重要的是这种处理同样不符合"奥卡姆剃刀原则",力图在某一方面简化的同时又不得不在另一方面复杂化,这并没有给语法带来任何的好处。相比之下,弗雷格的歧义说其实更经济一些,因为歧义是语言常见的现象,而非歧义的处理不得不提出一个看不见的机制,难以证实也无法证伪,还有儿童语言习得上的困难。

我们认为这类句子中的数词应该属于最难处理的。霍夫韦伯(Hofweber 2005)没有研究过这种数词,并明确指出这种数词有待研究。我们认为这类句子中的数词应该只能看成是直接指称数的,因为"Seven is a prime number."这句话明明白白地说"七是一个素数",意思是 seven 这个语言符号就是指称数。

6.3.2 超越数 π 和 e

本小节将利用一种特别的数词来证明数是存在的,并且数词是可以指称数的。这种数词就是代表超越数(transcendental numbers)的语言符号,例如 π 和 e。它们是纯粹的不可分析的数词,也出现在我们的话语中,读作[pai]和[i:]。本小节的目的是为弗雷格的经典观点作出辩护,论证自然语言数词中,至少表达超越数的语言符号 π 和 e 不能指称集合或者集合之间的关系,只能指称数本身,本体中存在数这种东西也是必然的结论。更为重要的是数学家康托已经证明庞大的代数数(即本书研究的主体自然数、分数和小数以及它们的语言符号)与超越数相比只是沧海一粟,一个自然的推理是自然语言中所有可能数词中的绝大部分都是指称数的专称词项(number-referring terms)。

6.3.2.1 绝大部分的数不能用集合来表达

我们采取反证法看指称集合的观点能不能处理所有的数。在所有的数中(实数"real numbers"),自然数毫无疑问可以归于集合,可以用集合来表达。于是,5 这个数的概念不是最根本的概念,它最后归于集合,语言符号"五"指称这个集合。负数(negative numbers)可以表达为简单的一次方程的根,例如:$-5=0-5$。"-5"指称一个空集和另一个集合的关系,这个关系是减法的关系,可以适当加以定义,语言符号"负五"指称这个集合。当然有的负数需要另外定义,比如表示温度的-5。分数小数起源于测量,也可以归于自然数的除法关系,毫无疑问也可以归于集合。比如 1/2 指称一个集合和另一个集合的关系,这个关系是除法的关系,可以适当加以定义,语言符号"二分之一"指称这个集合。代表 1.5 的数词"一点五"也可以这样处理。

以上的数是有理数(rational numbers)。整个实数轴还存在无理数(irrational numbers),不能归结为整数与整数的比,比较著名的例子是$\sqrt{2}$。康托证明了无理数比有理数多,而且"多得多"。即使如此,这种数有的仍然可以表达为多次整系数方程的根,如下所示。

(33) $a_n x^n + a_{n-1} x^{n-1} + \cdots + a_1 x + a_0 = 0$($n$ 是自然数,并且 $a_n \neq 0$)

比如$\sqrt{2}$可以表示为公式(33)的一个简单形式"$x^2 - 2 = 0$"的

根,可以归于正整数的开平方根代数运算,语言符号"根号二"或者"二的平方根"可以看成是指称集合的开平方代数运算。语言符号"根号二"或者"二的平方根"是罗素摹状词(Russellian definite description),指称集合的观点仍然行得通,比如在例(34a)和例(34b)中,"$\sqrt{2}$"指称一个集合的关系,施加类型转换后使之成为一个数。在例(35)中,"$\sqrt{2}$"指称一个集合,直接和后面的名词用函数应用规则或者谓词修饰规则组合即可,这取决于我们把数词当作形容词还是限定词。

(34) a. $\sqrt{2}$ 是多少?

　　b. $\sqrt{2}$ 是古希腊数学家发现的第一个无理数。

(35) a. 根号二米男

　　b. 用长度为根号 2 米的钢丝围成一个圆,求其半径。

　　c. 有一个直径为根号 2 米的圆形纸片。

以上数的特点是可以归于整系数方程的根,通过加减乘除平方等代数运算得出,最终归于自然数,也就是说最终可以归于集合。当然如果把这些数归于集合,需要定义加减乘除和开平方运算,这里应该需要一些额外的假设。这个问题不会对指称集合的观点造成任何困难。这样一来作为语言符号的数词完全可以认为是指称集合,客观世界不存在"数"这种东西,只有集合这种东西。

以上这些数(包括自然数、负数、分数、小数、一部分无理数)都可以用代数方程表达,称为"代数数"(algebraic numbers)。这些数最终归于自然数,而自然数归于集合。于是所有的数词都可以认为是指称集合或者集合之间的关系。数是虚幻的东西,并不存在。

在庞大的无理数家族中,还有一种更加"无理"的数,即"超越数"。它们是不可能归于任何整系数方程的根,即不能是方程(33)

的任何形式的解,不可能归于任何自然数的任何代数运算,即"超越一切代数运算"。要证明一个无理数是超越数是极其困难的事情。目前只证明了两个超越数,即著名的圆周率 π 和自然对数的底 e。康托依靠"其思维之独特,想象力之丰富,方法之新颖"证明了整个实数家族中,超越数的数量比任何其他数的数量要多得多。庞大的代数数与超越数相比只是沧海一粟、微不足道,如同诗人描述的那样,点缀在平面上的代数数犹如夜空中的繁星;而沉沉的夜空则由超越数构成。我国数学家张景中曾说,如果拿一把无比锋利的刀任意砍在一条直线上,这一刀砍中一个代数数(自然数、分数、小数、一部分无理数)的概率几乎等于 0,砍中一个超越数的概率几乎等于 100,也就是说一条直线数轴几乎都是超越数。当康托着手证明这个问题时,他手里还没有一个超越数。这一结果出人意料,颠覆直觉,就连康托本人也觉得"简直不能相信"。然而这又是无可辩驳的事实,它说明直观是靠不住的,只有彻底的理性才能发现真理,避免谬误。这是现代数学的伟大成就,把例外化为常规,使人们对数的认识提升了一个层次。希尔伯特赞誉康托的集合论:"是人类纯粹智力活动的最高成就之一";罗素称赞康托的集合论:"可能是这个时代所能夸耀的最伟大的工作。"

康托的历史性工作表明日常所见的自然数(代数数)数量尽管是无穷无尽的,但是是可数的(countably infinite);客观世界还有更加多得多的超越数,它们是无穷不可数的(uncountably infinite),不能用任何整系数方程的根来表达,不可能归于任何自然数的任何代数运算的,直接后果是不可能归于集合。这种数当然需要语言符号来表达,例如 π 这个数学符号读成"派",e 这个数学符号读成"衣"。注意 π 和 e 只是数学家选定的代表这两个数的符号,就像古人选定"五"作为代表 5 的符号一样。它们的性质是完全一样的,只是 π 和 e 比较年轻,而其他数词相当古老而已。

如果把数词看成是唯一指称集合或者集合之间的关系,那么 π 的定义会是如公式(36)所示。这两个公式中的 $|X|=\pi$ 是不符

合基础数学公理的。根据集合论,任何有限集合的基数只能是自然数,即集合中的成员只能与自然数一一对应。原因很简单,集合的基数是数出来的,而数数只能是自然数(1、2、3、4、5……)。

(36) a. 〚派〛=λX[|X|=π]

　　 b. 〚派〛=λPλQ∃X[|X|=π & P(X) & Q(X)]

不像分数和 $\sqrt{2}$ 之类的无理数,π 也不能化归为任何自然数的任何代数运算,因为 π 是"超越"的。因此超越数也不能以自然数的代数运算来命名。这也是为什么超越数只能以完全任意的符号来命名,如 π 和 e,而其他所有的代数数可以在自然数的基础上来命名,如"二的平方根",也就是说 π 的意义是非组合的(non-compositional),而 $\sqrt{2}$ 和其他数都是组合性的。

这时候"派"看上去只能指称一个特定的数,不能指称集合,因为我们无法构造这样一个集合。数学家的发现对语言学的启示就是数词指称数,不能指称集合,因为绝大部分的数不能用集合表达。这就是说绝大部分的数就是数本身,是最基本的原子概念,不能归结于另一个概念。语言中也会用到"派"和"衣"这两个语言符号,这时候数词必定指称数。如例(37)和例(38)中的 π 和 e 必定指称数。当然日常语言不大可能有这些例句,原因是它们和日常生活关系不大,但我们不能据此认为这种例句不属于自然语言。因为它们是有意义的句子,常出现在一些科学文献中。

(37) a. 你知道 π 等于多少吗?

　　 b. π 和 e 是自然界两个最重要的常数。

(38) a. 一个圆的半径是 π 米,这个圆的面积是多少?

　　 b. 银行里你存了一些钱,你在某个复利条件下就算存 1 亿年,你的钱最多就变成原来的 e 倍。

6.3.2.2 维护指称集合的观点的可能解决方法

维护指称集合的观点有一个办法,即认为 π 不是指称性词组 (referring expression),在语义诠释中转写为罗素摹状词"圆周与直径的比",e 在语义诠释中转写为罗素摹状词"自然对数的底"。如上文例(37)中的 π 和 e,在逻辑式中应分别换成"圆周与直径的比"和"自然对数的底",如例(39),而摹状词的定义不需要用数的概念。

(39) a. 你知道圆周与直径的比等于多少吗?

b. 圆周与直径的比和自然对数的底是自然界两个最重要的常数。

内涵语境可以区别 π/e 和摹状词"圆周与直径的比/自然对数的底"是不同的,如下所示。例(40a)和例(41a)是很自然的语句,说明小明的数学知识缺乏,但例(40b)和例(41b)只能说明小明在胡说。如果 π 和 e 可以换成"圆周与直径的比"和"自然对数的底"的话,根据莱布尼茨法则,例(40b)和例(41b)应该同样合适。

(40) a. 小明说他不知道 π 是圆周与直径的比。

b. #小明说他不知道圆周与直径的比是圆周与直径的比。

(41) a. 小明说他不知道 e 是自然对数的底。

b. #小明说他不知道自然对数的底是自然对数的底。

π 和 e 可以表达为无限级数。也许 π 和 e 是这种数学方程的缩写,比如 e 在语义中转写为"1 和自然数 n 分之一的 n 次方在 n 无穷大时的极限值"(这里只用 e 为例,因为 π 的无限级数用自然语言陈述非常复杂拗口),同样是罗素摹状词,而摹状词的定义不需要用数的概念。

(42) e＝$\lim_{n\to\infty}(1+1/n)^n$

内涵语境可以区别 e 和摹状词"1 和自然数 n 分之一的 n 次方在 n 无穷大时的极限值"是不同的。如下所示：

(43) a. 小明说他不知道 e 是 1 和自然数 n 分之一的 n 次方在 n 无穷大时的极限值。

　　 b. ♯小明说他不知道 1 和自然数 n 分之一的 n 次方在 n 无穷大时的极限值是 1 和自然数 n 分之一的 n 次方在 n 无穷大时的极限值。

所以 π 和 e 是独立的语言符号，不能转写为各种罗素摹状词。尽管它们有相同的外延，但是内涵不同，因此在语义诠释中必须指派意义，而它们的意义看上去唯一可行的指派就是数本身。即：

(44) a. ⟦π⟧＝3.14⋯　　　　　b. ⟦e⟧＝2.718⋯

π／e 和它们的摹状词之间的关系相当于普通数词"六"和它的可能的摹状词"第一个所有真因子之和"或"三加三的和"之间的关系。π 和 e 是语言意义上的数词，就像普通数词"六"。它们有相同的句法分布，如下所示：

(45) a. 六是一个吉祥的数。　　b. π是一个神秘的数。

(46) a. 六米长　　　　　　　　b. π米长

(47) a. 六不是很大。　　　　　b. π不是很大。

(48) a. 第一个所有真因子之和是六。

　　 b. 圆周与直径的比是 π。

(49) a. 六这个数　　　　　　　b. π这个数

(50) a. 第一个所有真因子之和六

b. 圆周与直径的比 π

(51) a. 六和六的和是偶数。　　b. π 和 e 的和也是超越数。

由于我们把 π 看成是和"六"一样的数词,那么维护指称集合的观点还有一个办法,即认为 π 和 e 并不是真正的语言符号,它们只是数学符号,在语义诠释中分别转写成数词"三点一四"和"二点七一八"。但这是不可能的,因为 π 永远不等于"三点一四"或者任何长度的其他数词,e 也永远不等于"二点七一八"或者任何长度的其他数词。我们可以说"π 是无理数",但是不可能说"*三点一四是无理数"。"三点一四"或能够书写出来的任何长度的其他数词,当然都不是无理数。它们是意义完全不同的语言符号,它们的外延和内涵都不同,只是平时我们把它们近似地等同起来而已。另外内涵语境也容易区分出它们是不同的。如下所示:

(52) a. 小明说他不知道 π 大约等于三点一四。

　　b. #小明说他不知道三点一四大约等于三点一四。

(53) a. 小明说他不知道 e 大约等于二点七一八。

　　b. #小明说他不知道二点七一八大约等于二点七一八。

对于日常生活口语中的普通数词(一、二、三,等等)来说,把它们看成是唯一指称集合是可行的,于是我们不需要对"数"作出本体论承诺,这无疑具有哲学意义的好处。但人类对自然的认识是一步一步的,随着我们对自然的深入了解,我们会发现自然界还隐藏着普通现象之下的神秘世界。数也是如此。数域从最初的自然数发展到超越数经过了漫长的时间,反映了人们对自然的不断探索和深入认识。我们已经提出自然语言数词中,至少表达超越数的语言符号 π 和 e 不能指称集合或者集合之间的关系,只能指称数本身,于是证明数是一种存在。人类目前对超越数的认识仍然处于入门阶段,但康托已经从理论上证明了超越数几乎占满了整个实数轴。假设未来数学家发现了很多超越数,需要很多语言符号去称呼它们,这时候这些语言符号就只能指称数本身,于是自然语言中所有可能的数词中,绝大部分一定是指称数,数词指称数是常规(norm)而不是例外(exception);如果数词能够指称集合的话,那才是例外,不是常规。

6.4　数词既可以指称数也可以指称集合

自弗雷格以来,数词的本体论指称一直是语言哲学和语义学研究的热点。进入 21 世纪以来,学术界对它的关注变得更加强烈,比如《语言学与哲学》(*Linguistics and Philosophy*)杂志 2017年专门出版了一期专辑"Semantics of Cardinals"(基数词的语义),以专辑的形式集中讨论数词的本体指称。目前国外学术界对这个问题的研究主要集中于英语,英语中数词自由分布而没有形态变化。可以这么说,从英语内部不可能获得决定性的语言事实来支持指称数或者指称集合。从理论上说,两种观点都没有压倒性的优势,因为在这两种观点中,每一种都需要提出一些额外的机制来解释相反的事实。指称数的观点需要提出有看不见的语言成分,而指称集合的观点也需要提出一些转换或者心理上的机制。比如我们前面已介绍的斯奈德(Snyder 2017)提出的数词语义指称分析,这种分析尽管有理论上的合理性,但仍然要假设有看不见的投射存在。

世界上各种语言的数词系统千变万化,差异很大。有的语言的数词在形态上区分量化形式和数数形式,即单独数数时用的数词和作修饰功能时用的数词有形态变化,这样就可以为斯奈德(Snyder 2017)的分析找到跨语言的证据。比如汉语口语中,"两个"可以合音为"俩","三个"可以合音为"仨"。它们直接修饰名词,用作代词,以及当用于表达程度解读的语句时,量词不能再出现,比如"俩/仨学生""一个顶俩/仨""学生的数量是俩/仨"。但是它们不能用于数目解读,也不能修饰位数词和度量量词,比如"＊俩百""＊我最喜欢的数是仨"。在这些情况下必须用"二、三"。

"俩、仨"是否已经完全语法化为单一词素,我们还不能确定,它们可能只是两个词素的合音(Hockett 1950),就像"甭＝不用"。如果"俩、仨"只是两个词素的合音,那么仍然无法确定数词的语义指称,把数词看成指称数或者集合都是可行的。类似的数词量词融合现象也发生在马来语表示数目 1 的词上面(Gil 2002)。

数词量词融合现象在我国南方民族语言中其实比较常见,例如,孙宏开(1986:60)指出,羌语支的一个特征是其数词和量词结合得很紧密,数词不能脱离量词使用。史兴语则区分了两个数词"一": $d\underset{}{z}i^{33}$ 和 $d\underset{}{z}\bar{i}^{35}$,孙宏开等(2014:46)提出 $d\underset{}{z}\bar{i}^{35}$ 是 $d\underset{}{z}i^{33}$ 和量词 $h\bar{i}^{55}$ 的融合形式。这两个数词 $d\underset{}{z}i^{33}$ 和 $d\underset{}{z}\bar{i}^{35}$ 在句法上完全互补分布,$d\underset{}{z}i^{33}$ 必须带量词,$d\underset{}{z}\bar{i}^{35}$ 必须不带量词。綦建君、贺川生(Qi & He 2019)通过田野调查进一步研究了史兴语中这种数词量词融合的现象,得出表 6.1 所示的结果。

表 6.1 " $d\underset{}{z}i^{33}$ 、 $d\underset{}{z}\bar{i}^{35}$ 和 $d\underset{}{z}i^{33}$ -量词"的句法分布

数词的用法	$d\underset{}{z}i^{33}$	$d\underset{}{z}\bar{i}^{35}$	$d\underset{}{z}i^{33}$ -量词
修饰	×	√	√
代词	×	√	√
数数	×	√	√
序数词	×	√	√
算术句	×	√	√
The-number-of 句型	×	√	√

该研究提出 $d\underset{}{z}\bar{i}^{35}$ 的融合比较彻底,语法化程度很高,已经成为了单一词素,而原先的量词 $h\bar{i}^{55}$ 的语义得到稀释。基于这些事实,该研究提出史兴语两个数词 $d\underset{}{z}i^{33}$ 和 $d\underset{}{z}\bar{i}^{35}$ 的语义指称不一样,$d\underset{}{z}i^{33}$ 指称数目 1,而 $d\underset{}{z}\bar{i}^{35}$ 指称集合。该研究的意义在于提出自然语言单纯数词都是指称数目;指称集合的数词也存在,但数量很少,从目前的研究来看,多是从单纯数词和量词融合而来。

第七章

数词系统的特殊形态和句法结构

本章是一个补充性描写工作,目的是调查我国民族语言数词系统的一些特殊形态句法构造方式。数词系统中存在特殊的句法构造方式,这在国外文献中有过一些简短的报道,本章强调这些特殊的数词句法在我国民族语言数词系统中也是存在的。对我国民族语言数词系统的一些特殊句法的研究,既可以丰富世界范围内数词研究的描写性成果,又可以为自然语言数词系统的研究提供宝贵语料甚至理论上的启发,对人类学和数学史的研究也有一定的意义。

7.1　区别数词词类的形态句法手段

　　数词在很多语法体系中被确立为一种单独的词类。如同其他词类一样,有时候数词与其他词类在语法特点上并不是泾渭分明的,体现在数词具有名词、形容词或动词的特点。数词的词类性质存在一个连续的状态。比如俄语基数词在名词形容词两极中,根据数值大小形成一个连续的状态。"5"以下的数词往往和名词有性、数、格一致的变化。例如:数词 odin '一' 和名词在性、数、格上形态一致,dva '二' 在主格位置和名词有"性"的一致。pjat' '五'以上的数词就逐渐没有了这种形态一致的变化。俄语位数词根据数值大小也具有类似的一致关系。sto '百' 的复数形式只能用于几种斜格固化结构,而 tysjača '千' 和 million '百万' 的复数形式没有任何限制,二者可以有限定词修饰并且有性数一致关系。下表 7.1 列出了俄语数词的句法表现:

表 7.1　俄语数词的句法表现("＋/－"代表"有/无")

		odin '一'	dva '二'	tri '三'	pjat' '五'	sto '百'	tysjača '千'	million '百万'
1	与名词数一致	＋	－	－	－	－	－	－
2	与名词格一致	＋	－	－	－	－	－	－
3	与名词性一致	＋	(＋)	－	－	－	－	－
4	标记生命性	＋	＋	＋	－	－	－	－
5	有自己的复数标记	－	－	－	－	(＋)	＋	＋
6	限定词一致	－	－	－	－	－	＋	＋
7	与名词形成复数所有格结构	－	－	－	－	－	±	＋

(引自：Corbett 1978)

　　1~4 项通常是形容词的典型特征,因此 odin 具有典型的形容词特征,但并不表明它就是形容词,而是表明它具有更多的形容词特征,且它不能用于比较级。5~7 项是名词的典型特征,表明有的数词具有更多的名词特征,例如:million 具有 5~7 项的全部特点,但它并不是一个真正的名词。

　　这就是数词词性连续统假说:数词越小,显现出越强的形容词性特征;数词越大,显现出越强的名词性特征(参见:Corbett 1978)。数词词性连续统假说只是告诉我们可以把数词仍然叫作数词,但是数词不能划分为离散的词类,它们具有名词性和形容词性,形成一个连续统。数词连续统假说在很多语言中得到验证,例如:冰岛语 1~4 和名词有"性"和"格"的一致,较大的数词没有这种变化。很多达罗毗荼语言只有 1~5 和名词有"性"的一致。约鲁巴语 19 以下的数词在名词之后,而形容词也是在名词之后;20 以上的数词在名词之前,结构上和两个名词的组合一样。很多语言中,较小的位数词不能用量词修饰,而较大的位数词可以被量词修饰,比如汉语(*一个万、一个亿),所以大数词具有更高的名词性。

7.1.1　数词有词类形态标记的语言：嘉戎语和格曼语

在形态不太丰富的语言中，并没有标记数词的专门词缀，所以很多时候数词并不被认为是一个独立的词类，往往归于名词、形容词或动词的子类。例如：萨蒂语(Koasati)的数词是动词，数词不能在名词词组内部出现作为修饰语，如果出现必须是子句的主要谓语。如例(1)表达看见的事物是十二个，必须用两个子句，句子间由转移指称标记(switch reference marker)-n 分开，表明这两个子句没有共同的主语。

(1)　Ná:ni-ha　　pokkó:l　awáh　　　tóklo-n
　　　男人-复数　　十　　　　连词　　二-转移指称
　　　hí:ca-li-:s.
　　　看见-第一人称过去时
　　　'男人是 12 个，我看见了＝我看见了 12 个男人。'

嘉戎语是形态特别丰富的语言，主要词类的前面都带有词类标记，说明是什么词类，例如：名词词类标记是 ta-或 tə(ta-wat '山'、tə-tʃi '水')，动词词类标记是 ka-(ka-pa '做'、ka-za '吃')，形容词词类标记是 kə-(kə-mbro '高')。数词是形容词，因为它们前面都有形容词词类标记 kə-，例如：kə-tɛk '一'、kə-nɛs '二'、kə-sam '三'、kə-wdi '四'、kə-mŋo '五'、kə-tʂok '六'、kə-ʃnəs '七'、wə-rjat '八'、kə-ŋgu '九'(参见：林向荣 1993：282)。

格曼语简单数词：kɯmu '一'、kɯjin '二'、kɯsǎm '三'、kɯbɹɯn '四'、kɯlen '五'、kɯtɑm '六'，它们都有一个共同的前缀 kɯ-，而这个前缀也是基本形容词常见的词头(如：kɯtɑi '大'、kɹɯi '小'、kɯnʌm '低'、kɯtɯŋ '深' 等)，所以有理由认为它是形容词词类标记，格曼语简单数词被视为形容词(参见：李大勤 2002：101)。

7.1.2　大位数词具有更高的名词性：藏缅语族的证据

即使是形态上无法判断数词属于名词还是形容词的语言,仍然有线索可以判断其数词具有更多名词性还是更多形容词性。对于有的语言来说,不同位数词和修饰它们的数词的线性关系不一样。藏缅语族中很多语言的位数词句法分布不一样。一般来说"十、百"和基数词构成乘法式复杂数词时,位数词在后面,但"千、万"和基数词构成乘法式复杂数词时,位数词在前面。这说明较大的数目单位在这些语言中是名词,而不是专门的数词。在全世界很多语言中也是如此,大数目的位数词保留了更高的名词性特征。嘉戎语的大数目词"千、万、亿"习惯上都用数量词 tə-rgi '一个'表示,而不用 kə-tek '一' (参见：林向荣 1993：285)。下面我们提出两个句法事实来论证大位数词具有更高的名词性。

7.1.2.1　多项数词并列

§3.1 我们详细讨论了藏语数词之间的连词。数字 10 和 20 之间的数词并列是由十位数和个位数并置形成。20 以上 100 以内的数词是使用不同的连词：20 是 tsak,30 是 so,40 是 ɕe,50 是 ŋa,60 是 re,70 是 tỹ,80 是 ca,90 是 go。对于 100 以上的数词,连接百位数和十位数之间的连词,是名词连词 ta 和 daŋ。因此,在一个超过 100 的数词表达中,有可能有 2 个不同的连词,如例(2)所示。这充分说明"百"以上的位数词更具名词性。

(2) mi　ca　**daŋ**　ɲi　ɕu　tsak　ceˀ
　　人　百　连词　二　十　连词　八
　　'128 个人'

藏语的近亲白马语和木雅语也有专用的数词连词。白马语名词词组连接成分是 re,比如 kɑmɑ re dzaʃe'星星 和 月亮',木雅语名词词组连接成分是 rə,比如 ʙɐʙɐ rə æmɐ'爸爸 和 妈妈'。因此,在一个超过 100 的数词表达中,也有可能有 2 个不同的连词,如下所示:

(3) ŋa   dza   **re**   n̩i   ʃo   **tsa**   n̩i
　　 五   百   连词   二   十   连词   二
　　'522'

(引自:孙宏开 2007:63)

(4) tʂ'its'u   tɐlø   **rə**   tōtʂ'a   solo   tō   tʂudzæ   ŋæ
　　 万   一个   连词   千   三个   六   百   五
　　tɕuə   **ŋæ**   zi
　　 十   连词   四
　　'13 654'

(引自:黄布凡 1985:62)

7.1.2.2　系数词和位数词的词序

整个藏缅语族中,有的语言的位数词在与基数词构成乘法式复杂数词时次序固定,要么都是"基数词＋位数词",要么都是"位数词＋基数词"。前者有:阿昌语、载瓦语、波拉语、浪速语、仙岛语、勒期语、独龙语、阿侬语、崩如语;白语、土家语、怒苏语、柔若语、卡卓语、毕苏语、桑孔语、末昂语、堂郎话、纳西语、基诺语、哈尼语、拉祜语、傈僳语、彝语;普米语、贵琼语、尔苏语、羌语(桃坪)。后者仅有苏龙语。

阿昌语单音节形容词修饰名词一般是形容词在名词的后面,比如 titʂaŋ lək'布 黑'、no kʐ'ə'牛 大'。阿昌语位数词在与基数词构成乘法式复杂数词时,次序是"基数词＋位数词"(参见:戴庆厦、崔志超 1985:36)。苏龙语 suai'十'以上位数词和基数词组合时,都是位数词在前,基数词在后(参见:李大勤 2004:105—106),比如:suai ni'十 二＝20'、ɬɯŋ ni'百 二＝200'、dzə vi'千 四＝4 000';苏龙语形容词在名词后面,比如 boh du'狗 小'。这说明阿昌语、苏龙语的

位数词自成格局,不同位数词之间没有可以区别的特征,凭此不能判定位数词的词性。其他语言见下表 7.2:

表 7.2　系数词和位数词的词序(Ⅰ)

语言	"十、百、千、万、亿"位数词在乘法式复杂数词中的语序	形容词修饰名词的语序	资料来源
阿侬语	sək xiŋ ta pak sum tɕhe 二　千　一　百　三　十 '2 130'	gamɯ sɛ 衣服　新 '新衣服'	孙宏开、刘光坤(2005:71,125)
毕苏语	ɕit vaŋ ŋa xiŋ kau pak sum 七　万　五　千　九　百　三 tɕhe ni 十　二 '75 932'	zum sʅ 房子　新 '新房子'	徐世璇(1998:102,116)
巴哼语	pi vɦɛ pɤ ɕe tɕu pe ʷɦa kɦɯ 四　万　三　千　六　百　二　十 '43 620'	mpe tɕɦõ 猪　肥 '肥猪'	毛宗武、李云兵(1997:42,53)
布赓语	mbei thjaŋ pjo zou mi ma pi 二　千　六　百　五　十　三 '2 653'	thaŋ tho 风　大 '大风'	李云兵(2005:102,137)
布依语	suaŋ va:n suaŋ ziaŋ suaŋ pa:ʔ 二　万　二　千　二　百 ʷi tsip 二　十 '22 220'	da:i diŋ 花　红 '红花'	喻翠容(1980:28,42)

　　有的语言不同的位数词还有不同的词序。藏语"十、百、千、万"构成整数时,基数词可以在前(参见:金鹏1983:59),例如:ȵi ɕu'二十'、ŋap ca'五百'、sum toŋ'三千'、ŋa tʂhi'五万'。百位以上位数词构成整数时基数词也可以在后,但是通常在位数词后面加上一个整数的成分 tʂhaˀ。对于有的方言而言,"万"只能在基数词前面。这说明藏语大位数词具有更多的名词性,因为藏语名词在形容词之前。很多藏缅语族的语言具有类似分布,大位数词的分布和名词一样,小位数词的分布和形容词一样,如下表7.3所示。

表7.3　系数词和位数词的词序（Ⅱ）

语言	"十、百、千、万、亿"位数词在乘法式复杂数词中的语序	形容词修饰名词的语序	资料来源
史兴语	tʂhɿtshu dzĩ n̠i guɐ tɕhuŋ 万　一　连词　九　千 n̠i tɕho ɕɛ n̠i ɦaŋ qɛ 连词　六　百　连词　五　十 '19 650个'	nəŋgu ʂɛ 衣服　新 '新衣服'	孙宏开等 （2014：89,90, 153）
扎坝语	tʂhɿmtʂha ŋui-jɪ ʂtʊmtʂha 万　五-量词　千 na-jɪ 两-量词 '52 000'	moto tʂhõtʂhõ 花　白 '白花'	龚群虎（2007： 65,67）
白马语	tʂhɿtsɿ go re totsɿ tʂu re 万　九　连词　千　六　连词 sho dʑa re dʑa tʃo 三　百　连词　八　十 '96 380'	tʃhondʑa 水 ndʑapo 冷 '冷水'	孙宏开、齐卡 佳、　刘光坤 （2007：61, 116）
达让语	lau maɲa ɹɯdzɯɹ kan malɯɯ 万　五　千　二　百 kapɹai taxɹo xalɯŋ maɲa 四　六　十　五 '52 465'	daɲa dɯrɯŋ 鱼　大 '大鱼'	江荻、李大 勤、孙宏开 （2013：81, 84,123）
格曼语	lɯpha nɯn lɯk kɯtam xiŋ 亿　七　万　六　千 gɹɹɯn waje kɯmu kiapmu 八　百　一　十 kɯlin 五 '700 068 115'	bɯi kloŋ 房子　高 '高房子'	李大勤（2002： 101,103,180）
景颇语	mun mi e' hkyiŋ ma'sɯm 万　一　连词　千　三 e' ma'li tsa sum shi 连词　四　百　三　十 '13 430'	hpun gaba 树　大 '大树'	戴庆厦、徐悉 艰（1992：88, 100）
拉坞戎语	stuŋtso raɤ ræ ŋgə vrji 千　一　连词　九　百 vrjɛ tsa sni dɤu 八　十　七　年 '1987年'	bre phrəm 马　白 '白马'	黄布凡（2007： 1049,1059）

语言	"十、百、千、万、亿"位数词在乘法式复杂数词中的语序	形容词修饰名词的语序	资料来源
尔龚语	khʂɯ　wshu　stəŋ　mphʂɯ　wshu 万　　三　　　千　　　三 wshu　zˌɣiɯ　wshu　sqha 三　　百　　三　　十 '33 330'	ɕh ɛndzɯ　nɤiŋ 衣服　　　红 '红衣服'	孙宏开 (2007b: 936, 946)

7.1.3　小系数词具有更高的形容词性:侗台语族的证据

第三章我们讨论了南方很多民族语言中同一数目有两个或以上的数词,原因是这些语言受汉语影响很大,借用了整个古汉语的数词,只有1、2等基本数词仍然保留固有词汇,尽管借用的1、2也同样使用。在受外来语影响之前,讲这些语言的人数数时大概只有"一、二"的概念,并且这些语言中的数词本身只能有量化作用,即只能是形容词,代表数的特征,这可能是这种数词发明时的主要功能,不会很容易地让位给汉语数词系统。当借入汉语数词后,既可以用于数数也可以量化,与表示 1 和 2 的固有数词形成竞争关系,产生了分工。

不同语言系统下,数目 1 和 2 有不同的用法。壮语固有数词 deu'一'、so:ŋ'二'仍然在使用,但只能用来量化,表示事物数量,修饰量词和位数词。这说明固有数词 deu 和 so:ŋ 具有典型的形容词性,而借用的数词 it'一'和 ŋei'二'不能用来量化,不能修饰量词和位数词,只能用于数数、进行简单的加法运算和构成复杂数词。虽然同属形容词性,固有数词 deu'一'和 so:ŋ'二'也有形容词词性程度上的不同。壮语 deu 修饰量词和"百、千、万、亿"时位置在后面,同是固有词汇的 song 其位置在前。而壮语形容词修饰名词时,是形容词在后,比如 saɯ mo'书 新',这说明 deu 比 song 更具有形容词性。如下所示。

（5）a. ko　deu　　　　　　　b. so:ŋ　ko
　　　　棵　一　　　　　　　　　 二　　棵
　　　　'1棵'　　　　　　　　　　'2棵'

　　　a. pa:k　deu　　　　　　　b. so:ŋ　pa:k
　　　　百　　一　　　　　　　　 二　　百
　　　　'100'　　　　　　　　　　'200'

　　布依语也完全类似。固有数词 diau'一'和 suaŋ'二'只能用来量化，表示事物数量，修饰量词和位数词（喻翠容1980：26—28）。而借用数词 it'一'和 ȵi'二'不能用来量化，不能修饰量词和位数词，只能用于数数、进行简单的加法运算和构成复杂数词（参见：王伟，周国炎2005：141—144）。这说明固有数词 deu 和 so:ŋ 具有典型的形容词性，而借用的汉语数词具有典型的名词性，是自由形式，可以作为论元独立使用。更能说明问题的是例（6），表示数目1和2的结尾数词是借来的 it 和 ȵi，但乘数是固有的 diau 和 suaŋ。虽然同属形容词性，固有数词 diau'一'和 suaŋ'二'也有形容词词性程度的不同。diau 修饰量词和位数词时位置在后面，但同是固有词汇的 suaŋ 其位置在前，说明前者比后者更具有形容词性。

（6）a. pa:ʔ　diau　lian³　it　dan　luˀta:u
　　　　百　　一　　零　　一　个　　桃子
　　　　'101个桃子'

　　　b. suaŋ　pa:ʔ　lian³　ȵi　dan　luˀta:u
　　　　二　　百　　零　　二　个　　桃子
　　　　'202个桃子'

7.2　位数词的省略

　　我国很多语言在数词单说时存在位数词省略现象，比如汉语中，1 100可以说成"一千一"，如果后面有名词，又需要全部说出来

"一千一百个人"。被省略的位数词只能是比前面的位数词少一个数量级。下表 7.4 列出其他语言的语料：

表 7.4　位数词省略

语言	实例		资料来源
南亚语系			
克蔑语	(i) sam ɣɔi ha 　　三　百　五 　'350'	(ii) ha bǎn si 　　五　千　四 　'5 400'	陈国庆 (2005：87)
京语	(i) haːi tam haːi 　　二　百　二 　'220'	(ii) mot ŋin ba 　　一　千　三 　'1 300'	欧阳觉亚等 (1984：70)
佤语	(i) rheŋ tɕiat 　　千　七 　'1 700'	(ii) mhɯɯn rhok 　　万　六 　'16 000'	黄同元 (1994：147)
倈语	mɔ zɔ mai 　一　百　一 　'110'		梁敏 (1984：71)
侗台语族			
傣语	(i) paːk ʔet 　　百　一 　'110'	(ii) heŋ ʔet 　　千　一 　'1 100'	周耀文 (2007：1145)
布依语	(i) ziaŋ it 　　千　一 　'1 100'	(ii) vaːn ȵi 　　万　二 　'12 000'	喻翠容 (1980：27)
侗语	(i) pek ȵi 　　百　二 　'120'	(ii) sin ȵi 　　千　二 　'1 200'	龙耀宏 (2003：97)
优诺语	(i) pe luŋ 　　百　三 　'130'	(ii) lei theŋ pɔ 　　四　千　八 　'4 800'	毛宗武、 李云兵 (2007：70)
毛南语	(i) pɛk ȵi 　　百　二 　'120'	(ii) tshjen ʔjit 　　千　一 　'1 100'	梁敏 (1980b：47)
壮语	(i) ha paːk ɣok 　　五　百　六 　'560'	(ii) ȵei faːn ȵei 　　二　万　二 　'22 000'	韦庆稳、 覃国生 (1980：46)

续 表

语言	实例		资料来源
莫语	(i) sit pek it 七 百 一 '710'	(ii) sa:m ɕin it 三 千 一 '3 100'	杨通银 (2000：86)
普标语	(i) ʐa:n ʐɯ 百 八 '180'	(ii) ɕie ʐa:n ma 二 百 五 '250'	梁敏等 (2007：46)
村语	(i) tsi bɛk ŋuə 一 百 五 '150'	(ii) tsi bɛk bat 一 百 八 '180'	欧阳觉亚 (1998：110)
佯僙语	(i) vɛk ət 百 一 '110'	(ii) va:n ət 万 一 '11 000'	倪大白 (2007b：68)
拉基语	(i) qei m 百 五 '150'	(ii) paŋ ŋuai 千 八 '1 800'	李云兵 (2000：97)
仡佬语	(i) ta tɕen pu 三 百 四 '340'	(ii) mpu tɯ naŋ 五 千 六 '5 600'	张济民 (2013：121)
拉珈语	(i) wɛ:k et 百 一 '110'	(ii) wɛ:k tseu 百 九 '190'	刘保元 (2007：1316)
茶洞语	pek ɲi 百 二 '120'		李锦芳 (2001：74)
白语	(i) fv tɕhi fv 六 千 六 '6 600'	(ii) tɯ tɕhi ji 九 千 一 '9 100'	徐琳、 赵衍荪 (2007：525)
水语	(i) fan ɲi 万 二 '12 000'	(ii) fan ljen ɲi 万 零 二 '10 200'	韦庆稳 (2007：1222)
仫佬语	(i) ta:m pɛ:k ɲi 三 百 二 '320'	(ii) thjen ʔjət 千 一 '1 100'	王均、 郑国乔 (1980：44)

续　表

语言	实例		资料来源
苗瑶语族			
勉语	fa:m tshin lwo 三　　千　　六 '3 600'		毛宗武 (2007：1573)
炯奈语	(i) pa ljau 百　六 '160'	(ii) ʃen ŋouŋ 千　五 '1 500'	毛宗武、 李云兵 (2002：48—49)
巴哼语	(i) kɦo pe sɔ 九　百　三 '930'	(ii) tɕu ɕe pja 六　千　五 '6 500'	毛宗武、 李云兵 (1997：42)
畲语	(i) pi pa niu 四　百　六 '460'	(ii) i tshan pi 一　千　八 '1 800'	毛宗武、 蒙朝吉 (1986：44)
布努语	pai tɬa 百　四 '140'		蒙朝吉 (2007：1514)

能够省略位数词的语言都有"零"，不能省略位数词的语言没有"零"。比如阿昌语没有"零"，所以要区分例(7a)和例(7b)。

(7) a. ta pak sum tɕhe　　b. ta pak sum
　　　一　百　三　十　　　　一　百　三
　　　'130'　　　　　　　　　　'103'

（引自：戴庆厦、崔志超 1985：36）

南岛语系语言中也没有发现这种省略，布农语也要区分例(8a)和例(8b)。南岛语系语言中都没有一个类似"零"的成分。

(8) a. pat tu ʃaba tu maʃivaun
　　　四　助词　百　助词　九十
　　　'490'

b. pat　tu　ʃaba　tu　ʃiva
　　四　助词　百　助词　九
　　'409'

（引自：何汝芬、曾思奇、田中山 1986：62）

南亚语系的布赓语数词后面如果有名词,则不能省略,如下
所示：

（9）a. mɯ　ʐou　sa　　　　　b. pi　ʐou　mi
　　　　一　百　八　　　　　　三　百　五
　　　　'180'　　　　　　　　'350'

（10）a. mɯ　ʐou　mi　ma　pjau　b. mɯ　ʐou　mi　pjau
　　　　一　百　五　十　人　　　　一　百　五　人
　　　　'150 个人'　　　　　　　'105 个人'

（引自：李云兵 2005：102）

德昂语可以有这种省略,但是形态上有所变化,个位数前面有
附加成分 a,如下所示：

（11）a. ʔu　jah　aʼta　　　　b. ʔu　hɛŋ　aʼphan
　　　　一　百　八　　　　　　一　千　五
　　　　'180'　　　　　　　　'1 500'

　　　c. ʔu　mɯn　aʼphan
　　　　一　万　五
　　　　'15 000'

（引自：陈相木、王敬骝、赖永良 1986：46—47）

7.3　隔断式复杂数词

所谓隔断式复杂数词是指一个复杂数词中只有一部分数词与

名词组合，其他数词表面上没有和名词发生组合关系。这种现象出现在爱尔兰语、凯尔特语和盖尔语中。古英语也有这种结构，今天仍然有迹可循，比如 three score years and ten。

（12）a. di   huair   deec
　　　二　　小时　　十
　　　'12 个小时'（凯尔特语）

　　　b. cúig   bhád   is   tríocha
　　　　五　　 船　　连词　三十
　　　　'35 只船'（爱尔兰语）

　　　c. seachd   fir   deug
　　　　七　　　男人　 十
　　　　'17 个男人'（盖尔语）

（引自：Hurford 1975）

这种隔断式数词结构在我国民族语言中也有发现。仡佬语中，20 以下的数词，小数目在大数目之前，二者之间要加量词。20 以上的数词，大数目在小数目之前，不需要加量词。

（13）a. ta   san   pe   ntau
　　　　他　 三　　只　 鸟
　　　　'13 只鸟'

　　　b. mpu   xen   pe   tɕhi
　　　　五　　 个　　十　　人
　　　　'15 个人'

（14）a. Su   plei   ni   ɲe   mpu   plei   pon   ŋkə.
　　　　他　 年　　这　有　　五　　岁　　十　　助词
　　　　'他今年有 15 岁。'

　　　b. S1   plei   ɲe   su   thu   pon.
　　　　一　　年　　有　 二　　月　　十
　　　　'1 年有 12 个月。'

（引自：贺嘉善 1983：31；张济民 2013：120—121）

纯粹数数时,中间加量词 nen,如下所示。nen 是使用最广的量词,相当于汉语的"个"。

(15) a. si　nen　pe　　　　　b. su　nen　pe
　　　 一　个　十　　　　　　　二　个　十
　　　 '11'　　　　　　　　　　 '12'

　 c. tan　nen　pe　　　　　d. pu　nen　pe
　　 三　　个　十　　　　　　四　个　十
　　 '13'　　　　　　　　　　 '14'

　 b. mpu　nen　pe　　　　　c. nan　nen　pe
　　 五　　个　十　　　　　　六　　个　十
　　 '15'　　　　　　　　　　 '16'

　 g. ɕi　nen　pe　　　　　h. vla　nen　pe
　　 七　个　十　　　　　　八　　个　十
　　 '17'　　　　　　　　　　 '18'

　 i. səɯ　nen　pe
　　 九　　个　十
　　 '19'

20 以上数词的构成方式与汉语相似,比如 su pe'二 十'和 su pe si'二 十 一'。但对于百位以上且带有 11～19 的尾数的,则仍然要遵循其原来的表达方法,如下所示:

(16) a. su　tɕen　tɑ　nen　pɑn
　　　 二　百　　三　个　　十
　　　 '213'

　 b. tɑ　tɯ　lin　zuɑ　nen　pɑn
　　 三　千　零　　八　　个　　十
　　 '3 018'

(引自:张济民 2013:121)

佤语数词 1～10 与名词量词的组合是,名词在前数词居中量

词在后,10～30 的数词与量词组合同样是采取隔断式,30 以上借用汉语数词,所以采取汉语数词构成方式。如下所示:

(17) a. koŋren loi kaɯʔ
　　　 工人　三　　个
　　　 '3 个工人'

　　 b. koŋren kau kaɯʔ tiʔ
　　　 工人　十　　个　　一
　　　 '11 个工人'

　　 c. koŋren tiŋa kaɯʔ phuan
　　　 工人　二十　　个　　　五
　　　 '25 个工人'

　　 d. pui sam sip et kaɯʔ
　　　 人　三　十　一　个
　　　 '31 个工人'

(引自：邱锷锋、李道勇、聂锡珍 2007：23—93)

注意佤语在隔断式复杂数词中,有时候会在个位之前加上 ri,但也可以不加。

(18) kau mu pon ＝ kau mu ri pon
　　 十　个　四　　　十　个　有　四

(引自：黄同元 1994：151)

7.4　西部裕固语的预期式计数(overcounting)

7.4.1　古老的计数法

数数是最古老的科学实践,但数的概念是一步一步形成的。最初是自然数,然后是分数小数等。即使是自然数,人类也是逐步认识的,先是1、2、3等最初几个数,有的原始部落至今也只形成了这么几个数目的概念。与此相适应,数词的形成也是一步一步的。最初先民的数词很少,只有个位数。这些数目是在生活中经常会遇到的,先民对这些数目具有经验理解。当文明发展到一定程度后,就会有对更大数目的需要,如何为大数目命名是一个语言学问题,同时也反映了先民是如何认识数目的。

今天我们比较熟悉的大数目命名是采取进位制的,先创造出10、100这类位数词(以十进制为例),然后按照大数目在前、小数目在后构成大数词,计数原理是把数看成是数轴上从小到大的点,比如17这个数在数轴上可以认为是第一个10的间隔后面第7个点。这种计数方式是我们所熟悉的,被称为回顾式计数(undercounting)。比如,17这个数目的语言表达式,在汉语中是"十七"。本书前面所讨论的数词一般都是回顾式计数法。

但这并不是唯一的计数方式,先民也可以从相反的方向来理解数目在数轴上的位置。比如17这个数也可以理解为第二个10的间隔之前的第7个点。这种计数方式被称为预期式计数(overcounting),其特别之处是突出个位数,预期下一个间隔。

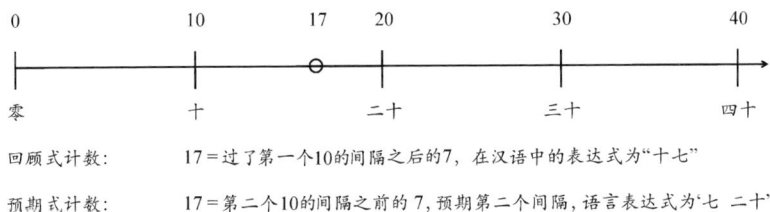

图7.1　回顾式计数和预期式计数

根据先民对数目的这种理解,语言上就会产生符合这种数目思维的数词构造,即预期式数词。比如在一个十进制语言中17不会说成'十七',而是说成'七　二十'。预期式计数是一种非常古老的计数法,甚至早于回顾式计数,其深层原因和人类对数目的认知有关(参见:Menninger 1969:76—80)。对于回顾式计数,尽管今天我们觉得按照这种常规计数非常自然,然而在文明很落后的远古,先民没有什么机会接触这种 10 以上的大数目,或者说无法直接接触和感受到("the mind can scarcely grasp directly",参见:Menninger 1969:77),先民难以理解 17 是 10 加 7 的意思。但先民对个位数具有直观理解,所以他们把个位数放在 10 这样的数目组成的间隔里来理解把握大数目。

7.4.2　预期式计数的类型学分布

这种特别的数词构造,最早由欧洲历史比较语言学家在释读古代突厥鄂尔浑碑铭时发现(参见:He 待刊 a)。随后在玛雅语(参见:Aulie 1957;Merrifield 1968;Hurford 1975)、远东爱奴语、古挪威语(Old Norse;参见:Menninger 1969)、藏缅语族的不丹宗卡语(参见:Mazaudon 2009)和印度那加兰邦阿沃语(Ao,参见:Coupe 2012)、南岛语系的中国台湾阿美语(参见:何汝芬、曾思奇、田中山、林登仙 1986:56—57,157)中都有发现。例如:玛雅语是二十进制语言,位数词是以 20 为基础的。这种语言对 40 之内的数词是采用十进制,40 以后的数词采用预期式计数,个位数被认为是"第几轮 20 中数到的数",例如:41 不是 hun-tu-ca-ikal'1+2×20',而是 hun-tu-y-oxkal,意思是第三个 20 间距中的第一个数(hun);42 不是 ca-tu-ca-ikal'2+2×20',而是 ca-tu-y-oxkal,意思是第三个 20 间距中的第二个数(ca);61 不是 hun-tu-ox-kal'1+3×20',而是 hun-tu-y-can-kal,意思是第四个 20 间距中的第一个数(hun)。下面是两个较大数值的例子:

(19) a. ho　-tu-　lahun-kal
　　　五　连词　两百
　　　'第十个 20 间距中的第五个数=185'

b. uac   -tu-   hun-bak

   六   连词   四百

   '第一个 400 间距中的第六个数＝386'

（引自：Hurford 1975：235—236）

预期式数词也出现在日耳曼北部语言古挪威语中，如下所示：

(20) a. Hafdi   atta   vetre   en   fimfta   tigar.

      当时   八   冬天   在   第五   十

      '当时 48 岁。'

b. tvei   men   hins   ellifta   tigar

     二   人   在   第十一   十

     '102 个人'

c. A   niunda   are   hins   sjaunda   tiger   ens

   在   第九   年   所有格   第七   十   在

   tiunda   hundreds

   第十   百

   '在 969 年'

d. fiora   dagar   ens   fiorþa   hundraþs

   四   天   在   第四   大百（＝120）

   '364 天'

（引自：Menninger 1969：69, 76, 80）

　　古挪威语的预期式计数是最原始的计数形式，后来由于基督教的影响而慢慢消失。基督教的罗马十进制渐渐入侵这种原始的数词构造，预期式计数大约在 12～14 世纪时逐步走向消亡。然而古挪威语的预期式计数却被古挪威的邻居语言借用了，并且一直使用到今天。比如芬兰语的 11～19 就是利用了这种计数方式，如下所示：

(21) a. yksi -toista   b. yksi -kolmatta

     一   第二   一   第三

     '第二个一＝11'   '第三个一＝21'

（引自：Menninger 1969：80）

南岛语系语言的中国台湾阿美语也具有预期式数词,如例(22)所示。这种数词不太常见,阿美语中常见的仍然是加法式命名,十位数和个位数之间用连词 ira'有'或 tʃiʃafaw'剩'连接。

(22) a. tʃətʃaj　　ku　　ʃakatuʃa
　　　　一　　　助词　　第二
　　　　'第二个一＝11'

　　　b. ʃiwa　　ku　　ʃakamuətəp
　　　　九　　　助词　　第十
　　　　'第十个九＝99'

（引自：何汝芬、曾思奇、田中山、林登仙1986）

和芬兰语一样,阿美语中的预期式计数同样特别在它是以十进制为单位间距,构成时甚至不需要出现"10",直接以数数时的次序命名。11 就是数到了第二个 1,如例(22a);21 就是数到了第三个 1,91 就是数到了第十个 1,等等。或可推知,即使当先民的语言只有 10 以内的几个数词时,也并不意味着不能表达 10 以上的数词。

藏缅语族语言的预期式计数法和数词出现在不丹的宗卡语和其他藏语支(Bodish)语言中。宗卡语是二十进制,20 是 khe,它的预期式数词更加奇特,仅利用两个分数命名预期式数词,即 pɟhe'1/2'和 ko'3/4',所以这种语言的预期式数词只发生在特定数目上,如:30、50、70、90 等数目,和以 5 结尾的数目 35、55、75、95 等。例(23)意思是第二个 20 中的一半,即 30;例(24a)意思是第二个 20 中的 3/4,即 35;例(24b)意思是第三个 20 中的 3/4,即 55。

(23) khe　　pɟhe-da　　'ɲi:
　　　二十　　1/2-连词　　二
　　　'30'

（24）a. khe　　ko-da　'ɲi:　　b. khe　　ko-da　sum
　　　 二十　　3/4-连词　二　　　二十　　3/4-连词　三
　　　 '35'　　　　　　　　　　 '55'

（引自：Mazaudon 2009）

这种利用分数来命名预期式数词的做法体现了古人命名数目上的一些偏好。但"45、65、85"这类数字则是常见的加法命名，因为无法利用分数为它们命名。

其他藏语支语言中也存在利用分数命名的预期式数词，但是不如宗卡语那样保存完好。如凯克语（Kaike），见例（25）：

（25）a. phe-raang　sum　thal　　b. phe-raang　li　thal
　　　 1/2-连词　　三　　二十　　　1/2-连词　　四　二十
　　　 '50'　　　　　　　　　　　　'70'

（引自：Mazaudon 2009）

印度那加兰邦的多种语言中都存在预期式计数法，例如：阿沃语（Ao）预期式计数是以个位数 5 为分界点，5 之前是正常加法计数，5 之后是预期式计数。因为古人觉得 6、7、8、9 这些数目和下一个间距更靠近一些，所以以下一个间距为参考点命名数目，如表 7.5 所示。表中阴影部分均属于预期式数词。

表 7.5　阿沃语（Ao）回顾式数词和预期式数词

11	～	15	16	17	18	19
teri ka	～	teri pungu	metsʏ maben trok	metsʏ maben tenet	metsʏ maben ti	metsʏ maben tʋko
21	～	25	26	27	28	29
metsʏri ka	～	metsʏri pungu	semʏr maben trok	semʏr maben tenet	semʏr maben ti	semʏr maben tʋko

（引自：Coupe 2012）

那加兰邦其他藏缅语族语言中,也存在预期式数词,只是分界点不一样。礽玛语(Rengma)也是以个位数 5 为分界点,昂戞米语(Angami)和苏米语(Sumi)是以个位数 6 为分界点,塞马语(Sema)以 9 结尾的数一般是预期式计数,7、8 结尾的数也通常是预期式计数,但用加法命名也可以,所以 17 有两个数词:muku-ma tsini'二十 七'或 chüghi tsini'十 七'。

7.4.3　西部裕固语中的预期式数词

以上几种语言中的预期式数词,如今很多已经消亡了,被回顾式进制计数法所取代。由于这种数词构造太过奇特,在很多描写工作中也没有做到详细彻底,往往是看作化石现象。幸运的是预期式数词在中国甘肃境内阿尔泰语系突厥语族的西部裕固语中被发现,保留非常完整并且记录也很详细。更为重要的是西部裕固语中的预期式数词传承有序,可以追溯到古代突厥语的各个时期,从中可以看出预期式数词的发展概况(参见:贺川生 2018b)。

西部裕固语中数目 11～19 和 21～29 的表达方式都采用预期式数词,如下所示。为了更清楚地认识这种预期式数词的组成,我们忽略个位数和十位数数词之间的可能音变。以下西部裕固语预期式数词语料例(26)—(33),引自陈宗振、雷选春(1985:74—75)、陈宗振(2004:145)、钟进文(2009:109):

(26) a. bər　jiɣərmə　　　　b. şige　jiɣərmə
　　　　一　　二十　　　　　　　二　　二十
　　　　'11'　　　　　　　　　　　'12'

　　　c. uş　jiɣərmə　　　　　d. diort　jiɣərmə
　　　　三　　二十　　　　　　　四　　二十
　　　　'13'　　　　　　　　　　　'14'

e. bes　jiɣərmə
　　五　　二十
　　'15'

f. ahldə　jiɣərmə
　　六　　　二十
　　'16'

g. jidɔ　jiɣərmə
　　七　　二十
　　'17'

h. sagəs　jiɣərmə
　　八　　　二十
　　'18'

i. dohgəs　jiɣərmə
　　九　　　二十
　　'19'

(27) a. bər　ohdəs
　　　　一　　三十
　　　　'21'

b. ṣige　ohdəs
　　二　　三十
　　'22'

c. uṣ　ohdəs
　　三　　三十
　　'23'

d. diort　ohdəs
　　四　　　三十
　　'24'

e. bes　ohdəs
　　五　　三十
　　'25'

f. ahldə　ohdəs
　　六　　　三十
　　'26'

g. jidɔ　ohdəs
　　七　　三十
　　'27'

h. sagəs　ohdəs
　　八　　　三十
　　'28'

i. dohgəs　ohdəs
　　九　　　三十
　　'29'

从上面的语料可以看出,这些数词属于典型的预期式计数法,例(26a)的意思是 11,而不是两个数之间的相加(1＋20＝21)或相减关系(20－1＝19)。这种预期式计数还出现在概数词中,如例(28a)的意思是"十几"而不是"二十几",例(28b)的意思是"二十几"而不是"三十几"。

(28) a. Gahṣ　jiɣərmə
　　　　几　　二十
　　　　'10 几'

b. Gahṣ　ohdəs
　　几　　三十
　　'20 几'

30 以上按照十进制构成,例如: 40 是 diort on '4×10',41 是 diort on bər '4×10+1',等等。同样 30 以上的概数词也是按照十进制的构成方式,Gahş'几'在数词后面。

(29) a. hudz̧un Gahş   b. beson Gahş
　　　三十　　　几　　　　　　五十　　　几
　　　'30 几'　　　　　　　　　'50 几'

100 以上数词内部的十位数数词只要符合预期式计数的范围,也用预期式数词,如下例所示:

(30) a. jyz bər jiɣərmə   b. bes jiɣərmə ɑjɑq
　　　百　一　　二十　　　　　五　二十　　　万
　　　'111'　　　　　　　　　'15 万'

西部裕固语中的预期式数词和其他进位数词具有完全相同的句法功能,比如都能直接修饰名词,都能用于构成序数词,都能用于算术句。如下所示:

(31) a. şige jiɣərmə kəsi   b. şige jiɣərmə ndz̧i
　　　二　　二十　　人　　　　二　　二十　　第
　　　'12 个人'　　　　　　　'第 12'

(32) a. ɑhldə-ɣɑ bes Gɑht-sɑ bər jiɣərmə dro.
　　　六-与格　五　加-条件式　一　二十　　是
　　　'5 加 6 等于 11。'

　　 b. beson-dɑn şige ohdəs ɑloht-sɑ sɑgəs ohdəs
　　　五十-从格　二　三十　减-条件式　八　三十
　　　qɑp dro.
　　　余　是
　　　'50 减 22 等于 28。'

西部裕固语表达 20 的数词除了 jiɣərmə 之外,还有按照十进

制规律构成的 şige on'二十',音变后成为 şigon。于是数目 21~29 同时也通用十进制数词构成法,如例(33)所示,这主要是年轻人在使用。

(33) a. şige　　on　　bər
　　　　二　　　十　　　一
　　　　'21'

b. şige　　on　　şige
　　二　　　十　　　二
　　'22'

c. şige　　on　　uş
　　　　二　　　十　　　三
　　　　'23'

d. şige　　on　　diort
　　二　　　十　　　四
　　'24'

e. şige　　on　　bes
　　　　二　　　十　　　五
　　　　'25'

f. şige　　on　　ahldə
　　二　　　十　　　六
　　'26'

g. şige　　on　　jidə
　　　　二　　　十　　　七
　　　　'27'

h. şige　　on　　sagəs
　　二　　　十　　　八
　　'28'

i. şige　　on　　dohgəs
　　　　二　　　十　　　九
　　　　'29'

7.4.4　古代突厥语的预期式数词

19 世纪末 20 世纪初,在蒙古鄂尔浑河流域、南西伯利亚叶尼塞河流域,和我国的吐鲁番、敦煌等地区发现的古代突厥墓志铭、碑铭、写本极大地丰富了人们对古代突厥人的历史、文化和语言的认识。从历史比较语言学家汤姆森(Vilhelm Thomsen 1842—1927)最初成功破译鄂尔浑铭文开始,突厥语言学家和语文学家对古代突厥语进行了全方位的研究。在古代突厥语的语言学研究中,人们早就注意到了古代突厥语中存在预期式计数这种奇特的计数形式。例如:古代突厥语的数词 yiti yigirmi'七 二十'表示的数值为 17,而不是加法(7+20=27)或减法(20-7=13)。

根据王远新(1992)的研究,从已知最早的突厥碑铭语言可知,古代突厥人曾同时使用两种计数方式。一种是先表低位数,后表高位数,高位数比实际数值多十,如 bir jigirmi '一 二十=11';第二种的组合顺序正相反,先表高位数,后表低位数,中间用 artuqə '多、余'连接,如 jigirmi artuqə bir '二十 余 一=21'。很明显前者属于预期式计数,后者属于常见的回顾式计数。在突厥鄂尔浑碑铭语言里,预期式计数最大数到 31,即 bir qərq '一 四十';在相近时期的翁金碑中,预期式计数最大数到 65,即 bəʃ jɛtmiʃ '五 七十';在叶尼塞碑文语言里,最大预期式计数出现在 67,即 jeti jetmis '七 七十'。在随后的回鹘文献语言里,最大预期式计数出现在 32,即 iki qərq '二 四十'。从碑铭文献语言的情况看,突厥鄂尔浑碑文语言时期,预期式计数和回顾式计数并存并用,预期式计数使用频繁率最广泛,高于回顾式计数,可以说明预期式计数是最早的数词形式。到了叶尼塞碑文语言和回鹘文献语言时期,预期式计数和回顾式计数依然并用,其中回顾式计数主要用简化形式,即中间没有 artuqə 连接,并且其出现率已开始高于预期式计数。在以后的喀喇汗国和察合台汗国的文献中,基本只有回顾式计数中的简式,不见预期式计数。这说明预期式计数已经消亡,被十进制取代。但这种预期式计数,在西部裕固语中得到保留。西部裕固语被认为是现代突厥诸语言中,最接近古代突厥语的。

突厥语族拥有延续一千多年的历史文献记载,研究这些文献中的数词系统可以为我们了解人类语言计数系统的演变规律提供充足的材料。下面分别列出古代及中古突厥语三种不同性质的历史文献中出现的代表性预期式数词以及出现的语境,包括碑铭、佛教文献、世俗文书。以下语料来源于耿世民(2005,2008)、李经纬(1996):

(34) Beš   jegirmi   yaš-im-da   Tabɣač   qan-ɣa
     五   二十   年龄-第一人称-位格   桃花石   可汗-与格

bar-d-ïm.

去-过去时-第一人称

'在我 15 岁时,我去了唐朝皇帝那里。'

(35) Qapɣan　qaɣan　yäti　otuz　är-t-i

　　默啜　　可汗　　七　　三十　　是-过去时-第三人称

qapɣan　qaɣan　olur-t-d-ïm.

默啜　　可汗　　坐下-使动-过去时-第一人称

'默啜可汗 27 岁时,我辅佐他即可汗位。'

(36) Ol　ödün　ayaɣqa　tägimlig　burxan　toquz　otuz

　　那　时　　尊者　　　佛　　　九　　三十

yaš-ïn-ta　　　　　Kapilwastu　　　balïq-tïn

岁-第三人称-位格　　迦毗罗卫　　　城-从格

körügčüläyü　　　ün-üp.

　　秘密　　　出走-副动词

'当时尊者佛于 29 岁时从迦毗罗卫城秘密出走。'

(37) Bu　üč　otuz　böz-üg　bitig　qïl-mïš　kün

　　这　三　三十　棉布-宾格　文书　做-分词　日

üzä　män　Basa Toɣrïl　bir-t-im

在　我　Basa Toɣrïl　付-过去时-第一人称

'在立文书之日,我 Basa Toghril 已全部付清这 23 个棉布。'

7.4.5　组合语义

西部裕固语及古代突厥语预期式数词非常罕见,具有很高的研究价值。葛玛丽(Annemarie von Gabain 1901—1993)认为这种计数反映了古代突厥人的认知中,由小到大,由具体到抽象的思维过程和认识事物的特点。比如 säkiz ygrmi '八 二十' 的意思是从 10 到 20 之间的第 8 个台阶。这符合预期式计数的理论分析:这是一种非常古老的计数方法,反映了先民对数目的认知困难,在先民不太容易掌握的数词中,突出个位数的作用。拉里·克拉克(Clark 1996)提出预期式计数的日历假说,指出西部裕固语中的这种计数方式只局限在数目 11～29 之间,由此推测它们来源于日历。也有研究提出,预期式计数起源于人类原始跳跃式计数思维(He 待刊 b)。

这些观点都是从宏观的角度探讨预期式数词对思维的反映和形成预期式数词的理据,然而缺乏微观研究。比如 jiɣərmə、ohdəs 到底是什么意思。这个问题似乎多余,jiɣərmə 就是 20 的意思,ohdəs 就是 30 的意思,然而这并不是唯一的解释,它们也可能表达"第二、第三"的意思。如果 jiɣərmə 就是 20,那么 şige jiɣərmə 如何得出 12 的意思呢? 这里的 şige'二'和 jiɣərmə'二十'之间的组合语义关系既不是乘($2 \times 20 = 40$)也不是加($2 + 20 = 22$),既不是减($20 - 2 = 18$)也不是除($20 \div 2 = 10$)。罗美珍(1999)提到古代突厥语中这种古老的计数方式时,把 31 的数词 bir qərq '一 四十'解释为"除前面三个十外,再从第四个十中取一",把 67 的数词 jeti jetmis'七 七十'解释为"除前面六个十外,再从第七个十中取七"。但这是对语义的一种直觉理解和描绘,并不是组合语义。

从前面可以看出有的语言预期式数词中的十位数其实是序数词,有的是真正的位数词。那么对于 jiɣərmə、ohdəs 来说,其意义就有两种可能:一是序数词,一是位数词。这两种分析在文献中都已经出现过。马洛夫(Malov)根据西部裕固语材料推断,古代突厥语中十位数数词应是由个位数数词乘 on'十'组成,即: iki on '二 十'、toquz on'九 十',而 jigirmi 等最初只用来表十位数的次序或用来表十位数的种类,意思是"第二个"或者"第二个十",于是 şige jiɣərmə 意思是"第二个一"或者"第二个十中的一",即 11 的意思。随后由于真正的十位数数词 iki on'二 十'在每个十位数序列中(11、12、13、14、15、16、17、18、19、20)只出现一次,而 jigirmi 在这个十位数序列出现了九次,久而久之,以前表次序的辅助数词 jigirmi 更多地被使用,成为表 20 的数词,取代了 iki on'二 十'。根据这种观点,西部裕固语的预期式数词构成与前面提到的古挪威语和阿美语预期式数词构成完全一致。

王远新(1992)对马洛夫的观点提出疑问,认为这种看法尽管有道理,但不适用于古代碑文,因为 iki on'二 十'之类数词并没有出现在碑铭中。另外马洛夫的观点还有两个疑点。一是,如果 jiɣərmə、ohdəs 等数词最初是表示次序"第二、第三"的词汇,类似于阿美语,那么在预期式数词中它们就必然保持这种次序的意义,也就是说在预期式数词 ʂige jiɣərmə 中,jiɣərmə 的意思是"第二",那么当 jiɣərmə 单独使用表示 20 时就不得不假设 jiɣərmə 的意思就是 20,这等于说 jiɣərmə 有两个意思:"第二"和"20"。当然这个问题对于 ohdəs 而言是不存在的,因为 ohdəs 在西部裕固语中不单独表示 30,单独使用表示 30 的数词是遵照十进制的 hudz̩un。所以如果马洛夫是合理的,我们只需假设仅 jiɣərmə 有歧义。

另一个疑点是,如果 jiɣərmə、ohdəs 等数词最初表示次序"第二、第三",那么它们应该含有次序意义的共同词缀,但是 jiɣərmə、ohdəs 看不出有共同的次序词缀-ndz̩i(西部裕固语和现代突厥语族诸语言的次序词缀基本上都是-ndz̩i)。而阿美语预期式数词含有表达次序的词缀 ʃaka-,例如:ʃaka-tuʃa'第-二'、ʃaka-muətəp'第-十'。当然这个问题并不能排除 jiɣərmə、ohdəs 等数词最初有表示次序的可能,因为在很多语言中,表示次序的最初几个序数词往往有不规则变化,比如英语的 first、second、third 与 fourth、fifth,等等。同样法语中是 premier、secondaire。其他不规则的语言有:希腊语(ena/protos'一/第一')、威尔士语(un/cyntaf'一/第一'、dau/ai'二/第二')、意大利语(uno/primo'一/第一'、due/secondo'二/第二')、芬兰语(yksi/ensimmainen'一/第一'、kaksi/toinen'二/第二')。然而在古代突厥语中,序数词是:baštïnqï'第一'、ikinti'第二'、üč-ünč'第三'、tört-ünč'第四'、biš-inč'第五'、on-unč'第六'、bir ygrmi-nč'第十一'。其中"第一、第二"有点不规则,其余是在基数词后面加-nč。

王远新提出另一种解释,他认为 jiɣərmə、ohdəs 等数词最初很可能是原始突厥人表一定量的名词。比方说很可能分别表示大小不等的畜群的量,它们起初不大可能作为表具体的数而存在,但是随着生产、思维及古代人数观念的不断发展,开始计算大的数,于是在表集合数量的名词基础上抽象、分化出表具体数的数词,于是 jiɣərmə 的意思就是纯粹的 20,ohdəs 的意思就是纯粹的 30。

我们认为王远新的观点更加合理,反映了先民对数目概念的发展历程。在数词独立发展之前,先民的数目概念往往是融合在具体事物的名称之中。今天很多土著部落通常用不同的词指称不同数量的事物,第一章已提到斐济波利尼西亚语言中就存在这种现象,且今天还可以看到这种早期数词命名的痕迹,比如俄语。古代突厥语中十位数数词 jiɣərmə、ohdəs 等很可能起初分别表示大小不等的畜群的量。但这种分析需要解决一个关键问题,即如何从这种预期式数词的句法组合关系中获得所需数值意义? 比如 şige jiɣərmə'二 二十'是如何从2和20得出12的呢? 这个问题在突厥语族语言研究方面似乎还没有被讨论过。赫福德(Hurford 1975:237—238)提出了一个专门适用于预期式数词的语义诠释规则,这个专门规则是对他提出的适用于所有语言数词语义诠释抽象理论的补充。下面我们利用赫福德的规则解释西部裕固语以及古代突厥语预期式数词的组合语义。

赫福德提出了一个适用于所有语言数词语义诠释的抽象理论,能够处理各种进制和各种计数方式,如加减乘除幂。参见例(38),这是 two hundred twenty two 的树形图。

(38)

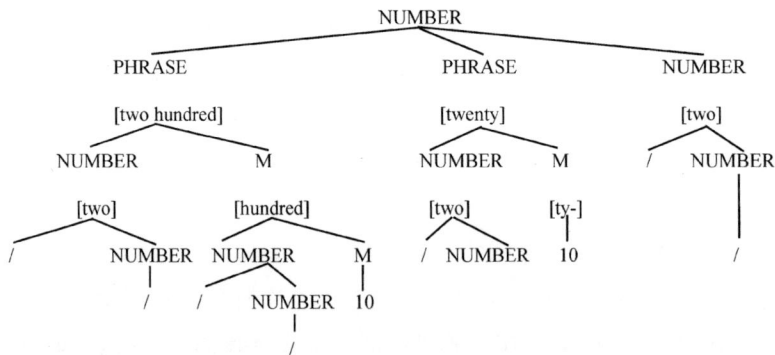

图中 NUMBER 节点的数值是它直接成分数值之和，PHRASE 节点的数值是它直接成分数值之积，M 节点的数值是它第二个直接成分数值的第一个直接成分数值之幂。NUMBER 节点是第一层(depth 1)，PHRASE 节点是第二层(depth 2)，M 节点是第三层(depth 3)。图中的符号"／"表示一个事物，而不是数目 1 的意思。

在这种句法语义树形图的基础上，赫福德提出一个名叫 CALCULATE 的算法，如下所示，其中 d 是层次数目，x 和 y 是数值，±表加或减。

(39) CALCULATE ± d x y

CALCULATE 算法的第三层计数包括了第二层计数，第二层计数包括了第一层计数。在该算法中，"和、积、幂"最后都用重复加 1 来表达，例如 x 和 y 之和是累加 1 到 y 上共 x 次，x 和 y 之积是累加 y 到 y 上共 x−1 次，y 的 x 次幂是乘 y 到 y 上共 x−1 次。根据这种处理，two 的意思是 $1+1=2$，twenty 的意思是 $2 \times 10 = 10 + 10 = 20$，hundred 的意思是 $10^2 = 10 \times 10 = 10 + 10 + 10 + 10 + 10 + 10 + 10 + 10 + 10 + 10 = 100$。CALCULATE 算法最后把任何数词都分解成为一个个小间距的组合，这种处理的突出特点是位数词也被分解为更小的意义成分，例如 hundred 的语义结构是 10^2，体现了十进制的特点；二十进制语言中的 400 尽管在形态上只是一个不可分析的词，但是语义结构却是 20^2，CALCULATE 算法最后把这个数词的语义结构看成是 $20 \times 20 = 20 + 20 + 20 + 20 + 20 + 20 + 20 + 20 + 20 + 20 + 20 + 20 + 20 + 20 + 20 + 20 + 20 + 20 + 20 + 20 = 400$。这正是预期式数词语义诠释所需要的。在例(39)的基础上，赫福德提出了一个专门适用于预期式数词的语义诠释规则作为对 CALCULATE 算法的补充，该规则只适用于预期式数词。忽略其形式表达，该规则的大意是：

(40) 当一个数词是第一层数词即由两个数词并列组合而成
时，后面数词的数值使用 CALCULATE 算法时，需要减
少一轮加法。

举例说明：例(41)是玛雅语预期式数词，对-bak'400'需要应
用规则(40)，得出 M 节点的数值是 380，再应用规则(39)得出
NUMBER 节点的数值是 386。

(41) uac   -tu-   hunbak
六   连词   四百
'386'

赫福德承认预期式计数规则(40)非常不自然（"certainly
cumbersome"），由于能够收集到的预期式数词的语料并不多，所
以无法提出一个更健全的规则。他认为这种就事论事的规则能够
得出正确的数值，这才是问题的根本。他指出在数词其他方面也
存在这种硬性规则，例如美国英语有如下数词：billion $=1\ 000^3$
'十亿'、trillion $=1\ 000^4$ '万亿'、quadrillion $=1\ 000^5$ '千万亿'。词
根-illion 意思是 1 000，但是词首 bi-'二'、tri-'三'、quadri-'四'却
与这些数词语义的幂不符。在语义诠释中，billion 分解为 1 000
的 2 次方是得不出所需数值的，所以这里必须有一个就事论事的
规则，分别需要增加一位幂，bi-要解释为 3。同样 tri-要解释为 4，
quadri-要解释为 5。这种情况和预期式数词中需要减去一轮加法
并没有本质区别。

回到西部裕固语的预期式数词，我们也可以利用赫福德的数
词语义规则。比如 jiɣərmə 的语义结构是 $2\times10=10+10=20$，当
它独立出现时，是第三层数词，直接应用规则(39)得出 20 的意义。

当它和其他数词组合时,如 bər jiɣərmə,它是第一层数词,jiɣərmə
应用规则(40)得出 10 的意义,然后整个数词短语再应用规则(39)
得出 11。

第八章

结　语

自然语言数词系统由于其本身形态的丰富性、句法的独特性和语义的完备性,一直是语言本体研究的重点,更是众多跨学科研究的热点。数词系统是人的语言符号系统与数学认知之间的直接体现,反映了人类计数概念的不同以及语言与心智的关系,直接反映了人们对本体(ontology)的看法,是研究人类思维起源发展的一个重要窗口。从数词系统的句法结构和语义诠释方面出发,可以揭示自然语言数词系统的普遍性特征和类型学意义以及语言系统和认知系统之间的互动关系,并且为一些重大的哲学问题(例如本体论中“数”的指称问题)提供启示甚至是最有力的证明。

　　本研究旨在利用语言的数词系统,揭示出一些根本规律,从而为普通语言学研究提供新的观点。我们从形式语言学的角度研究自然语言数词系统句法语义接口现象,涉及大约一百种各语系语言,基本上代表了自然语言数词系统的主要语言特征,包括句法构成和语义诠释。本书重点探讨了数词的句法语义现象,目的是以汉语为代表性语言,建立一种数词系统的结构-诠释接口理论(structure-interpretation mapping)。

　　为了达到这个目标,本书研究了数词的语言学核心问题:形态音系事实和句法语义界面理论,对中国的语言数词系统的语言事实(特别是形态音系)进行了专题描写,从而利用这些事实研究数词句法语义诸多界面问题,揭示中国语言数词系统的普遍性特征,揭示自然语言数词系统的类型学意义,并且以期为一些重大的哲学问题(例如“本体论”中的指称问题)提供启示。本书的核心内容在于首先为数词(特别是复杂数词)确立了正确的句法分析,然后在此基础上提出组合语义程序。有一些国外生成语言学者主张把复杂数词割裂开来,把数词和量词割裂开来,本研究尽管也是走形式研究的路子,但却从丰富的语言事实出发论证了复杂数词是完整成分的观点以及数词和量词构成完整成分的观点。本书从汉语、中国南方民族语言以及部分境外语言中提出句法的、语义的、形态音系的证据,论证数词(特别是复杂数词)的成分结构分析以及数量词的句法分析。本研究充分挖掘了中国南方民族语言数词内部的形态和音系事实,包括:复杂数词内部的显性连词,涉及藏缅语族、侗台语族、苗瑶语族、南亚语系、南岛语系;同一数目有不同的数词的现象,涉及苗瑶语族、侗台语族、藏缅语族、南亚语系、南岛语系、闽方言;复杂数词内部的音系现象,包括音变、语音同化、连续变调、合音减音、元音和谐。我国民族语言数词系统往往具有丰富的形态音系表现,值得深入挖掘并让国际语言学界得以了解。因为一个有说服力的形态音系证据非常宝贵,能够对数词的句法和语义的确定提供重要的事实证据,也因为形态音系是直接看得见的语言形式,不需要曲折迂回的论证。

确立了正确的句法分析之后,我们在此基础上提出数词的组合语义具体分析步骤和程序,并且通过大量语言事实论证数词在更大结构中的句法语义表现和作用以及数词的一些特别结构和用法。例如:小数名词短语及平均句中的小数名词短语指称(如"1.43个孩子")、概数助词"多"的形式句法和形式语义、作为数词、量词、和数量助词的"半"。在研究中充分利用了中国南方民族语言作为佐证。

数词的语义指称不仅仅是语言学问题,也是哲学本体论问题。我们还从哲学本体论角度研究了数词的语义指称,这是国内学术界目前没有涉及的一个领域。具体地说就是"数词指称数还是集合"的问题。这个问题比我们想象的要复杂得多,自弗雷格以来就一直受到哲学家、数学家和语言学家的重点关注。我们提出了两个语言上的证据,即"Seven is a prime number"以及超越数数词 π 和 e 来论证数的存在并且数词可以直接指称数。特别是我们利用了数学上的发现从逻辑上论证了自然语言中所有可能数词中的绝大部分都是指称数的专称词项。但我们仍然认为数词也是可以指称集合的,本书引用了对史兴语表达"一"的两个数词的研究,论证了数词既可以指称数,也可以指称集合,只是指称集合的数词非常罕见。因此本研究拓宽了国内语言学对数词研究的视野,并且对哲学本体论问题的解决提供了来自中国的语言事实证据和可资深入研究的课题。

数词研究不仅是语言学和哲学的课题,也是人类学、数学史等学科的课题。为了达到研究的思想高度,我们也讨论了在人类学、数学史等学科大背景下数词的理论基础。研究数词不可避免要和这些学科发生千丝万缕的联系。这些知识有助于我们对自然语言数词系统句法语义接口中的语言现象有一个深刻的理解。

相对于已有的研究,本书的学术价值体现在:对特定区域一系列亲属语言数词系统的大规模专题描写尚属首次。特别是其中很多语言是濒危语言,每一种语言的计数方式都反映了一种文明和思维方式,值得记录。本书的学术价值不仅仅只是限于描写事实,更是运用现代语言学(形式句法学和形式语义学)最新理论来探索数词系统的内部普遍规律和类型学意义。从形态音系事实研究数词系统内部的句法语义,理论上更有说服力。我们认为数词不是语法系统中一个比较次要的语言现象,相反它有一个广阔的研究领域,不但具有语言学的研究价值,也具有人类学、数学史等跨学科的研究意义。此外对数词句法语义的研究可以帮助我们掌握大数目数词的构成规律,有助于人工智能的应用,可以帮助我们确定语言的谱系关系。

在研究中我们发现有的语言中,数词具有特别重要的形态句法方面的特殊性,这种特殊性在别的语言中少见,因而它们对于数词系统的国际视野下的语言研究具有一定的启发意义,能够为语言学、人类学、数学史等学科提供实证材料。在研究中,我们碰到甘肃境内的西部裕固语具有的一种罕见古老计数法,这种计数法被人类学、数学史认为是"活化石"。其奇特的结构和语义引起了学术界的关注和研究,甚至还出现在奥林匹克语言学竞赛中。最近一二十年来,越来越多的研究发现这种计数曾经还存在于其他语言,并且是在语族内部成片地出现。这说明预期式计数并不是人们最初想象的那样是罕见的计数法,并且以上这些语言属于不同语系语族,地理上相距遥远,不太可能是语言接触引起的,这甚至使人们猜测它可能是人类早期常规的计数法,能够反映人类语言数词系统的初始状态,能够揭示自然语言数词系统形成和演变的一般规律和内在机制,能够揭示人类祖先语言系统与原始数学思维系统的互动关系,具有很高的学术研究价值。然而这些语言中的预期式数词基本上已经消亡了,历时描写尚无法做到详细彻底。由于这些语言缺乏丰富的历史文献记载甚至没有文字,所以也无法深入研究其学术价值。

西部裕固语今天仍是活的语言,至今仍然保留有这种计数法。更加可贵的是西部裕固语这种计数法一直可以追溯到它的祖先古代突厥语。突厥语族自六世纪起就开始发展出书面语言,留下了跨越一千多年的没有间断的海量历史书面材料,真实地记录了古代突厥人的计数方式。尽管突厥语言学和语文学界很早就注意到了这种计数法,但似乎没有意识到这种计数法所具有的理论价值,大规模全景式专题深入研究目前并没有出现。普通语言学界也没有注意到古代突厥语存在预期式计数,普通语言学文献没有把古代突厥语列入预期式计数的语言。就我国民族语言研究的情况看,一直以来数词是民族语言研究的薄弱环节。西部裕固语以及它的祖先古代突厥语中这一特殊罕见又具有海量历史文献记载的计数现象,理应得到相应的重视和系统深入研究。相比于其他预期式计数语言,它们能够为我们探索自然语言数词系统的形成和演变,揭示人类祖先语言系统与原始数学思维系统的互动关系方面提供清晰、充足、真实的原始资料。

参 考 文 献

安　俊 1986《赫哲语简志》,民族出版社。

巴　赞 1997/1991《突厥历法研究》,中华书局,耿昇译。

薄文泽 1997《佯僙语研究》,上海远东出版社。

薄文泽 2003《木佬语研究》,民族出版社。

薄文泽 2004《蔡家话概况》,《民族语文》第 2 期。

常竑恩 1986《拉祜语简志》,民族出版社。

陈国庆 2002《克木语研究》,民族出版社。

陈国庆 2005《克蔑语研究》,民族出版社。

陈　康 2007a《邵语》,载孙宏开、胡增益、黄行主编《中国的语言》,
　　商务印书馆。

陈　康 2007b《邹语》,载孙宏开、胡增益、黄行主编《中国的语言》,
　　商务印书馆。

陈　康 马荣生 1986《高山族语言简志》,民族出版社。

陈丽冰 1999《宁德方言数词"一、二、三"》,《宁德师专学报(哲学社
　　会科学版)》第 4 期。

陈相木 王敬骝 赖永良 1986《德昂语简志》,民族出版社。

陈宗振 2004《西部裕固语研究》,中国民族摄影艺术出版社。

陈宗振 雷选春 1985《西部裕固语简志》,民族出版社。

陈宗振 伊里千 1986《塔塔尔语简志》,民族出版社。

程适良 阿不都热合曼 1987《乌孜别克语简志》,民族出版社。

戴庆厦 2005《浪速语研究》,民族出版社。

戴庆厦 丛铁华 蒋　颖 李　洁 2005《仙岛语研究》,中央民族大学
　　出版社。

戴庆厦 崔志超 1985《阿昌语简志》,民族出版社。

戴庆厦 傅爱兰 刘菊黄 1985《景颇族波拉话概况》,《民族语文》第
　　6 期。

戴庆厦 李　洁 2007《勒期语研究》,中央民族大学出版社。

戴庆厦 徐悉艰 1992《景颇语语法》,中央民族学院出版社。

刀　洁 2006《布芒语概况》,《民族语文》第 2 期。

丁声树 等 1961/1999《现代汉语语法讲话》,商务印书馆。

费尔迪南·德·索绪尔 1999《普通语言学教程》,商务印书馆,高
　　名凯译。

盖兴之 1986《基诺语简志》,民族出版社。

盖兴之 2002《堂郎话概况》,《民族语文》第 3 期。

高永奇 2003《莽语研究》,民族出版社。

高永奇 2004《布兴语研究》,民族出版社。

耿世民 2005《古代突厥文碑铭研究》,中央民族大学出版社。

耿世民 2008《回鹘文哈密本〈弥勒会见记〉研究》,中央民族大学出
　　版社。

耿世民 李增祥 1985《哈萨克语简志》,民族出版社。

龚群虎 2007《扎巴语①研究》,民族出版社。

郭　锐 2002《现代汉语词类研究》,商务印书馆。

何汝芬 曾思奇 李文甦 林青春 1986《高山族语言简志（布嫩
　　语②)》,民族出版社。

何汝芬 曾思奇 田中山 林登仙 1986《高山族语言简志（阿眉斯
　　语③)》,民族出版社。

和即仁 姜竹仪 1985《纳西语简志》,民族出版社。

---

① "扎巴语",今多作"扎坝语",本书正文和索引均写作"扎坝语",参考文献则不
作改动。

② "布嫩语",今多作"布农语",本书正文和索引均写作"布农语",参考文献则不
作改动。

③ "阿眉斯语",今多作"阿美语",本书正文和索引均写作"阿美语",参考文献则
不作改动。

贺川生 2015《自然语言数词系统句法语义接口理论的最新研究进展》,《当代语言学》第 1 期。

贺川生 2016《论汉语数量组合的成分完整性》,《当代语言学》第 1 期。

贺川生 2018a《本体的扩大和对抽象事物的指称》,《当代语言学》第 2 期。

贺川生 2018b《西部裕固语、古代突厥语的逆序数词及其组合语义》,《中央民族大学学报(哲社版)》第 6 期。

贺川生 邓丽芳 谢丽丽 2020《概数助词"多"的形式句法和形式语义》,《当代语言学》第 2 期。

贺川生 潘海华 2014《平均句中的分数名词短语及其指称》,《当代语言学》第 2 期。

贺川生 谭丹丹 2019《论汉语数词-动量词组合的成分完整性》,《语言暨语言学》第 3 期。

贺嘉善 1983《仡佬语简志》,民族出版社。

胡裕树 张　斌 1984《数词和量词》,上海教育出版社。

胡增益 1986a《鄂伦春语简志》,民族出版社。

胡增益 朝　克 1986《鄂温克语简志》,民族出版社。

胡振华 1986《柯尔克孜语简志》,民族出版社。

黄布凡 1985《木雅语概况》,《民族语文》第 3 期。

黄布凡 1991《道孚语》,载《藏缅语十五种》戴庆厦等,北京燕山出版社。

黄布凡 2007《拉坞戎语》,载孙宏开、胡增益、黄行主编《中国的语言》,商务印书馆。

黄同元 1991《佤语的数词、量词和数量词组》,王敬骝主编《佤语研究》,146—153 页,云南民族出版社。

江　荻 2005《义都语研究》,民族出版社。

江　荻 李大勤 孙宏开 2013《达让语研究》,民族出版社。

金　鹏 1983《藏语简志》,人民出版社。

李大勤 2002《格曼语研究》,民族出版社。

李大勤 2003《崩如语概况》,《民族语文》第 5 期。

李大勤 2004《苏龙语研究》,民族出版社。

李道勇 聂锡珍 邱锷锋 1986《布朗语简志》,民族出版社。

李锦芳 1996《布干语概况》,《民族语文》第 6 期。

李锦芳 1999《布央语研究》,民族出版社。

李锦芳 2001《茶洞语概况》,《民族语文》第 1 期。

李经纬 1996《吐鲁番回鹘文社会经济文书研究》,新疆人民出版社。

李敬忠 1988《八排瑶语的数词》,《贵州民族研究》第 4 期。

李临定 范方莲 1960《表"每"的数量结构对应式》,《中国语文》第 12 期。

李旭练 1999《倈语研究》,中央民族大学出版社。

李亚非 2015《也谈汉语名词短语的内部结构》,《中国语文》第 2 期。

李艳惠 2007《空语类理论和汉语空语类的辨识与指称研究》,《语言科学》第 2 期。

李永燧 2002《桑孔语研究》,中央民族大学出版社。

李永燧 2007《毕苏语》,载孙宏开、胡增益、黄行主编《中国的语言》,商务印书馆。

李永燧 王尔松 1986《哈尼语简志》,民族出版社。

李云兵 2000《拉基语研究》,中央民族大学出版社。

李云兵 2005《布赓语研究》,民族出版社。

李志忠 2010《数词与数词短语》,《新疆教育学院学报》第 3 期。

梁　敏 1980a《侗语简志》,民族出版社。

梁　敏 1980b《毛难语①简志》,民族出版社。

---

① "毛难语",今作"毛南语",本书正文和索引均写作"毛南语",参考文献则不作改动。

梁　敏 1984《侗语概况》,《民族语文》第 4 期。

梁　敏 1989《拉基语》,《语言研究》第 2 期。

梁　敏 张均如 1997《临高语研究》,上海远东出版社。

梁　敏 张均如 2002《标话研究》,中央民族大学出版社。

梁　敏 张均如 李云兵 2007《普标语研究》,民族出版社。

林向荣 1993《嘉戎语研究》,四川民族出版社。

刘保元 2007《拉珈语》,载孙宏开、胡增益、黄行主编《中国的语言》,商务印书馆。

刘　辉 2009《现代汉语事件量词的语义和句法》,上海师范大学博士学位论文。

刘辉强 2007《纳木依语》,载孙宏开、胡增益、黄行主编《中国的语言》,商务印书馆。

刘　璐 1984《景颇族语言简志(景颇语)》,民族出版社。

刘玉兰(THANYALAK SAELIAO) 2012 《泰国勉语参考语法》,中央民族大学博士学位论文。

刘援朝 2008《黎语加茂话概况》,《民族语文》第 1 期。

刘月华 潘文娱 故　韡 2004《实用现代汉语语法(修订版)》,商务印书馆。

龙耀宏 2003《侗语研究》,贵州民族出版社。

龙耀宏 2012《侗语方音研究》,上海师范大学博士论文。

陆俭明 1987《数量词中间插入形容词情况考察》,《语言教学与研究》第 4 期。

陆绍尊 1983《普米语简志》,民族出版社。

陆绍尊 1984《门巴语数词的构成方法和使用方法》,《语言研究》第 1 期。

陆绍尊 1986《错那门巴语简志》,民族出版社。

吕叔湘 2002《数量词后的来、多、半》,载季羡林、黄国营主编《吕叔湘选集》,442—447 页,东北师范大学出版社。

罗美珍 1999《谈谈我国民族语言的数量词》,《民族语文》第 2 期。

罗 素 1982《数理哲学导论》,商务印书馆,晏成书译。

马庆株 1990《数词、量词的语义成分和数量结构的语法功能》,《中国语文》第 3 期。

毛宗武 李云兵 1997《巴哼语》,上海远东出版社。

毛宗武 李云兵 2002《炯奈语研究》,中央民族大学出版社。

毛宗武 李云兵 2007《优诺语研究》,民族出版社。

毛宗武 蒙朝吉 1986《畲语简志》,民族出版社。

蒙朝吉 2007《布努语》,载孙宏开、胡增益、黄行主编《中国的语言》,商务印书馆。

孟葆淑 1997《大小和数量》,《汉语学习》第 1 期。

木仕华 2003《卡卓语研究》,民族出版社。

木玉璋 段 伶 1983《傈僳语概况》,《民族语文》第 4 期。

倪大白 2007a《莫语》,载孙宏开、胡增益、黄行主编《中国的语言》,商务印书馆。

倪大白 2007b《佯僙语》,载孙宏开、胡增益、黄行主编《中国的语言》,商务印书馆。

欧阳觉亚 1998《村语研究》,上海远东出版社。

欧阳觉亚 2007《崩尼-博嘎尔语①》,载孙宏开、胡增益、黄行主编《中国的语言》,商务印书馆。

欧阳觉亚 程 方 喻翠容 1984《京语简志》,民族出版社。

欧阳觉亚 郑贻青 1980《黎语简志》,民族出版社。

欧阳觉亚 郑贻青 1983《海南岛崖县回族的回辉话》,《民族语文》第 1 期。

邱锷锋 李道勇 聂锡珍 2007《佤语》,载孙宏开、胡增益、黄行主编《中国的语言》,商务印书馆。

邵敬敏 1993《量词的语义分析及其与名词的双向选择》,《中国语

---

① “崩尼-博嘎尔语”,今多作“博嘎尔语”,本书正文和索引均写作“博嘎尔语”,参考文献则不作改动。

文》第 3 期。

邵敬敏 1996《动量词的语义分析及其与动词的选择关系》,《中国语文》第 2 期。

时　建 2009《梁河阿昌语参考语法》,中国社会科学出版社出版。

宋伶俐 2011《贵琼语研究》,民族出版社。

孙宏开 1981《羌语简志》,民族出版社。

孙宏开 1982《独龙语简志》,民族出版社。

孙宏开 1986《试论"邛笼"文化与羌语支语言》,《民族研究》第 2 期。

孙宏开 2007a《达让语》,载孙宏开、胡增益、黄行主编《中国的语言》,商务印书馆。

孙宏开 2007b《尔龚语》,载孙宏开、胡增益、黄行主编《中国的语言》,商务印书馆。

孙宏开 2007c《尔苏语》,载孙宏开、胡增益、黄行主编《中国的语言》,商务印书馆。

孙宏开 2007d《贵琼语》,载孙宏开、胡增益、黄行主编《中国的语言》,商务印书馆。

孙宏开 黄成龙 周毛草 2002《柔若语研究》,中央民族大学出版社。

孙宏开 刘光坤 2005《阿侬语研究》,民族出版社。

孙宏开 刘　璐 1986《怒族语言简志(怒苏语)》,民族出版社。

孙宏开 陆绍尊 张济川 欧阳觉亚 1980《门巴、珞巴、僜人的语言》,中国社会科学出版社。

孙宏开 齐卡佳 刘光坤 2007《白马语研究》,民族出版社。

孙宏开 徐　丹 刘光坤 鲁绒多丁 2014《史兴语研究》,民族出版社。

覃晓航 1993《壮侗语数词 deu[1]、so:ŋ[1]、ha[3] 考源》,《中央民族学院学报》第 5 期。

滕艳辉 2010《以"无名"命"微数"——论中国十进制小数的起源与发展》,《辽宁师范大学学报(自然科学版)》第 3 期。

田德生 何天贞 陈　康 李敬忠 谢志民 1986《土家语简志》,民族
　　出版社。

王惠良 1987《布依语罗甸话数词初探》,《贵州民族研究》第 1 期。

王　静 2001《个别性与动词后量成分和名词的语序》,《语言教学
　　与研究》第 1 期。

王　均 郑国乔 1980《仫佬语简志》,民族出版社。

王　力 1980《汉语史稿(第二版)》,中华书局。

王　力 1984《中国语法理论》,山东教育出版社。

王　伟 周国炎 2005《布依语基础教程》,中央民族大学出版社。

王远新 1992《突厥民族数观念、计数方式的发展变化与突厥原始
　　文化》,《中央民族学院学报》(哲学社会科学版)第 6 期。

韦庆稳 2007《水语》,载孙宏开、胡增益、黄行主编《中国的语言》,
　　商务印书馆。

韦庆稳 覃国生 1980《壮语简志》,民族出版社。

韦学纯 2011《水语描写研究》,上海师范大学博士论文。

吴怀成 2011《动量词与宾语的语序选择问题》,《汉语学报》第
　　1 期。

武自立 2007《末昂语》,载孙宏开、胡增益、黄行主编《中国的语
　　言》,商务印书馆。

武自立 纪嘉发 1982《彝语数词的构成和用法》,《民族语文》第
　　6 期

向日征 1999《吉卫苗语研究》,四川民族出版社。

向　熹 1993《简明汉语史》,高等教育出版社。

萧国政 李英哲 1997《汉语确数词的系统构成、使用特点和历史演
　　进》,《武汉教育学院学报(哲学社会科学版)》第 1 期。

邢福义 1993《现代汉语数量词系统中的"半"和"双"》,《语言教学
　　与研究》第 4 期。

邢福义 1995《从海南黄流话的"一、二、三"看现代汉语数词系统》,
　　《方言》第 3 期。

邢福义 2003《词类辨难(修订本)》,商务印书馆。

徐烈炯 2002《汉语是话语概念结构化语言吗?》,《中国语文》第
　　5 期。

徐　琳 木玉璋 盖兴之 1986《傈僳语简志》,民族出版社。

徐　琳 赵衍荪 2007《白语》,载孙宏开、胡增益、黄行主编《中国的
　　语言》,商务印书馆。

徐世璇 1998《毕苏语研究》,上海远东出版社。

杨德峰 1993《表示概数的"多"和"来"的全方位考察》,《汉语学习》
　　第 3 期。

杨通银 2000《莫语研究》,中央民族大学出版社。

应学凤 王晓辉 2014《数量结构中概数词"来"和"多"的分布》,《汉
　　语学习》第 4 期。

喻翠容 1980《布依语简志》,民族出版社。

喻翠容 罗美珍 1980《傣语简志》,民族出版社。

曾思奇 2003《噶玛兰语概况》,《民族语文》第 6 期。

曾思奇 2007a《巴则海语》,载孙宏开、胡增益、黄行主编《中国的语
　　言》,商务印书馆。

曾思奇 2007b《卑南语》,载孙宏开、胡增益、黄行主编《中国的语
　　言》,商务印书馆。

张济川 1986《仓洛门巴语简志》,民族出版社。

张济民 2013《仡佬语研究》,贵州大学出版社。

张景中 2003《数学与哲学》,中国少年儿童出版社。

张均如 1980《水语简志》,民族出版社。

张均如 2007《标话》,载孙宏开、胡增益、黄行主编《中国的语言》,
　　商务印书馆。

张蓉兰 马世册 2007《拉祜语》,载孙宏开、胡增益、黄行主编《中国
　　的语言》,商务印书馆。

张谊生 2001《概数助词"来"和"多"》,《江苏师范大学学报(哲学社
　　会科学版)》第 3 期。

赵相如 朱志宁 1985《维吾尔语简志》,民族出版社。

赵元任 1979《汉语口语语法》,商务印书馆,吕叔湘译。

郑贻青 1997《回辉话研究》,上海远东出版社。

钟进文 2009《西部裕固语描写研究》,民族出版社。

周德才 2002《他留话概况》,《民族语文》第 2 期。

周德才 2014《末昂语研究》,民族出版社。

周毛草 1998《藏语复合数词中的连接成分》,《民族语文》第 2 期。

周耀文 2007《傣语》,载孙宏开、胡增益、黄行主编《中国的语言》,
     商务印书馆。

朱德熙 1958《数词和数词结构》,《中国语文》第 4 期。

朱艳华 勒排早扎 2013《遮放载瓦语参考语法》,中国社会科学出
     版社。

宗世海 张鲁昌 2008《汉语量代词"多"的用法及其解释》,《外语教
     学与研究》第 4 期。

宗守云 2009《"数+形+量"格式的分化及其语义语用差异》,《修
     辞学习》第 3 期。

Abney, Steven 1987 *The English Noun Phrase in its Sentential
     Aspect*. PhD dissertation, MIT.

Aoun, Joseph E. and Yen-hui A. Li 2003 *Essays on the
     Representational and Derivational Nature of Grammar*.
     Cambridge: MIT Press.

Arregi, Karlos 2013 The Syntax of comparative numerals. In
     Seda Kan, Claire Moore-Cantwell, and Robert Staubs
     (eds.), *NELS* 40: *Proceedings of the* 40*th Annual Meeting
     of the North East Linguistic Society*. Amherst, MA: GLSA,
     45—58.

Aulie, H. Wilbur 1957 High-layered numerals in Chol (Mayan).
     International Journal of American Linguistics 23 (4):
     281—283.

Barwise, Jon and Robin Cooper 1981 Generalized quantifiers and natural language. *Linguistics and Philosophy* 4 (2): 159—219.

Brendan, Balcerak J. 2013 Defusing easy arguments for numbers. *Linguistics and Philosophy* 36 (6): 447—461.

Brogaard, Berit 2007 Number words and ontological commitment. *The Philosophical Quarterly* 57: 1—20.

Bultinck, Bert 2005 *Numerous Meanings: The Meaning of English Cardinals and the Legacy of Paul Grice*. Amsterdam: Elsevier.

Chang, Henry Yung-li 2000 *A Reference Grammar of Kavalan*. Taipei: Yuan-Liou Publishing.

Cheng, Lisa L.-S and Rint Sybesma 1999 Bare and not so bare nouns and the structure of NP. *Linguistic Inquiry* 30 (4): 509—542.

Chomsky, Noam 2000 *New Horizons in the Study of Language*. Cambridge: Cambridge University Press.

Clark, Larry V. 1996 The early Turkic and Sarig Yugur counting system. In Emmerick R. E. et al. (eds.), *Turfan, Khotan und Dunhuang*. Berlin: Akademie-Verlag, 17—49.

Conant, Levi L. 1896 *The Number Concept*. New York: Macmillan & Co.

Corbett, Greville G. 1978 Universals in the syntax of cardinal numerals. *Lingua* 46 (4): 355—368.

Corver, Norbert and Joost Zwarts 2006 Prepositional numerals. *Lingua* 116: 811—835.

Coupe, Alexander R. 2012 Overcounting numeral systems and their relevance to sub-grouping in the Tibeto-Burman languages of Nagaland. *Language and Linguistics* 13 (1): 193—220.

Cowper, Elizabeth 1987 Pied piping, feature percolation and the structure of the noun phrase. *Canadian Journal of Linguistics* 34: 321—338.

Danon, Gabi 2011 Two structures for numeral-noun constructions. *Lingua* 122 (12): 1282—1307.

Dummett, Michael 1995 *Frege's Philosophy of Mathematics*. London: Duckworth.

Everett, Daniel L. 2005 Cultural constraints on grammar and cognition in Pirahã: Another look at the design features of human language. *Current Anthropology* 46 (4): 621—646.

Felka, Katharina 2014 Number words and reference to numbers. *Philosophical Studies* 168: 1—22.

Frank, Michael C., Daniel L. Everett, Evelina Fedorenko and Edward Gibson 2008 Number as a cognitive technology: Evidence from Pirahã language and cognition. *Cognition* 108 (3): 819—824.

Frege, Gottlob 1884 *Die Grundlagen der Arithmetik*. Translated as *Foundations of Arithmetic* by J. L. Austin, 1974. Oxford: Basil Blackwell.

Gil, David 2002 Malayic "one" plus classifier: Paths of grammaticalization. In Uri Tadmor (ed.), *Studies in Malay Dialects*, *Part 3*, *NUSA*, *Linguistic Studies of Indonesian and Other Languages in Indonesia*. Jakarta: Universitas Katolik Indonesia Atma Jaya, vol 50: 1—41.

Greenberg, Joseph 1975 Dynamic aspects of word order in the numeral classifier. In Li, C. (Ed.), *Word Order and Word Order Change*. Austin: University of Texas Press, pp. 27—43.

Greenberg, Joseph 1978 Generalizations about numeral system.

In J. H. Greenberg et al. (eds.), *Universals of Human Language* 3. Stanford, pp. 249—295.

Hackl, Martin 2001 *Comparative Quantifiers*. PhD dissertation, MIT.

He, Chuansheng 2015 Complex numerals in Mandarin Chinese are constituents. *Lingua* 164 (9): 189—214.

He, Chuansheng, One-Soon Her, Xiaoshi Hu and Weijing Zhu 2017 Overt coordination in additive numerals of minority languages in South China. *Syntax* 20: 292—316.

He, Chuansheng On the discovery and interpretation of overcounting in Orkhon Inscriptions. *Journal of the Royal Asiatic Society*, to appear (a).

He, Chuansheng On the Calendar Origin Hypothesis of overcounting in Old Turkic. *Zeitschrift der Deutschen Morgenlandischen Gesellschaft*, to appear (b).

Heim, Irene 1988 *The Semantics of Definite and Indefinite Noun Phrases*. New York: Garland.

Her, One-Soon 2017 Structure of numerals and classifiers in Chinese: historical and typological perspectives and cross-linguistic implications. *Language and Linguistics* 18 (1): 26—71.

Her, One-Soon and H.-C. Tsai 2015 On silent elements: A case study of grand and its silent entourage. *Natural Language & Linguistic Theory* 33: 575—605.

Heycock, Caroline and Roberto Zamparelli 2005 Friends and colleagues: plurality, coordination, and the structure of DP. *Natural Language Semantics* 13: 201—270.

Hockett, Charles F. 1950 Peiping morphophonemics. *Language* 26: 63—85.

Hofweber, Thomas 2005 Number determiners, numbers, and arithmetic. *Philosophical Review* 114 (2): 179—225.

Horn, Laurence R. 1984 Towards a new taxonomy for pragmatic inference: Q-based and R-based implicature. In Deborah Schiffrin (ed.), *Meaning, Form and Use in Context*, Washington: Georgetown University Press, 11—42.

Huang, Cheng-Teh James 1982 *Logical Relations in Chinese and the Theory of Grammar*. PhD dissertation, MIT.

Huang, Cheng-Teh James 1984 Phrase structure, lexical integrity, and Chinese compounds. *Journal of Chinese Teachers Association* 19(2): 53—78.

Huang, Cheng-Teh James 1993 Reconstruction and the structure of VP: Some theoretical consequences. *Linguistic Inquiry* 24: 103—138.

Huang, Lillian M. (黄美金) 2000 *A Reference Grammar of Atayal*. Taipei: Yuan-Liou Publishing.

Hurford, James R. 1975 *The Linguistic Theory of Numerals*. Cambridge: Cambridge University Press.

Hurford, James R. 1987 *Language and Number*. Oxford: Blackwell.

Hurford, James R. 2003 The Interaction between Numerals and Nouns. In Frans Plank (ed.), *Noun Phrase Structures in the Languages of Europe*. Berlin: de Gruyter, 561—620.

Hurford, James R. 2007 A performed practice explains a linguistic universal: counting gives the Packing Strategy. *Lingua* 117 (5): 773—783.

Ionin, Tania and Ora Matushansky 2006 The composition of complex cardinals. *Journal of Semantics* 23 (4): 315—360.

Kayne, Richard S. 2010 A note on the syntax of numerical bases. In Richard Kayne (ed.), *Comparisons and Contrasts*. New York: Oxford University Press, 57—72.

Kennedy, Christopher and Jason Stanley 2009 On "average". *Mind* 118 (471): 583—646.

Kim, Joongol 2013 What are numbers? *Synthese* 190: 1099—1112.

Knowles, Roberts 2015 What "the number of planets is eight" means. *Philosophical Studies* 172: 2757—2775.

Krifka, Manfred 1995 Common nouns: A contrastive analysis of Chinese and English. In G.N. Carlson and F.J. Pelletier (eds.), *The Generic Book*. Chicago: University of Chicago Press, 398—411.

Lasersohn, Peter 1995 *Plurality, Conjunction and Events*. Dordrecht: Kluwer.

Li, Charles N and Sandra A. Thompson 1981 *Mandarin Chinese: A Functional Reference Grammar*. Berkeley: University of California Press.

Li, Xu-Ping 2013 *Numeral Classifiers in Chinese: The Syntax-Semantics Interface*. Berlin: De Gruyter Mouton.

Li, Yen-Hui Audrey 1998 Argument determiner phrases and number phrases. *Linguistic Inquiry* 29 (4): 693—702.

Li, Yen-Hui Audrey 2014 Structure of noun phrases: Left or right? *Taiwan Journal of Linguistics* 12 (2): 1—32.

Lobeck, Anne 1995 *Ellipsis: Functional Heads, Licensing, and Identification*. New York: Oxford University Press.

Lévy-Bruhl, Lucien 1910 *Les Fonctions Mentales dans les Sociétés Inférieures*. Paris: Alcan.

Lynch, John 1998 *Pacific Languages: An Introduction*.

University of Hawaii Press.

Matisoff, James 1995 Sino-Tibetan numerals and the play of prefixes. *Bulletin of the National Museum of Ethnology* 20 (1): 105—252.

Matsushita, Shuji 1998 Decimal vs. Duodecimal: An interaction between two systems of numeration, 2nd Meeting of the AFLANG, Tokyo.

Mazaudon, Martine 2009 Number building in Tibeto-Burman languages. *North East Indian Linguistics* 2: 117—148.

McKay, Thomas 2006 *Plural Predication*. Oxford: Oxford University Press.

Meinunger, André 2015 Complex numeral expressions: A plea for grafts. *Syntax* 18 (2): 103—123.

Menninger, Karl 1969 *Number Words and Number Symbols: A Cultural History of Numbers*. Cambridge, Mass: MIT Press.

Merryfield, William R. 1968 Number names in four languages of Mexico. In Corstius Brandt (ed.), *Grammars for Number Names*. Reidel: Dordrecht, 91—102.

Moltmann, Friederike 2013 Reference to numbers in natural language. *Philosophical Studies* 162 (3): 499—536.

Munn, Alan 1993 *Topics in the Syntax and Semantics of Coordinate Structures*. PhD dissertation, University of Maryland.

Odijk, Jan 1997 C-Selection and S-Selection. *Linguistic Inquiry* 28 (2): 365—371.

Partee, Barbara 1987 Noun phrase interpretation and type-shifting principles. In J. Groenendijk, D. de Jongh and M. Stokhof (eds.), *Studies in Discourse Representation Theory and the Theory of Generalized Quantifiers*. Dordrecht:

Foris, 115—143.

Pica, Pierre, Cathy Lemer, Stanislas Dehaene and Veronique Izard 2004 Exact and approximate arithmetic in an Amazonian indigene group. *Science* 306 (5695): 499—503.

Qi, Jianjun and Chuansheng He 2019 The morphosyntax of numerals ʥi³³/ʥĩ³⁵ "one" in Shuhi and implications for the semantics of numerals, *Lingua* 225: 63—80.

Rothstein, Susan 2013 A Fregean semantics for number words. In Maria Aloni, Michael Franke and Floris Roelofsen (eds.), *Proceedings of the 19th Amsterdam Colloquium*, 179—186.

Salmon, Nathan 1997 Wholes, parts, and numbers. *Philosophical Perspectives* 11, *Mind*, *Causation*, *and World*: 1—15.

Schaffar, Wolfram and Lansun Chen 2001 Yes-no questions in Mandarin and the theory of focus. *Linguistics* 39 (5): 837—870.

Schwartzkopff, Robert 2016 Number sentences and specificational sentences. *Philosophical Studies* 173: 2173—2192.

Snyder, Eric 2017 Numbers and Cardinalities: What's Really Wrong with the Easy Argument for Numbers? *Linguistics and Philosophy* 40 (4): 373—400.

Tang, Chih-chen Jane 1990 A note on the DP analysis of Chinese noun phrases. *Linguistics* 28: 337—354.

Tang, Chih-chen Jane 1996. ta mai-le bi shizhi and Chinese phrase structure. *The Bulletin of the Institute of History and Philology* 67 (3): 445—502.

Tang, Sze-Wing 2001 The (non-) existence of gapping in Chinese and its implications for the theory of gapping.

Journal of East Asian Linguistics 10: 201—224.

Travis, Lisa 2010 *Inner Aspect: The Articulation of VP*. Dordrecht: Springer.

Wei, Ting-Chi 2004 *Predication and Sluicing in Mandarin Chinese*. PhD dissertation, Kaohsiung Normal University.

Wiese, Heike 2003 *Numbers, Language and the Human Mind*. Cambridge: Cambridge University Press.

Wu, Jing-lan Joy 2000 *A Reference Grammar of Amis*. Taipei: Yuan-Liou Publishing.

Wu, Yicheng and Adams Bodomo 2009 Classifiers ≠ Determiners. *Linguistic Inquiry* 40(3): 487—503.

Zeitoun, Elizabeth 2000 *A Reference Grammar of Bunun*. Taipei: Yuan-Liou Publishing.

Zhang, Niina Ning 2011 The constituency of classifier constructions in mandarin Chinese. *Taiwan Journal of Linguistics* 9 (1): 1—50.

Zhang, Niina Ning 2017 The syntax of event-internal and event-external verbal classifiers. *Studia Linguistica* 71(3): 266—300.

Zweig, Eytan 2006 Nouns and adjectives in numeral NPs. In Bateman Leah and Cherlon Ussery (eds.), Proceedings of NELS 35. Amherst, MA: GLSA, 663—679.

内 容 索 引

图书在版编目（CIP）数据

数词的句法语义界面研究 / 贺川生著. — 上海：上海
教育出版社，2021.8
（国际语言学前沿丛书 / 胡建华主编）
ISBN 978-7-5720-0568-8

Ⅰ.①数… Ⅱ.①贺… Ⅲ.①数量词 – 研究 Ⅳ.①H042

中国版本图书馆CIP数据核字(2021)第129382号

责任编辑　廖宏艳
封面设计　周　吉

国际语言学前沿丛书
胡建华　主编
数词的句法语义界面研究
贺川生　著

出版发行　上海教育出版社有限公司
官　　网　www.seph.com.cn
地　　址　上海市永福路123号
邮　　编　200031
印　　刷　上海展强印刷有限公司
开　　本　640×965　1/16　印张 23　插页 4
字　　数　297 千字
版　　次　2021年9月第1版
印　　次　2021年9月第1次印刷
书　　号　ISBN 978-7-5720-0568-8/H·0020
定　　价　98.00 元

如发现质量问题，读者可向本社调换　电话：021-64377165